烟台市镇域城镇化
与经济发展研究

夏建红 ◎ 著

中国财经出版传媒集团

经济科学出版社
Economic Science Press
北京

图书在版编目（CIP）数据

烟台市镇域城镇化与经济发展研究/夏建红著．－－
北京：经济科学出版社，2024.5
ISBN 978 - 7 - 5218 - 5922 - 5

Ⅰ.①烟…　Ⅱ.①夏…　Ⅲ.①乡镇经济－经济发展－
研究－烟台　Ⅳ.①F299.275.23

中国国家版本馆 CIP 数据核字（2024）第 103042 号

责任编辑：李　雪　袁　溦
责任校对：王肖楠
责任印制：邱　天

烟台市镇域城镇化与经济发展研究
YANTAISHI ZHENYU CHENGZHENHUA YU JINGJI FAZHAN YANJIU
夏建红　著
经济科学出版社出版、发行　新华书店经销
社址：北京市海淀区阜成路甲 28 号　邮编：100142
总编部电话：010 - 88191217　发行部电话：010 - 88191522
网址：www. esp. com. cn
电子邮箱：esp@ esp. com. cn
天猫网店：经济科学出版社旗舰店
网址：http://jjkxcbs. tmall. com
固安华明印业有限公司印装
710 × 1000　16 开　17 印张　225000 字
2024 年 5 月第 1 版　2024 年 5 月第 1 次印刷
ISBN 978 - 7 - 5218 - 5922 - 5　定价：82.00 元
（图书出现印装问题，本社负责调换。电话：010 - 88191545）
（版权所有　侵权必究　打击盗版　举报热线：010 - 88191661
QQ：2242791300　营销中心电话：010 - 88191537
电子邮箱：dbts@ esp. com. cn）

　　首先，祝贺夏建红博士的专著《烟台市镇域城镇化与经济发展研究》即将出版。

　　近年来，我国在协调城乡发展方面进行了持续探索。一是国家发展改革委在《2022年新型城镇化和城乡融合发展重点任务》中指出，要坚持把推进农业转移人口市民化作为新型城镇化首要任务，重点针对存量未落户人口深化户籍制度改革，健全常住地提供基本公共服务制度，提高农业转移人口融入城市水平。这意味着城镇化与融合发展成为阶段性任务。二是党的十九大报告提出乡村振兴战略，旨在重塑农村发展动力，从而解决"三农"问题。三是"十四五"规划提出的新型城镇化战略，明确建构以人为本、城乡共生、生态宜居的新型城乡关系。

　　作为"村之首，城之尾"的"镇"具有特殊地位：一方面，镇辖区深入农村腹地，具有浓郁乡村气息；另一方面，镇区有一定的产业集聚与人口集聚，又具有鲜明的城市"味道"。城乡兼顾意味着"镇"既可以成为承接城市产业的梯度转移，也可助力农村一、二、三产业相互融合；既有利于城乡初级商业体系的形成，也可实现农民就近就地创业。以乡村振兴战略助力镇域经济发展，引导"镇"向新型城镇化方向发展，有利于形成"以人为本、四化同步、优化布局、生态文明、文化传承"的城乡结构，实现城乡的融合发展。

　　本书的研究，首先以问题为导向，对烟台市城镇化发展过程中出现的小城镇发展差异大、产业集聚效应不明显、镇区人口密度低等问题及其产生原因，从人口、产业、土地三个方面进行了深入调查和分析。在此基础上，对镇域城镇化的发展路径进行了一定探索，并应用专业化分工理论及区域经济学相关理论，提出了镇域经济发展的两条轨迹：其一，为新古典经济学中的专业化分工与交易效率理论，在城镇化动态发展过程中推动镇域经济体由"镇"化向"市"化进阶；其二，为集聚经济理论中的地方化经济与城市化经济，镇域经济体在进阶过程中完成了理论向实践的"嬗变"。

2001～2017年是烟台市经济高速发展期。本书以该期间的镇域经济发展数据为研究基础，严谨地综合论证了镇域经济体如何从镇化到市化再走向城乡一体化的演进历程：专业化分工的发展激发镇域农村人口以及二、三产业不断向镇区集中，建成区随之扩张，并产生了具有初始集聚效应的商业市场。建成区市场化的交易模式促使交易效率提升，实现了地方化经济向城市化经济的转变，即城镇化向城市化的转变。根植于乡村发展的进化模式有助于生产要素的城乡转移，以城带乡、以乡促城的新型城镇化关系形成，城乡一体化融合发展模式最终推动了区域经济发展。

烟台市作为胶东半岛经济圈的重要中心城市，镇域经济发展水平、城镇化发展程度等直接影响区域经济的整体发展。相对于县域、省域经济发展，镇域经济的研究视角具有微观性，虽然抽象化程度不及中观与宏观研究对象，但是微观最直接的效果就是具体性与针对性。但镇域行政单位变动的频繁性，极大地增加了动态分析的难度。为保证研究的严谨性与科学性，作者进行了大量的实地调查与详细的资料查阅，在数据的收集与处理方面付出了巨大的努力，保留了数据最大的信息量，客观真实地反映了镇域经济体的城镇化发展轨迹。在对基本分析单位的选择上，根据不同研究目标进行了相应调整，分析单位主要包括城关镇、建制镇与非建制镇。对城镇化动态分析是以建制镇为分析单位，探讨了专业化分工与交易效率对经济与城镇化发展的影响效应。

本书的核心部分是第 5 至第 7 章。这 3 章完整了勾勒出了烟台市建制镇的城镇化、经济发展与城乡一体化的演化逻辑：在经历了镇化与市化的充分发展之后，进入了城镇化发展的第三阶段即城乡一体化融合发展阶段。通过熵值法构建的新型城镇化指标与城乡一体化综合指标，可以客观描述建制镇的城镇化水平与一体化融合发展水平。对新型城镇化指标分别从经济发展、公共服务、市场环境与基础设施四个维度进行了分析，而城乡一体化则从社会、经济、空间三个维度构建一体化指标。通过模型分析说明：烟台市建制镇加快城乡一体化建设对推进新型城镇化发展短期效应明显，但从长期来看新型城镇化对加快城乡融合发展具有更大的作用。镇域经济发展水平直接影响城乡一体化融合发展程度，而空间一体化程度又直接影响建制镇的经济发展水平。根据实证分析的结果对烟台市镇域经济体进行了区域空间的划分，详细地分析了东、中、西部地区不同镇域经济体发展的优势与不足，并提出了"个性化差异、品质化发展""政府搭台、一体化发展"等有针对性的政策建议，可以对未来镇域经济体的发展方向、发展方式、产业结构调整、公共设施建设、镇区发展规划等方面提供决策参考。事实上，该研究成果也得到了当地政府的高度重视，时任烟台市副市长隋子林、烟台市人大常务委员会主任朱秀香都作了批示，对其中提出的问题及解决方案要求城建环保委进行借鉴，并运用到推进城乡一体化的实际工作中。

当然，该书也存在一定的不足。如对烟台市镇域经济体的微观分析是否可以为其他镇域经济体的发展提供借鉴？构建城乡一体化融合发展的指标体系是否包括了各方面的重要指标？又如本书对小城镇的研究如果能纳入烟台市甚至整个胶东半岛城市系统考察，更好地结合乡村振兴战略的实施进行针对性研究，也许会有新的收获。但不管怎么，本书作为一项基于微观视角对区域经济的探索性研究，仍具有重要价值，值得一读。

　　本书是夏建红博士在其博士论文的基础上，补充了部分新资料并进一步修改完成的，这既说明了夏建红博士严谨的科学态度，也是她多年学术道路努力耕耘的重要成果。夏建红是我指导的一个"大龄"博士生，我深知她对学习知识的渴望和热情、对研究探索的严谨和韧劲。学术之路任重而道远，希望夏建红博士保持初心，不懈努力，争取做出更多更好的成果！

　　是为序，与建红博士共勉。

复旦大学

2024 年 5 月

前　言

　　"镇"在中国行政体系中可以称为"城之尾，村之首"，镇区是联结城乡发展的桥梁与纽带。作为镇级行政范围内的区域经济，镇域经济在国家城镇化建设中发挥了重要作用，尤其以建制镇为基础的小城镇。根据《中国城乡建设统计年鉴（2022）》，2021年底，我国建制镇数量为19072个（未包含城关镇），建成区总人口为1.84亿，以建制镇为核心的镇域经济，其总人口约为全国人口的66.38%，发展镇域经济具有重要意义。国家新型城镇化规划与乡村振兴战略对镇域经济发展形成"拉"力与"推"力的合力作用。城镇化是经济发展的动力，镇域城镇化可以带动镇域经济发展。通过对山东省烟台市镇域城镇化与经济发展的实证分析，尝试突破现有镇域经济的"横向"研究与"范式"研究的局限性，对镇域经济的"纵向"演化进行制度式设计。以新型城镇化"以人为本"的主旨思想为基轴，设计镇域城镇化与经济发展的演进路径："镇"化→"市"化→城乡一体化。

　　集聚经济效应理论作为城镇化发展的理论基石，在镇域城镇化发展过程中，通过地方化经济的外部化实现城市化经济转型，契合了镇域城镇化由"镇"化向"市"化的理论演进逻辑。新兴古典经济学运用专业化分工和交易效率理论诠释了城市的产生与城乡二元结构的形成，非农化利益追求使乡村人口与工业在空间上（镇区）集聚，农业与非农业的分工广度影响"镇"化发展，镇区"市"化过程中集聚经济效应的外部性在强化专业化分工深度的同时提升了交易效率，市场经济条件下交易效率的提升有利于城乡生产要素的自由流动，实现城乡一体化目标。理论的推行与镇域的现实发展相结合，提出了两个理论假设。理论假设一：专业化分工会影响镇域城镇化水平，且与城镇化水平正相关；理论假设二：城乡交易效率影响镇域经济发展与镇区的"市"化水平，而且随着交易效率的提高对镇域经济与镇区"市"化水平的影响将呈现倒"U"型的变动趋势。本书的研究内容主要围绕四个方面展开：

（1）对镇域经济整体发展状况的分析。研究指出现阶段镇域经济已进入稳定发展期，发展的重点从关注"量"的增长到重视"质"的提升，说明镇域经济在稳定发展过程中已开始转型。从实证分析中可以看出，烟台市镇域经济整体发展高于山东省与全国平均水平，2001～2017年，镇域人口规模、经济发展、产业结构及基础设施等方面有了长足的发展，但也仍然存在建成区发展质量不高、镇区产业与人口集聚程度偏低等问题。

（2）对"镇"化水平与经济发展的分析。"镇"化是镇域城镇化发展的初级阶段，实现"镇"化发展的主要途径包括：以就地"镇"化为主要表达方式的人口"镇"化途径，以建成区发展为重点的土地"镇"化途径，以产业集聚与结构优化为重点的产业"镇"化途径。从实证分析中可以看出：第一产业剩余劳动力的城镇化转移可以有效提高人口镇化水平，但人口镇化水平对第一产业剩余劳动力转移的影响却并不显著；建成区的发展对镇域财政收入水平的影响并不显著，但财政收入的增加在短期内对建成区的发展具有显著的推动作用；产业结构优化程度不高，第二、第三产业就业占比不足50%，产业集聚程度与产业结构对镇域经济发展的促进作用并不明显。在"镇"化过程中，分工水平直接影响镇域经济发展。运用熵值法构建专业化分工指标体系与镇域新型"镇"化水平指标体系，对分工与新型"镇"化水平进行较为客观的评价。通过对2001～2017年烟台市93个镇域的面板数据进行分析，利用广义最小二乘法构建了四个固定效应模型，分别验证了专业化分工对"镇"化水平、镇域经济发展的影响。同时，为进一步解析变量之间的内在逻辑，在基准模型的基础上加入了控制变量与相应的时点控制，经过验证，专业化分工对于"镇"化程度以及经济发展水平的解释性都保持在70%左右。作为核心解释变量的专业化分化系数在所有模型中都非常稳健与显著，对"镇"化程度的影响保持在12%左右，对于经济发展的影响保持在2.8%左右，这充分证明了理论假设一是成立的。

（3）对"市"化水平与镇域经济发展的分析。推进镇区"市"化水平以"化人""化市""化城"为主要实现路径，即提高镇区人口集聚程度，培育镇区市场化水平，促进建成区发展。三大要素中"化人"是目标，"化市"是关键，"化城"是保障，推动镇区"市"化发展应当三大要素相互协同而不能失之偏颇。交易效率决定高水平分工，分工推动经济增长。分工与交易效率的内在逻辑对镇域城镇化与经济发展具有重要意义，市场化培育过程就是交易效率的演进过程。通过交通运输、基础设施、信息通信、教育环境、金融环境、制度环境六个维度十个指标构建了综合交易效率指标。在对"市"化水平的分析中，交易效率对烟台市以及东、中、西部的影响具有差异性，对中部的影响呈现"U"型趋势，而对于其他地区则是倒"U"型，以"U"型或者倒"U"型转折点为分界线，将交易效率分为第一阶段与第二阶段。全市与东部、西部目前仍然处于交易效率第一阶段，即增长期。中部地区是正"U"型，对镇区"市"化水平发挥的是增倍作用，弹性系数达到0.877，且处于交易效率第二阶段——快速增长期。通过对交易效率与镇区"市"化水平的分析论证了本书的第二个理论假设。

（4）对镇域城镇化与城乡一体化发展的分析。城乡一体化具有从乡到城与从城到乡的阶段性，无论是双向还是单向城乡一体化都可以表现为区域性差异与时间性差异。在城乡一体化发展中，镇域经济既是第一阶段发展的"资源库"，又是第二阶段发展的"创业园"。从经济发展、公共服务、市场环境与基础设施四个维度构建镇域城镇化综合指标体系，从社会一体化、经济一体化与空间一体化三个维度构建城乡一体化指标体系。通过 VAR 模型，运用格兰杰（Granger）因果关系检验、脉冲响应函数与方差分析等方法分析镇域城镇化与城乡一体化动态衍生逻辑。经过分析可以看出，在滞后 1 期时镇域城镇化是城乡一体化的格兰杰原因，在滞后 2 期时城乡一体化是镇域城镇化的格兰杰原因，且对镇域城镇化产生的是负向影响，中期以后才转为正向影响。镇域城镇化对城乡一体化产生的则是正向影响，从长期来看，不断提升城乡一体化与镇域城镇化发展质量是获得持续发展的根本。此外，结合实证分析对烟台市镇域经济以区县为单位提出了相应的政策建议。

作　者
2024 年 4 月

目　录

第1章

绪　论

1.1　研究背景及意义

1.1.1　研究背景

城镇化是我国经济持续稳定发展的动力引擎，城镇化水平业已成为衡量国家现代化程度的重要指标。建制镇作为我国行政区划的最小单位，是城镇化"量"增长的主战场与"质"提升的关节点，以建制镇为基础的镇域城镇化发展对镇域经济发展具有重要意义。同时，在国家正在实施的乡村振兴战略中，建制镇同样也是乡村发展的支撑体与农业繁荣的推动力。2021 年底，我国城镇常住人口为 9.14 亿人（其中，暂住人口为 0.9 亿人），城镇化率为 64.72%，城市数量为 692 个，建制镇数量为 19072 个（未包含城关镇），建成区总人口为 1.84 亿人，约占城镇人口的 20.13%，建成区总面积约为全国面积的 0.45%。以建制镇为核心的镇域经济，其总人口约为全国人口的 66.38%[①]。镇域经济深入农村腹地、连接城乡，

----

① 参见《中国城乡建设统计年鉴 2022》。

特殊的区域地位、巨大的人口承载，都说明了发展镇域经济的重要性。烟台是胶东半岛的一座地级城市，地理位置优越，交通方便，自然条件良好。作为环渤海经济圈的重要节点城市和山东半岛蓝色经济区骨干城市，烟台市经济发展水平对胶东半岛、山东省具有重要意义，而镇域经济发展直接影响烟台市整体经济发展水平。本书以烟台市镇域经济为研究对象，通过镇域城镇化发展的制度化设计探究对经济发展的影响。

（1）镇域经济——政策领域中的"热"与学术领域中的"冷"。

政策领域中的"热"。"镇"在中国行政体系中可以称为"城之尾，村之首"，是联结城乡发展的桥梁与纽带。作为镇级行政区范围的区域经济，镇域经济以小城镇（建制镇）①为核心，在国家城镇化建设中发挥了举足轻重的作用。自 20 世纪 80 年代费孝通提出"小城镇、大问题"开始，小城镇的国家发展战略成为推动经济增长的重要方式。虽然在我国城镇化发展方向上"优先发展大城市还是优先发展小城镇"的争论从来就没有停止过，但伴随着乡镇企业崛起的小城镇对解决农村剩余劳动力、带动城乡经济发展的作用不能予以否认。小城镇在 20 世纪 80 ~ 90 年代成为我国城镇化发展的主体。80 年代中央相继提出了"控制大城市规模，合理发展中等城市，积极发展小城市""坚决防止大城市过度膨胀，重点发展中小城市和城镇"等关于重点发展镇域经济的城镇化方针，90 年代中期中央六部委发布了的《关于加强小城镇建设的若干意见》，成为我国发展小城镇、振兴镇域经济的指导性文件。90 年代中后期到 21 世纪初期乡镇企业走向衰落，中央提出"小城镇大战略"的发展方针，城镇化发展的主导思想是"坚持大中小城市和小城镇协调发展，走有中国特色的城镇化道路"。而此时城镇化在经历了高速发展之后进入到一个新的发展阶段：从重视速度到强调质量。由于大城市的

---

① 镇域由"镇域"与"镇区"两部分组成。狭义"镇域"是指除镇区外镇级行政区的其他区域，表现为乡村区域，小城镇在此专指镇区。本书镇域经济指广义上的理解，包括乡村与镇区经济发展。

集聚经济效应明显超过了小城镇，优先发展大城市的政策偏向使区域发展、城乡差距愈发显著，镇域经济发展速度缓慢。党的十七大报告提出"发展镇域经济、统筹城乡发展是中国城镇化道路的必然选择"，党的十八大提出的城乡一体化发展思路，十九大提出的"乡村振兴战略"等宏观政策，改变了长期以来形成的"乡村从属于城市""工业反哺农业"的思想，把城乡作为了一个整体，建立一种全新的城乡关系①。而要塑造全新的城乡关系，无论是强调城乡要素的双向自由流动，还是基础设施向乡村延伸，都需要以镇域经济为载体。2014年3月《国家新型城镇化规划（2014—2020）》（以下简称《规划》）出台，对于镇域经济发展有了指导性原则，"有条件的重点镇发展为中小城市，大城市周围的镇、有区域优势、特色资源的镇发展为特色小镇，在经济发达地区率先实现城乡一体化"等。2018年中央一号文件对于党的十九大报告"乡村振兴战略"的实施再次以具体化、明确化的政策方案进行指导。镇域经济在乡村振兴、就地城镇化、大城市产业梯度转移等政策引导下向重点镇、中心镇、特色小城镇的方向发展，成为实现城乡一体化的关键环节。

　　学术领域中的"冷"。与政治体制内以政策性方案展现的"热"度不同，学术界对于镇域经济的研究却相对冷清了许多。在中国知网搜索以"镇域经济"为篇名的期刊论文在1992～2018年只有184篇，博士论文1篇，硕士论文6篇。与"城镇化""农村问题"等相关研究的持续性学术热点相比，"镇域经济"恰似"热点"中的"盲区"。现有研究中对"镇域经济"大多仅作为城镇化或城乡一体化相关研究中的"附属品"，极少作为独立的研究对象或研究目标。导致学术领域的"冷"可能有以下两点原因：一是对镇域经济的范围界定存在认识上的偏差。在我国，"镇域"根据行政区划具有明确的行政边界与范围。但作为区域经济，镇域经济应是开放的经济系统，是以镇为中心的各种生产要素有机组成的经济综

————————

① 推动农业农村工作不断迈上新台阶［N］. 人民日报，2019－12－20.

合体（魏后凯，2010），镇域经济的边界依赖于镇的引力范围，因此边界并不清晰。由于研究对象无法"量化"，这对学术研究造成一定的困扰。二是数据分析存在障碍。经济学的研究方法主要是以经济理论为指导，以定量分析为基础，有效数据的获得是进行深入研究的前提。但是在我国现有的公开数据中虽然主要以行政区划为单位进行统计，但乡镇一级统计数据的可得性、完整性与连续性等都存在不足，而镇级政府行政区划又变动频繁，导致了研究难度的增加。

（2）烟台镇域经济发展"掉队"，尤其小城镇发展困境使经济增长后继乏力。

2017年烟台市生产总值（GDP）为7003亿元，人均GDP为103706元，仅次于青岛市，居山东第2位、全国（不包含港澳台地区）第20位，城镇化率达到63.66%。截至2017年底，烟台市建制镇数量为82个，与2001年相比减少了16个。烟台市镇域行政区划面积为102.97万公顷，占全市总面积的74.89%，建成区面积为3.72万公顷，占镇域行政区划面积的3.6%。镇域范围内人口为304.78万人，占全市总人口的46.65%，建成区总人口为63.2万人，建成区的城镇化率只有20.43%[①]。烟台市虽然经济总量、人均GDP在全省名列前茅，但是经济增长更多依赖于区位优势与优异的资源禀赋，传统的较为完善的产业基础与产业结构对经济的增长起到支撑作用。烟台现有城镇化水平与其经济地位并不匹配，尤其是小城镇的发展并没有在镇域经济发展中起到"增长极"的带动作用，后继经济增长明显乏力。

城镇化率与人均GDP匹配度低。以烟台市的城镇化率、GDP分别与全国和山东省的比值，来度量城镇化与经济发展水平的匹配度。图1-1、图1-2是2001～2017年烟台市的城镇化率与人均GDP比值分别与全国、山东省的对比。与全国相比，烟台市城镇化率比值远低于人均GDP

---

① 根据《烟台统计年鉴》的相关数据进行计算的结果。

比值，均值差为 0.76，说明烟台市的城镇化水平对于经济的促进作用远低于全国；与山东省相比，均值差为 0.36，仍然低于全省的平均水平。从均值差也可看出山东省的城镇化对于经济增长的推动作用同样也低于全国的平均水平。

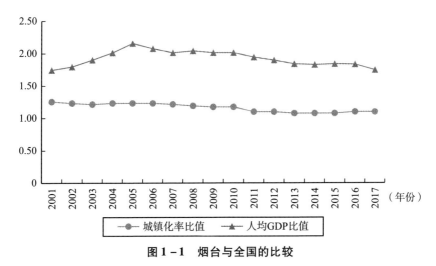

图 1-1　烟台与全国的比较

资料来源：根据历年《中国统计年鉴》《山东统计年鉴》《烟台统计年鉴》数据计算所得。

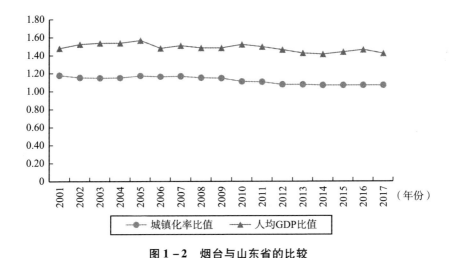

图 1-2　烟台与山东省的比较

资料来源：根据历年《中国统计年鉴》《山东统计年鉴》《烟台统计年鉴》数据计算所得。

城镇化水平与城乡差距、经济结构匹配度低。城镇居民人均可支配收入与农村居民人均可支配收入的比值是测度城乡差距的重要指标，城镇就业人员与乡村就业人员的比值可以作为测度第二、第三产业与第一产业就业情况的指标。由图1－3、图1－4烟台城乡收入比与城乡就业比

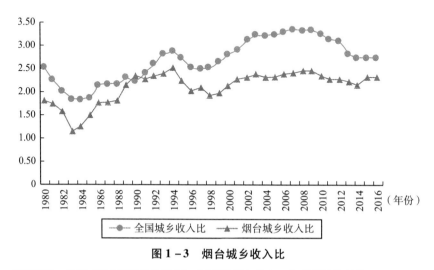

图1－3　烟台城乡收入比

资料来源：根据《烟台统计年鉴2017》《中国统计年鉴2017》数据计算所得。

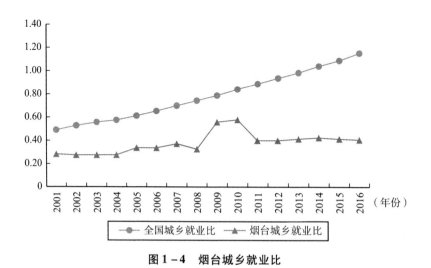

图1－4　烟台城乡就业比

资料来源：根据《烟台统计年鉴2017》《中国统计年鉴2017》数据计算所得。

与全国的对比可以看出，1978～2016年烟台城乡居民收入差距低于全国水平，这主要是因为烟台整体经济发展水平高于全国，农村的发展状况也好于全国平均水平，城乡居民收入差距虽然不大，但在2007年也达到了2.44倍，且最近两年收入差距也有进一步放大的趋势。从就业情况来看，烟台城乡就业比值远低于全国平均水平。第三产业对就业的拉动作用最大，但烟台第三产业发展水平并不高，对就业拉动作用也不大，这是导致就业比值不高的重要原因。由图1-5、图1-6可知，烟台城镇化率的提高并没有实现产业结构的高级化，产业结构形态仍然还处于"二三一"阶段，偏重第二产业尤其是传统资本密集型产业对劳动力就业的吸纳能力并不强，而第三产业的发展由于人口集聚程度不高也并没有发挥应有的就业吸纳作用，产业结构的演化与城乡就业比的变化趋势相一致。

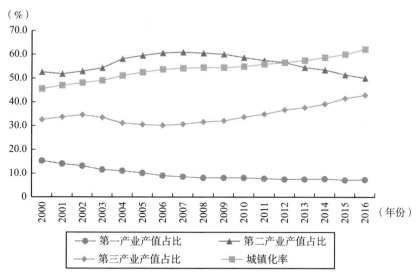

图1-5　烟台城镇化率与第一、第二、第三产业产值比重

资料来源：根据《烟台统计年鉴2017》数据计算所得。

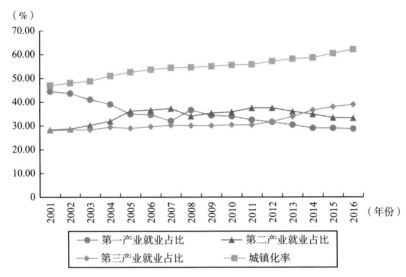

图 1 - 6　烟台城镇化率与第一、第二、第三产业就业比重

资料来源：根据《烟台统计年鉴 2017》数据计算所得。

　　烟台市经济增长存在长期的固定路径依赖，创新意识不强，虽然在国家政策福利的推动下维持了经济的增长态势，但是由于城镇化水平质量并不高，传统产业结构发展定势存在，作为经济发展"双轮驱动"的产业化与城镇化都没有发挥其应有的持续性推动作用，经济增长后继乏力。城镇化与产业结构具有内生作用机制，提高烟台的城镇化质量，挖掘城镇化发展潜力，依照区域经济发展规律，拓展烟台产业发展多元化路径，进一步缩小城乡差距，促进城乡生产要素流动频率，才能实现烟台经济持续稳定健康发展。2017 年烟台城镇体系包括 1 个地级市、7 个县级市、82 个建制镇、6 个乡，6748 个自然村分属不同的乡镇与街道。烟台以建制镇为核心的镇域经济覆盖面广，聚集将近半数的人口，但是镇经济发展整体水平不高：城镇人口呈分散布局，镇区人口集聚能力低，产业低端化、同质化，重点镇、中心镇强弱两极化比较严重；村域经济农业产业化、现代化水平参差不齐，基础设施镇域间同样良莠偏离；地级市整体发展水平较高，但对周边镇域经济发展的带动作用并不明显；县级市发展差强人意，以资本密集型与劳动力密集型产业为主，技术创新产业不足，产业链条短、产品附加值低等限制性因素成为经济发展的桎梏。镇域经济的城镇化发展尤其是小城镇发展是推动烟台整体经济发展的关键，也是实现区域城乡一体化发展的重要途径。

1.1.2　研究意义

镇域城镇化与经济发展之间具有内在关联性。对影响经济发展的因素学者从理论与实证角度进行了大量的研究，提出了劳动因素（蔡昉，2013）、产业结构合理化（干春晖，2018）、全要素生产率的驱动（汪晓文，2018；张德荣，2013；武鹏，2013）、资源要素、环境要素（查建平等，2017）等对经济发展的促进作用。关于城镇化对经济发展的影响因素，相关的研究主要体现为：通过要素积累、需求集中、分工与专业化等途径，在循环累积中促进经济增长（孙祁祥，2013）；城镇化通过刺激消费、拉动投资、优化产业、创新激励等措施促进经济增长（蒋冠等，2014）；城镇化进程比城镇化水平对经济发展的促进作用更为显著，推进城镇化进程可以有效实现区域经济协调发展（张莛黎等，2019）；等等。总体而言，城镇化对经济发展的影响是全方位的，既可以通过生产要素的城市化集聚，加快产业结构变迁与技术水平提升推动经济发展，也可以通过生产、生活方式的转变、社会保障与福利水平的提高，以及公民素质的提高等方式促进经济发展。本书镇域城镇化对经济发展的影响主要是在集聚经济效应与专业化分工视角下，通过镇域经济的阶段性发展，从"镇"化向"市"化发展。分工水平的提高使劳动力与产业从乡村向镇区集中，表现为地方化经济过程。专业化分工带来的高水平分工推进地方化经济的外部化发展，实现城市化经济转化，也即实现了由"镇"化向"市"化发展的目标。本书的研究主要是基于劳动力因素与产业集聚、专业化分工与交易效率的循环累积，在推动镇域城镇化发展进程的同时促进经济发展。

1.1.2.1 理论意义

镇域经济是对区域经济学理论"微观问题"导向的进一步发展。区域经济学以空间资源配置的合理性为基础，从杜能（Thunen）的农业区位理论开始，在经历了工业区位、中心地理理论、市场化理论到区域经济学和区域科学，再到新经济地理学，历经上百年发展。学科理论不断丰富与完善，研究方法日益多元化，研究领域从微观到宏观，理论趋于成熟，形成了日益规范的空间分析经济学（白永秀，2007）。经济全球化发展趋势带来的对外贸易频繁、资本流动常态与新技术外溢迅速以及区域经济一体化等现象，对区域经济学的理论创新与发展提出了挑战。区域经济的非均衡发展使学科关注的热点以"问题导向"为主，即对"区域病"进行个性化"诊治"，这使区域经济学研究的内容呈现出多样性与综合性特征。区别于传统区域经济学理论以宏观或接近于宏观区域问题为主的思路，现代区域经济学更加关注区域经济发展中的微观问题，在此过程中也促进了应用区域经济学和应用城市经济学的产生。以新型城镇化理论为基础，对烟台镇域经济发展进行研究，是从微观视角对区域经济理论的再分析，以建制镇的"个性化问题"为导向，形成镇域经济发展的微观理论，得以提高区域经济学的应用价值。

新兴古典经济学分析框架下的专业化分工理论对镇域经济的解释是对区域经济学理论的再发展。从亚当·斯密在《国富论》提出分工理论开始，专业化分工理论与区域经济学就没有真正分离过。经过杨格、杨小凯等学者的突破性发展后，这一理论在学科发展中可以有效地与区域经济理论实现完美融合：区域经济增长可以看作是专业化分工演进导致的报酬递增的结果，专业化分工内生演进为区域经济结构优化、空间结构转化、区域制度结构高级化等，体现了区域经济增长的实质。交易效率决定专业化分工是新兴古典经济学的基本见解（高帆，2004），交易效率与交易费用是负向相关，为降低交易费用，在生产者天然"自利"性的驱使下，工业生产者实现了空间集聚，迂回生产过程与中间品增加使市场规模不断扩大，推动专业化分工不断演化，在累积循环过程中城市产生。而农产品对土地的高度依赖性，使农业生产者只能分散居住，过高的交易费用也使专业化分工水平比较低下，劳动生产率低，实际收入远低于城市，城乡二元经济结构得以形成。工业品与农产品生产者的结合，基于工业品对土地较低的依赖性，为降低交易费用可以选择农产品生产者所在地实现地理空间的相对集中，相对集中区域就是镇域经济主体即建制镇的自然形成。镇域农业经济初始的粗放型分工，专业化程度低，而随着劳动生产率的提高，农业生产过程中间品的增加，乡村工业产生，非农产业分工增加，为降低成本在地理空间上的相对集聚，集聚经济效益使小城镇得以产生并快速发展。产业带动人口集聚，交易效率扩大市场规模，强化分工专业化水平，带动镇域经济发展，推动小城镇向小城市演化。镇域经济的城镇化演进过程加快了城乡二元经济结构转型，推动城乡一体化发展。

1.1.2.2　现实意义

有利于实现烟台地方经济持续稳定发展。烟台经济发展后劲不足与镇域经济发展落后密切相关。镇域经济发展水平与烟台市整体经济发展不匹配主要体现在镇域经济城镇化水平低，即建制镇的人口集聚、产业发展与市场规模等比较落后。2016 年全国千强镇统计中，在统计指标"人口""财政收入""消费品零售总额"三项中，烟台分别入选的只有 2 个、7 个、6 个建制镇。城市化的本义就是通过城乡协调发展实现城乡平等或城乡同富（王桂新，2013），烟台过低的城镇化水平没有发挥其对区域经济发展应有的推动作用，反而在一定的程度上拉大了城乡收入差距，失去了城镇化的本义。以新型城镇化为研究背景，以乡村振兴战略为研究起点，构建镇域经济发展框架，提高镇域经济的城镇化水平，发挥小城镇（镇区）在镇域经济中的桥梁与纽带作用，打破城乡二元"藩篱"，以小城镇为镇域经济增长极，重视产业化发展，发挥比较优势，为烟台经济持续增长注入活力。

有利于加速城乡生产要素流动，实现产业结构优化与城乡一体化。镇域经济不同于村域经济，镇区工业与镇域农业相融合，亦工亦农、亦城亦乡的存在模式使其成为城乡生产要素的最佳契合点。依照专业化分工理论，交易费用直接影响交易效率，而提高交易效率是实现城乡一体化发展的有效手段。镇区的自然优势，使其可以成为农村转移劳动力、农业物资进行"市场化"交易的效率最优场域。同时镇区也是乡镇企业承接城市转移产业的主要载体，城市梯度转移产业的较高专业化分工方式形成的技术外溢，势必促进乡镇企业专业化分工水平的提高，推动镇域经济产业结构向合理化与高级化方向发展。专业化分工由于可提高专业化能力与知识累积水平，镇域经济产业集聚需要的劳动力弹性空间大，大量的农业转移劳动力参与到不断扩展的新兴部门与改良的传统部门中，劳动者在专业化分工过程中，技能知识与阅历水平都会提高，即人力资本能力在分工过程中获得提升。而转移劳动力返乡创业时，这种"能人经济"（高帆，2004）又会推动农村经济专业化分工水平的发展，从而带动农村产业结构的优化与改进，提高农业劳动生产率。

1.2　相关概念的界定

1.2.1　建制镇与城关镇、非建制镇

建制镇是指国家根据一定的标准，经省（自治区、直辖市）有关行政机关批准设置的一种基层行政区域单位。它是介于城市和乡村之间、一定区域内的政治、经济、文化和生活服务中心。经济发展水平比较高

的建制镇往往也是中心镇或重点镇。

城关镇，即县级人民政府所在地的镇。旧时人们习惯将进出县城的城门称之为"城关"，后演化为对县城所在地的称谓。20 世纪 90 年代起为区别于城关镇、城关乡、城关区等分别进行改名或称为街道。

非建制镇，通常情形下是指较小的乡政府所在地，但符合国家行政建制镇条件的除外。乡和镇是同级，但往往比镇的人口规模要小，经济发展要弱。乡是以农业为主，镇是农业和工业都有。总体来说，乡属于农村型行政区，镇属于城市型行政区。

1.2.2　镇域与镇区、镇域经济

作为行政建制的镇，可分为镇区与镇域两部分，二者存在根本不同（见表 1-1）。镇域是行政建制镇的行政区域范围，即行政划分具有管辖权的几十甚至几百平方公里的"面状"区域；而镇区则是镇人民政府及其相应职能部门所在地，是非农户口与非农产业相对集中、面积不大、聚集程度较高的"点状"区域，是城镇形态的物质载体。根据《统计上划分城乡的规定》，镇区是指在城区以外的县人民政府驻地和其他镇，政府驻地的实际建设连接到的居民委员会和其他区域。镇区与镇域是点与面的关系（晏群，2010）。

表 1-1　　　　　　　　　　镇域与镇区的比较

	地域范围	性质	表现特征
镇域	行政建制概念，是建制镇的行政区域范围，有明确的行政边界，范围相对较大且较为稳定	行政规划确定的地域范围	人为设置，包含镇区，形态表现为"面"，以农业人口、农业生产活动为主
镇区	地域范围较小，建成区边界模糊，多为自然形成	大多是自然形成的，是一种城镇类型	非农产业和非农人口较为集中，有一定的基础设施与公共服务设施，形态表现为"点"，多为政府所在地

资料来源：根据晏群的《小城镇概念辨析》等相关材料整理。

本书对研究对象镇域的界定范围与《城乡规划法》一致，即在建制镇①的基础上，包括城关镇（街道办事处）以及符合国家建制镇条件的乡政府驻地（见图 1-7）。

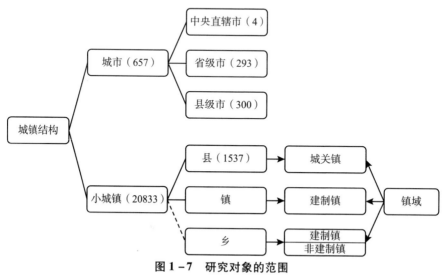

图 1-7　研究对象的范围

资料来源：《2016 年城乡建设统计公报》。

镇域经济是指一个建制镇行政区域内的经济，它以镇级政权为调控主体，以市场为导向，优化配置资源，具有地域特色和功能完备的开放区域经济体（汤鹏主，2015）。镇域经济是本书的核心概念，对其概念的界定在文献综述部分系统阐述。本书镇域经济是指广义上的理解，包括乡村区域与镇区经济两部分。

1.2.3　中心镇和重点镇

镇的类型划分在县域城镇体系中一般分为城关镇、建制镇和集镇；

---

①　建制镇（包含城关镇）是本书研究的重点，对于符合国家建制镇条件的乡政府仅在第 7 章对 2017 年数据分析时使用，其他分析均未包括。

从规划角度，一般分为城关镇、中心镇与一般镇（晏群，2009）。

　　根据《镇规划标准》（GB50188—2007），中心镇是指县域城镇体系规划中的各分区内，在经济、社会和空间发展中发挥中心作用的镇。中心镇一般地理位置相对居中，具有较好的区位优势，有较好的基础设施，与周围地区相比经济实力较强，对周边地区具有一定辐射、集聚能力，是能够带动区域发展的增长极。中心镇大致可分为三类：产业基础型、区位优势型、历史人文景观型。

　　重点镇一般具有镇域规模较大、人口较多、经济较发达、配套设施较完善等特点，建设重点镇既是均衡布局农村转移人口、减少大城市人口承载压力的有效手段，又能发挥承接城市产业转移、服务支持农村和增强农村活力的作用。根据 2016 年住房城乡建设部等七部委联合发布的《关于开展全国重点镇增补调整工作的通知》的规定，重点镇的条件主要包括 6 项内容：人口达到一定规模、区位优势明显、经济发展潜力大、服务功能较完善、规划管理水平较高、科技创新能力较强。

　　中心镇与重点镇是小城镇建设发展的重点和龙头，以提高质量、节约用地、体现特色等为基本要求，在政策、土地及项目安排上对其发展予以优先和重点支持。二者的关系见表 1 - 2。

表 1 - 2　　　　　　　　　　　中心镇与重点镇的比较

比较项		中心镇	重点镇
不同点	产生过程	自然形成的	政策性产生
	性质	稳定性	阶段性
	目的	长远目标，强调均衡性	近期任务，重视带动作用
相同点		都具有发展潜力，基础设施较好，人口达到一定规模，能够起到带动与辐射作用，二者互为补充	

资料来源：根据晏群的《关于"中心镇"的认识》等相关材料整理。

1.2.4　小城镇

小城镇即指镇域经济的镇区。小城镇以非农产业活动为主体且具有一定的人口密度，具有较好的资源禀赋与区位优势，是传递城市功能辐射和服务于乡村的经济、文化中心。对于小城镇外延概念的界定，基于学者不同的研究目标有不同的界定范围，但主体基本是以建制镇（包括城关镇）为基础，上延至小城市、下探到非乡政府驻地的集镇。

1.2.5　镇域城镇化

镇域城镇化可以具体表达为镇域的"镇"化与镇区的"市"化，说明了镇域经济发展的阶段性，即由"镇"化到"市"化的发展路径（辜胜阻，1998；朱孔来，2006；蒋志勇，2015；聂伟，2015）。"镇"化就是产业人口由乡村向镇区集中的过程，"市"化就是以中心镇（重点镇）的镇区通过小城市建设实现经济形态的完全城市化（史枚翎、李光全，2012），镇域城镇化发展是统筹城乡实现城乡一体化的必然选择。城乡规划中一般把中心镇（重点镇）确定为能带动镇域经济的增长极核（晏群，2008）。中心镇（重点镇）在常住人口达到小城市的标准时，依照"撤镇建市"的标准升级为小城市，是镇域经济发展的有效路径。镇域经济依托中心镇（重点镇）与小城市的发展，可以有效发挥大城市与乡村的纽带功能，引领镇域经济升级转型最终实现产城融合与城乡一体。

1.2.6　城市和城镇

城市是指以非农活动和非农业人口为主的人类聚居区，与乡村相比，占地规模大，人口数量多、密度高，是一定地域范围内的政治、经济、文化中心。城市本质上是人类属性的延伸和物化（宋俊岭，1994）。城镇，通常指的是以非农业人口为主，具有一定规模工商业的居民点。广义上的城镇包括"城市"和"镇"，狭义上只包括"镇"，即建制镇。城市根据其规模可以分为小城市、中等城市、大城市、特大城市和超大城市。

1.3　研究思路与研究框架

1.3.1　研究思路

本书研究思路的逻辑结构主要是依据镇域经济新型城镇化发展路径：从"镇"化到"市"化再到城乡一体化（见图1-8）。

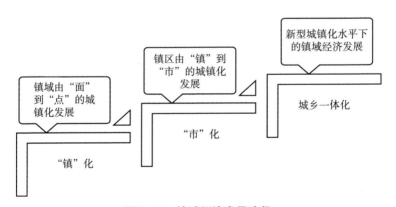

图1-8　镇域经济发展路径

由图1-8可以看出，"镇"化阶段表现为镇域人口、土地、产业向镇区集中，在镇区基于人口、土地、产业等的集中产生了一定程度的集聚经济效应后，通过市场化培育、城市建设等"市"化方式，实现镇区向小城镇（市）发展，而城乡一体化则是镇域经济发展的最终目标。本书第1章~第3章进行了文献梳理并提出了理论假设，第4章归纳总结了镇域经济的发展概况,第5章阐释了镇域的"镇"化发展,第6章阐释了镇域的"市"化发展,第7章分析了镇域城镇化发展与城乡一体化。相关章节主要内容如下:

第1章为绪论。论述本书研究背景、理论意义与实践意义、相关概念的厘清、具体研究范围的界定,同时说明了本书的研究框架与创新点。

第2章总结与梳理关于城镇化相关研究的进展。主要从政策性演变与学术研究两个角度进行了梳理,分别对城镇化演变与镇域经济发展两方面分析总结了制度化变迁与理论内容的更迭。在归纳总结的基础上分析了现有镇域经济研究存在的问题。同时在理论的梳理过程中主要回答为什么要推进镇域城镇化发展?镇域城镇化如何推动镇域经济发展?

第3章是相关理论假设的推衍。镇域经济作为区域经济的微观单位,具有区域经济的特征。在对区域经济理论的梳理过程中,推衍了镇域经济发展理论。根据新兴古典经济学的交易效率与专业化分工理论,对镇域经济发展进行了相应的理论分析,并提出两个理论假设。

第4章考察镇域经济的发展概况。将全国建制镇与山东省、烟台市建制镇的发展进行阶段性划分,归纳总结阶段性特征。对烟台市镇域经济发展状况与山东省、全国进行对比说明,判断镇域经济发展水平。对本书研究对象的行政区划变动、相关数据的处理方式、指标筛选标准等情况进行介绍说明。

第5章对镇域"镇"化发展进行理论与实证分析。集聚效益的经济学理论是镇域城镇化发展的理论依据,通过就地"镇"化、建成区发展以及产业结构优化等方式,提高镇域的"镇"化水平。专业化分工水平影响镇域经济发展,通过构建新型"镇"化综合指标体系与专业化分工指标体系,运用熵值法计算镇域经济"镇"化指数与专业化分工指数。利用面板数据构建固定效应模型,并且通过截距项与时点控制判断镇域经济的初始"镇"化水平与制度性影响,验证专业化分工对新型"镇"化水平的内在作用机理。同时,对本书提出的第一个理论假设进行了验证，即专业化分工水平影响镇域经济城镇化水平，且与城镇化水平正相关，而政府财政支出能力与镇域经济基础设施水平也会对镇域经济的城镇化发展产生一定的影响。

第 6 章分析与探讨"市"化对镇域经济发展的影响。镇区作为镇域人口、产业的主要集聚区，基础设施与公共服务水平较好，通过"化人""化市"与"化城"提高镇区的"市"化水平，推进镇域经济发展。作为联结城乡的"节点"，镇区的交易效率可以直接影响镇域经济发展。通过构建交易效率综合发展指标体系，阐释交易效率与镇域经济市化水平的内在逻辑，同时也验证了本书提出的第二个理论假设，即城乡交易效率可以影响镇域经济发展程度尤其是镇区的"市"化水平，而且随着交易效率的提高对镇域经济与镇区"市"化水平的影响将呈现倒"U"型的变动趋势。

第 7 章探讨镇域城镇化发展与城乡一体化的关系。镇域在经历了镇化与市化的充分发展后，实现城乡一体化是镇域经济发展的最终目标。本章要回答的核心问题就是镇域城镇化发展与城乡一体化的内在衍生逻辑，以此问题为核心展开讨论：镇域城镇化对城乡一体化的影响是短期效应还是长期效应？对不同维度的一体化指标的影响程度如何？城乡一体化对镇域城镇化发展的影响是短期效应还是长期效应？对不同维度发展指标的影响程度如何？

第 8 章为结论与政策建议。通过对论文的整体回顾，对主要观点进行归纳总结，同时结合实证分析对烟台市镇域经济发展进行了以区县为单位的归纳总结。提出了本书研究的不足之处，对未来的研究方向与内容进行展望。

1.3.2　研究框架

本书依据主体研究思路，依据"镇"化→"市"化→城乡一体化发展路径设计研究框架，如图 1 - 9 所示。

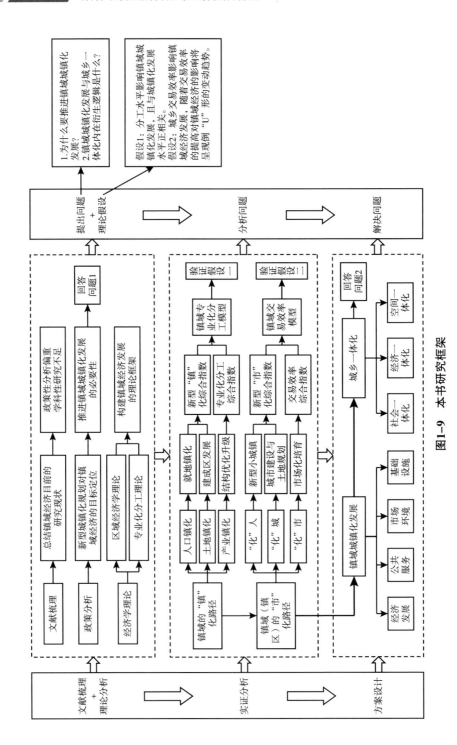

图1-9　本书研究框架

1.4　本书可能的创新点

本书可能的创新点是以镇域经济发展为主线，通过城镇化路径设计，运用专业化分工理论与交易效率理论阐释镇域经济发展的内在逻辑，具体而言主要表现在三个方面。

（1）镇域经济作为区域经济的微观单位，与市域经济、县域经济相比，微观区域性特征难以形成制度化构建。传统研究视角大多属于通过分析镇域经济地位、作用、制约因素等内容的横向研究，即属于微观视域的"问题导向"式研究或成功发展模式的"范式导向"研究。本书尝试突破"横向"研究与"范式"研究的局限性，从"纵向"角度对镇域经济发展进行制度化设计，以新型城镇化"以人为本"的主旨思想为基轴，以乡村振兴战略为制度保障，设计镇域经济发展的基本路径是："镇"化→"市"化→城乡一体化。

（2）构建镇域城镇化与镇域经济发展的理论框架，以集聚经济理论为基础，运用专业化分工与交易效率理论解释镇域经济的"镇"化与"市"化发展，是本书在前人研究基础上的进一步发展。镇域初始分工演化可以推进镇域经济产业结构优化与升级，带动人口、土地的镇区集中，实现"镇"化发展。提高交易效率可以促进生产要素的城乡流动，加速镇区的"市"化进程，最终有利于城乡一体化目标实现。

（3）囿于镇域经济统计数据的缺乏与镇域行政单位变动的频繁性，对镇域经济进行长期动态研究难度很大。为解析镇域城镇化与经济发展的动态演进逻辑，通过构建向量自回归（VAR）模型，利用脉冲响应函数与方差分解，诠释镇域经济内生变量的演变规律，是对镇域经济研究方法的一种尝试。

第2章

镇域经济研究文献综述

2.1 关于城镇化的相关研究

城镇化在我国的政策性演进路径是城市→城市化→城镇化→新型城镇化。城镇化的相关研究主要包含城镇化路径的选择与城镇化理论的演进。

在《规划》未正式公布之前，对于"城市化"与"城镇化"的内涵，学术界、理论界并没有统一而又明确的定义。我们通过知网以"城市化"与"城镇化"作为篇名的论文数量就可以看出学术界相关研究的变化。根据知网（CNKI）《中国期刊全文数据库》的核心统计，以国内的核心期刊的学术论文为统计对象，1992～2017 年，篇名包含"城市化"的期刊论文共有 7866 篇，篇名包含"城镇化"的期刊论文有8244 篇（见表 2 - 1）。

根据统计可以看出，以"城镇化"为篇名的论文总量要多于以"城市化"为篇名的论文。但是，图 2 - 1 可以看出，在 2012 年以前，以"城市化"为篇名的论文数量远远高于以"城镇化"为篇名的论文。在2012 年以后，关于"城镇化"研究论文急剧增多，2013 年发表的论文数量就占到全部论文的 12.83%，这与 2012 年党的十八大明确提出新型城镇化的发展战略密切相关。而 2014 年新型城镇化规划方案的公布与实施，从根本上明确了新型城镇化已经成为国家的战略方针，学术界对此的认识逐渐趋于一致。

表 2－1　　1992～2017 年发表的城市化与城镇化研究论文统计

年份	城市化（篇）	百分比（%）	城镇化（篇）	百分比（%）
1992	44	0.55	9	0.13
1993	37	0.47	27	0.33
1994	95	1.21	17	0.21
1995	141	1.79	32	0.39
1996	85	1.08	16	0.19
1997	86	1.09	9	0.11
1998	98	1.25	16	0.19
1999	112	1.42	30	0.36
2000	193	2.45	43	0.52
2001	276	3.51	84	1.02
2002	312	3.97	90	1.09
2003	302	3.84	139	1.69
2004	409	5.20	185	2.24
2005	401	5.10	155	1.88
2006	487	6.19	152	1.84
2007	432	5.49	142	1.72
2008	470	5.98	149	1.81
2009	473	6.01	176	2.13
2010	520	6.61	223	2.70
2011	629	8.00	290	3.52
2012	500	6.36	318	3.86
2013	507	6.45	1058	12.83

续表

年份	城市化（篇）	百分比（%）	城镇化（篇）	百分比（%）
2014	409	5.20	1524	18.49
2015	362	4.60	1359	16.48
2016	283	3.60	1189	14.42
2017	203	2.58	812	9.85
总计	7866	100.00	8244	100.00

资料来源：中国知网。

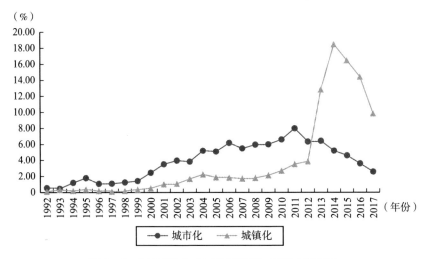

图 2－1 "城市化"与"城镇化"知网文献对比

资料来源：中国知网。

从城市化到城镇化再到新型城镇化概念的演变说明了城镇化的发展轨迹，自改革开放伊始，西方的城市化理论传入我国，引起了学术界的关注，也为我国社会经济的发展找到了一条新的路径。从计划经济到有中国特色的社会主义市场经济的确立，与经济体制转型相得益彰的城市化，为中国带来了由传统的农业社会向现代的工业社会转型。西方发达国家成功的城市化经验为我国经济发展注入了新鲜血液，带动了经济的高速发展。在这个过程中，基于我国农业大国、人口大国的现实，在"城市化"与"城镇化"道路的选择上学术界的争议一直不绝于耳，是优先发展"大城市"还是"小城镇"成为研究者探究的目标，也成为国家政策选择的对象。从改革开放至今，在实践的演变过程中、在学者的争议中，城市化理论日臻完善，与西方理论在中国本土化过程相结合，最终确立了"中国特色城镇化道路"。在政策层面上，2014年国家新型城镇化规划与2017年党的十九大进一步明确了"以人为本"的新型城镇化道路。通过对文献的梳理，循迹我国城镇化的发展轨迹，探求在中国经济进入新常态、社会主要矛盾发生转变的情形下，镇域经济在新型城镇化背景下的发展方式与制度化构建。

2.1.1 城市化与城镇化

工业化与城市化是经济发展的"双动力"已被西方发达国家所佐证。20世纪70年代后期，城市化理论开始在我国出现，自此关于城市化问题的争论就没有停止过。伴随着中国改革开放的历史演进，城市化问题从学术界到国家决策层面不断进行理论上的深化与实践中的探索，中国城市发展道路在理论方面从城市化与城镇化的分庭抗礼，到认识的逐渐统一。在实践应用中，从模仿到创新，城市化道路选择在国家政策中最终形成了有中国特色的新型城镇化道路。经历了城市化到城镇化再到新型城镇化的理论与实践演变，跨越了计划经济时期、计划经济与市场经济转型时期，到以市场经济为主体的发展时期。城市化过程演变与经济体制变动相互对应，经历了清除理论上的错误认识、肯定城市化发展道路的必然性，到"冒进"城市化的政策性修正和城市化理论的创新性发展，最终明确了新型城镇化的发展道路。从时间上大体可以划分为两个阶段：从改革开放到90年代中后期为第一阶段，从90年代中后期至今为第二阶段。

第一阶段：从"小城镇"到"大城市"，理论与实践的初次研判。"小城镇，大问题"，提出这一理论的费孝通先生被认为是中国特色城市道路最早的倡导者（傅晨，2005）。而最初的城市化发展道路之争也是从"小城镇"开始的，即中国的城市化发展应重点发展小城镇还是大城市。有学者表示：中国的城市化没有采取农民进入城市的途径，而是在发展乡镇企业的同时发展小城镇，创造了城镇化的城市化道路，这是中国的一个创造（洪银兴，2003）；由于小城镇可以较好地将城乡两个市场结合起来，尤其是对小城镇发展起到举足轻重作用的乡镇企业，在吸纳剩余劳动力与推动经济发展方面做出了巨大的贡献。1996 年，乡镇企业单位数为 2336 万个，乡镇企业从业人员为 13508 万人，增加值为 17659 亿元，总产值为 76778 亿元，营业收入为 68343 亿元[①]。小城镇的集聚经济效益虽然不及大城市，但远低于大城市的转移成本对于镇域农村剩余劳动力极具吸引力，这既符合中国国情，也可以快速提高城市化水平（费孝通，1984；方向新，1984；吴大声，1988；肖金成，2009），由此产生了优先发展"小城镇论"。与此相对应的"大城市论"者根据对西方国家成功城市化发展过程的考察，认为存在"大城市超前发展的客观规律"，同时由于大城市的集聚经济效益远远高于小城镇、大城市对剩余劳动力的吸纳能力更强等原因，强调优先发展大城市（吴友仁等，1981；饶会林，1989；张正河，1998）更有利于中国经济的发展。

在这一阶段国家政策的相继出台，对于理论界的争论与实践中的城市化发展道路起到了导向性作用。1979 年，中共中央在《关于加快农业发展若干问题的决定》中明确要求社队企业要有一个大发展，要有计划地发展小城镇；1980 年 10 月，在全国城市规划工作会议上，中央提出了"控制大城市规模，合理发展中等城市，积极发展小城市"的城镇

---

① 参见《中国乡镇企业统计年鉴 2003》。

建设方针；1985 年，"七五"计划提出"坚决防止大城市过度膨胀，重点发展中小城市和城镇"；1994 年，中央六部委联合发布了《关于加强小城镇建设的若干意见》，这是我国第一个明确提出发展小城镇的指导性文件。中央政策的相继出台可以看出这一阶段的发展思路是控制大城市规模、重点发展小城镇，这与 20 世纪 80 年代、90 年代中国社会的实际情况是密切联系在一起的。1979 年 7 月，中央在"要求社队企业有一个大发展"之后出台了《关于发展社队企业若干问题的规定（试行草案）》，这也是我国第一个关于社队企业（乡镇企业）的专门文件，成为遍及中国大江南北的乡镇企业蓬勃发展的政策动力。90 年代中期以前，带动中国经济增长的主要动力就是乡镇企业（周飞舟，2013），根植于中国农村的农工相辅的乡镇工业以及与之相伴的小城镇的发展，开创了以工养农、以工补农、城乡互惠的局面。从 80 年代初到 90 年代初这一时期是中国经济尤其是农村经济高速发展时期，这是中国经济的第一次增长期（乡镇企业带动型）。"小城镇"在理论上与实践上取得成功，最终成为国家政策认可的发展方式，关于中国城市化道路之争在这一时期不再激烈。

1993 年国内经济出现过热，为此，国家进行宏观调控，到 1997 年成功使中国经济"软着陆"，但是由于期间发生东南亚金融危机，危机过后我国经济出现增长滞缓局面。而乡镇企业长期的粗放式经营方式，在经历了快速发展之后弊端逐渐显现。为了刺激经济调动乡镇企业发展的积极性，1997 年元旦《中华人民共和国乡镇企业法》颁布实施，对乡镇企业的性质进行了重新定义——由集体所有制逐步转化为私有制，中国经济进入第二次增长期（私型经济带动型）。由于乡镇干部业绩考核最重要的指标就是经济发展水平，因此乡镇企业在地方政府"GDP 主义"思想的主导下热衷于"招商引资"。外来投资者利用农村廉价的劳动力、土地、自然资源等降低生产成本提高利润，由于缺乏有效而必要的约束，乡镇企业很容易、事实上也确实走上了对农村掠夺式而不是建设性的经营道路。乡镇企业以及由其直接带动的小城镇的发展与农村、农业和农民的关系逐渐发生了变化，不再是20世纪80年代大家庭式的以工养农、以工补农、城乡互惠的形态，而是蜕变为两相疏离、彼此对立，甚至前者掠夺后者的情形（王小章，2012）。大力发展小城镇的城市化道路的经济性、合理性、正当性受到的质疑声越来越多。

在这一时期，关于城市化道路的争论使学术界开始关注于城市体系理论、城市规模分布理论，虽然尚未形成对经济学、地理学、生态学等相关理论的综合运用，但是在某些方面如城市规模效益等有了一定程度上的有益探索。整体而言，由于过分关注城市发展的个性化需求，缺乏整体性、系统性研究，系统性的城市化理论仍处于形成的初级阶段。在城市化道路的学术争论中，优先发展"小城镇"还是"大城市"抑或二者的折中即中等城市，无疑都是缺乏对城市理论的系统分析而产生的争议。但也有部分学者在不断地争论中看到了城市发展具有多元化和阶段性的特点（周一星，1992；夏振坤等，1988；辜胜阻，1991），这为系统性的城市化理论的发展起到了一定的推动作用。

第二阶段：发展方向逐渐明确，中国特色的城镇化道路成为主流。20世纪90年代中后期"中国经济进入一个新的增长阶段和调整期"（胡鞍钢，1999），社会储蓄增加财富不断积累，由于长期对外开放政策的负向效应积重难返，中国经济严重依赖于对外出口，国内消费低迷。于是大量社会闲置资金投资转向各种工业与非农产业，中国经济进入第三次高速增长期（投资带动型），GDP不断创造新高。为了保持经济高速增长，扩大市场、刺激消费成为国家政策的重点，而城市化是拉动内需的重要方式。据测量，每增加1个城市人口可带动城镇固定资产投资50万元（梁达，2013），城市化成为支撑中国经济增长的"发动机"。2000年，中国城市化率达36.22%，比1990年将近增长了10个百分点，年均增长率约为3.21%，而同期中国经济的高速增长态势达到年均

10.42％的增长率。西方与城市化相关的发展经济学、应用经济学等理论对我国城市化发展产生了很大的影响。有学者研究指出，按照西方国家城市化规律，当城市化率达到30％左右时，城市化就应该进入一个加速期。我国的城市化率在1999年就达到了30％，但是城市化率的年均增长速度远低于经济增长速度，这说明我国的城市化发展严重滞后于工业化（胡鞍钢，1989；叶裕民，1999；宋娟，2005）。这一时期以快速城市化作为经济发展的首要战略，在城市化道路选择时，中央政府再次选择重点发展小城镇。

20世纪90年代中后期，乡镇工业的逐渐衰败使城乡差距进一步扩大，农民、农村、农业"三农"问题成为国家经济社会生活中的大问题，解决"三农"问题就是解决农民的出路问题，只有减少农民，才能富裕农民（马凯，2002）。城市化与农业现代化成为解决"三农"问题的关键。"采取城镇化发展战略的决策理由，显然不是理论界讨论的规模效益或者其他经济理性，而是对小城镇在国家没有投资的情况下仍然大量增加的客观情况的认可"（温铁军，2000）。由于小城镇能够使大量剩余劳动力迅速实现非农化，虽然其经济集聚效力比较低，但是仍然成为政策的选择。

学术界对于城市化与城镇化的争议在这一时期有了一些新的内容。一方面，由于不同学科对城市化理论的渗透使城市化理论体系不断完善；另一方面，通过对我国城市化过程的反思以及与国外不同国家的城市化路径进行比较对照，对城市化有了较为客观与全面的认识。主张城市化道路的研究者有了更为让人信服的理由：不同规模的城市其集聚效应不同，我国100万～400万人口的城市规模效益为最优（王小鲁等，1999）；建大城市、走集约化之路是中国城市化的必由之路（于晓明，1999）；从城市经济增长的角度，我国城市发展的最优规模为500万人左右（张应武，2009）；我国城市化的合理规模是100万人口以上的大城市不是太多而是太少，应该优先发展大城市（王小鲁，2010）；大城市为城市发展提供更为雄厚的工业基础和服务业基础,更集约和节约土地资源,优先发展大城市和城市群,是城市发展政策的必然选择(蔡继明等,2012)。主张城镇化道路的研究者在这一时期出现了分化——"县域重点论"与"建制镇论"。小城镇的发展历程使研究者意识到"数量多、规模小的发展模式"是其"先天不足",新时代重点发展的小城镇应以县域或县域中心城镇为主(辜胜阻,2000),称为"县域重点论"。与此对应的就是"建制镇论":主张"优先发展大城市周围的卫星小城镇"(孔凡文等,2007);要把小城镇与新农村建设结合起来,推动城乡由二元变成一元(彭真怀,2010);等等。

在这一阶段国家关于城市化发展道路的相关政策主要包括:1998年10月,《中共中央关于农业和农村若干重大问题的决定》中首次提出了"小城镇大战略"问题;2000年6月,中共中央、国务院发布了《关于促进小城镇健康发展的若干意见》,将小城镇建设放在战略高度的纲领性文件中,且首次使用"城镇化"这个词语;2002年11月,党的十六大报告提出"坚持大中小城市和小城镇协调发展,走有中国特色的城镇化道路"。"城镇化"成为带有官方性质的"正式用语":2007年11月,党的十七大报告提出"走中国特色城镇化道路,促进大中小城市和小城镇协调发展";2012年11月,党的十八大报告明确提出"促进工业化、信息化、城镇化、农业现代化同步发展""构建科学合理的城市化格局";同年12月,中央经济工作会议首次提出"城镇化是我国现代化建设的历史任务";2013年11月,党的十八届三中全会通过的《中共中央关于全面深化改革若干重大问题的决定》提出"完善城镇化健康发展体制机制";2014年3月16日,新华社发布中共中央、国务院印发了《国家新型城镇化规划(2014—2020年)》,按照走中国特色新型城镇化道路、全面提高城镇化质量的新要求,明确未来城镇化的发展路径、主要目标和战略任务,统筹相关领域制度和政策创新,是指导全国城镇化健康发展的宏观性、战略性、基础性规划①；2017 年 10 月，习近平总书记在党的十九大报告中指出"以城市群为主体构建大中小城市和小城镇协调发展的城镇格局，加快农业转移人口市民化"②。

通过国家政策的变化可以看出，自 2002 年党的十六大报告首次提出"城镇化"建设，强调"大中小城市与小城镇的协调发展"，到 2014 年新型城镇化的提出，政策的变化说明了"城市化"与"城镇化"二者的内涵并不完全相同。虽然二者都意味着人口或其他生产要素由农村向城市（镇）的转移，城市（镇）数量增加、规模扩大等，人们的生产、生活、组织方式等全方位的变革（聂伟，2014），但是"城市化"强调的是"市化"过程，而"城镇化"强调的则是"镇化"过程。与此对应，农业剩余劳动力的转移也分别体现出"市化"与"镇化"方式：转移到大中小城市，体现的是"市化"过程；转移到小城镇，体现的则是"镇化"过程。"镇化"是初级形态，"市化"是中级形态，而"逆城市化"则是高级形态。"镇化"表现为人口集聚较低、经济规模较小，与农村联系紧密，具有半城半农的特点；"市化"表现为人口、形态和空间高度集聚，社会、经济、文化等与农村全面脱离（聂伟，2014）；"逆城市化"则是根据城市动态发展理论——"诺瑟姆曲线"（Northam Curve）③，在城市化发展的成熟阶段，有些地区，城市地域不断向农村推进，一些大城市的人口和工商业迁往离城市更远的农村和小城镇，使整个大城市人口减少，出现逆城市化现象（Northam，1979）。从城市演化规律来看，城镇化是城市化的起点，是城市化进程的过程。据此可知，城市化与城镇化内涵界定的范围并不相同，从广义的角度城

① 中共中央 国务院印发《国家新型城镇化规划（2014—2020 年）》［N］. 人民日报，2014 - 03 - 17.
② 让城市群成为经济发展的新动能［N］. 光明日报，2018 - 08 - 14.
③ 诺瑟姆曲线提出了城市发展的阶段论：城市化水平在 30% 以下是起步阶段，城市化发展速度比较慢，农业占据主导地位；城市化水平处于 30% ~ 70% 是加速阶段，人口向城市迅速聚集，城市化推进很快；城市化水平在 70% 以上是成熟阶段，城市人口比重的增长趋缓甚至停滞。

市化包含城镇化，从狭义的角度城市化则是城镇化的高级阶段。2016年底，我国进城落户的流动人口约为1600万人，常住人口城镇化率达到57.35%，户籍人口城镇化率达到41.2%。根据"诺瑟姆曲线"，我国城市化水平已进入快速发展阶段，但是考虑到我国整体城市化质量不高，区域城市化水平差异性大，确定"大中小城市与小城镇协调发展，走中国特色的城镇化道路"是具有适时性的战略决策，既契合了我国城市化的区域非均衡性特征，又能反映出城市发展的动态性与整体性特征。

自改革开放时出现的"城市化"与"城镇化"道路的争议，到党的十六大"城镇化"成为官方"正式用语"，刘士林解释了其中原因：以"城镇化"指称当今中国城市化进程，主要是基于国家的价值立场和个体的学术训练以及文化心理，但城镇化非狭义理解，不能将"大都市"和"城市群"排斥在外（刘士林，2013）。辜胜阻是我国比较早提出城镇化的广义理解的学者，他指出"中国城镇化的特点是城市化和农村城镇化，后者是指农村人口向县域范围内的城镇集中的过程"（辜胜阻，1998），同时他认为"我国应实行城市化与农村城镇化同时并进的二元城镇化战略"（辜胜阻等，2000）。也有学者指出"城市化"与"城镇化"概念的外延基本上是一致的，城市化一般表达为"提高城市化水平"，而城镇化一般表达为"加快城镇化建设，提高城市化水平"（朱孔来等，2006），即城镇化是城市化的前一阶段；而蒋志勇则从古典经济学的角度分析了"城市的发展、城镇化和城乡一体化过程是各种要素资源在不同区域合理分工、相互作用，并使各自分工和专业化达到更高层次均衡的过程"（蒋志勇，2015），表达了二者区域发展的差异性与阶段性。总之，"城市化"与"城镇化"道路的争议过程既是我国城市化理论演变史，也是一部社会发展史，最终使"中国特色的城镇化道路"回归到"以人为本"的新型城镇化道路。

2.1.2 新型城镇化

2.1.2.1 新型城镇化产生的背景

20 世纪 90 年代中后期的快速城镇化在带来中国经济高速增长的同时，过于粗放的发展方式也带来了一系列的社会问题。反思城镇化发展进程，快速城镇化率掩盖下的社会矛盾影响到了经济的持续增长与社会的长治久安。地方政府过度依赖"土地红利"，"土地财政"推高了城市房价，加剧了城市的二元分化；人口过度集中于大城市，造成"大城市病"集中爆发；农业人口"钟摆式"和"候鸟式"的非家庭迁移造成"留守儿童、留守妇女、留守老人"等系列社会问题；"人口红利"和农民工的"半城镇化"发展模式，造成农民工权益缺失；过度强调 GDP 等硬实力与硬环境的城市竞争，忽视了城市软实力与软环境，形成恶性竞争局面（辜胜阻等，2012）。除此之外，快速城镇化带来深层次的社会问题还包括：城市面貌千篇一律，野蛮拆迁横行，土地型资本运作难以持续；城乡"二元社会"问题正演变为城市内定居群体与流动群体"二元社会"问题；城市间产业同构，建立分工协作的机制任重道远（周元等，2012）。传统城镇化主要以工业化为主导，强调经济总量的大与强，以"土地财政"为代表的行政等级化管理体制为支撑，不可避免地造成一系列的环境问题：水资源不足、水质污染严重、空气雾霾指数飙升、土地资源浪费严重、食品安全难以保证等，交通堵、上学难、看病难，蓝天白云成为奢望，居民生活质量无从谈起。聂高辉等通过建立可拓展的随机性环境影响评估模型分析，发现"城镇化水平每增加 1% 时，环境污染将增加 0.0608%，环境污染预测结果显示，'十三五'规划时期城镇化演进将导致环境污染指数上升 0.0845，'十四五'时期环境污染指数上升 0.0328，'十五五'时期环境污染指数上升 0.0199"

（聂高辉，2017）。与发达国家相比我国目前城镇化只有速度没有质量，反思城镇化进程明显的"城市偏向政策"，从农业中获取剩余补贴工业和城市的发展，大量的生产要素和资本向城市集中，在推动工业化和城市化的同时，城乡差距越拉越大（周干峙，2006）。2013 年 12 月在中央经济工作会议上，时任李克强总理指出：城镇化作为中国扩大内需的最大潜力，要摆脱传统城镇化的老路，走新型城镇化的道路①。

2.1.2.2 新型城镇化理论的形成过程

2003 年，谢志强提出中国城市化水平仍处在一个较低发展水平，我们必须努力"消除不利于城镇化发展的体制和政策障碍"，走一条城乡共同繁荣的、与新型工业化道路相呼应的"新型城镇化道路"（谢志强，2003）。此后学者对于新型城镇化理论开始予以关注，并从不同的角度阐述其理论内涵。冉启秀和周兵在辜胜阻对于城镇化特征总结的基础上提出了新型城镇化的五个特征，包括"农业是城镇化的原始积累、以服务业为主体、具有明显的二元结构、动力机制主要是推力而非拉力、居民以小城镇居住为主"（冉启秀等，2008），但并没有解析新型城镇化与传统城镇化的本质区别。吴江、王斌与申丽娟在 2009 年"以科学发展观为统领，以城乡统筹、以人为本、全面协调发展、可持续发展、因地因时制宜"（吴江等，2009）论证了新型城镇化的实质，与传统城镇化相比，新型城镇化更注重城市发展的质量，体现出了以人为本、城乡资源环境等的协调发展，新型城镇化的理论更为丰富。2010 年，彭红碧等与杨峰指出新型城镇化是"以科学发展观为引领，发展集约化和生态化模式，增强多元的城镇功能，构建合理的城镇体系，最终实现城乡一体化发展"（彭红碧等，2010）。新型城镇化理论不仅考虑

---

① 李克强在中央经济工作会议作重要讲话［EB/OL］.［2013 – 12 – 13］. https：//www. gov. cn/jrzg/2013 – 12/13/content_2547586. htm.

到了城镇化的集约性与生态性，而且提出了新型城镇化的功能与体系，尤其是城镇化体系的构建考虑到了区域发展的差异性，使新型城镇化理论具有了区域特色。田静指出新型城镇化包含"经济高效、功能完善、环境友好、资源节约、城乡统筹、社会和谐、管理有序"七个方面的内容，而且构建了"3 大系统、8 项子目标、45 个指标构成的新型城镇化评价指标体系"（田静，2012），对新型城镇化量化指标体系的构建，提高了新型城镇化理论的科学性，不足之处是没有确定相应的权重以及参照指标。2013 年，国家行政学院的张占斌教授根据党的十八大报告与中央经济工作会议精神，更为完善的表述了新型城镇化理论。新型城镇化包含四个方面内容：一是"四化"协调互动，产城融合与城乡统筹发展；二是人口、经济、资源和环境协调，集约、智能、绿色、低碳与持续性发展方式；三是构建科学化城市格局，促进大中小城市与小城镇的协调发展，提高城市的承载力；四是实现人的全面发展，建设包容性、和谐式城镇，加快促进农业转移人口的市民化（张占斌，2013），指出新型城镇化是我国扩大内需、推动经济持续健康发展的"火车头"。"实现人的全面发展"体现了以人为本的转型城镇化，是这一理论的巨大进步，不同于传统城镇化，新型城镇化从四个大方面十六个层次阐述了"新"的意义与价值。2014 年，姚士谋等在新型城镇化的理论与实践方面增加了"创新"理念，使其理论体系更为完善。姚士谋等在分析传统城镇化对于经济发展的制约因素后，提出"中心城市带动与辐射区域发展理论，促进新型城镇化的创新实践""依据空间经济网络布局理论，构建新型城镇化的创新模式"的新型城镇化的创新理论（姚士谋等，2014）。此后学者大多也以此新型城镇化研究为基础，进行相应的理论与实践方面的分析。

2.1.2.3 新型城镇化的政策性体现

中国城镇化自 20 世纪 90 年代中后期呈现高速发展态势，在"十五"期间城镇化的"冒进"就已经出现了诸多问题，在"十一五"规划中，中央就提出"要积极稳妥推进城镇化"，但是以 GDP 政绩考核为重心的干部评价标准使一些地方政府仍在快速推进城镇化。城镇化率从 20% 提高到 40%，英国经历了 120 年，法国 100 年，德国 80 年，美国 40 年，而中国仅仅用了 22 年（1981～2003 年）（陆大道，2015）。2008～2017 年中国城镇化年均增长率仍然达到了 2.79%，经济增长和产业支撑与高速城镇化不能相适应，经济增速放缓，社会深层次结构性矛盾凸显，"稳增长，调结构"进行供给侧结构性改革等与提高城镇化质量密切联系。2013 年 11 月，党的十八届三中全会的召开，对中国下一轮经济改革提出了整体规划，开启了我国新一轮改革的大幕。会议通过的《第三次全体会议公报》（以下简称《公报》）明确提出"完善城镇化健康发展体制机制"，这与国家制定的"十一五"规划"要积极稳妥推进城镇化"的发展思路是一致的，但是《公报》更突出城镇化健康发展体制的完善，更强调体制机制的创新，营造有利于城镇化健康发展的制度环境。虽然三中全会并没有明确提出"新型城镇化"，但是对于"城镇化健康发展体制"进行了完整的表述：坚持走中国特色新型城镇化道路，推进以人为核心的城镇化，推动大中小城市和小城镇协调发展、产业和城镇融合发展，促进城镇化和新农村建设协调推进。优化城市空间结构和管理格局，增强城市综合承载能力。对吸纳人口多、经济实力强的城镇，可赋予同人口和经济规模相适应的管理权。建立和完善跨区域城市发展协调机制（刘西忠，2014）。这一表述为国家新型城镇化发展规划的制定提供了理论指导。《华尔街日报》分析说，"作为中国经济增长的下一个主要驱动力以及再平衡驱动因素，城镇化无疑会在本次三中全会上得到支持，中国需要通过实现人口城镇化来获得成功。"[①] 2013

---

① 全球热议十八届三中全会之二——再启中国增长强动力 [EB/OL]. [2013 – 11 – 07]. http：//politics. people. com. cn/n/2013/1107/c70731 – 23464991. html.

年 12 月，中央城镇工作会议提出了推进城镇化的主要任务，努力实现"人的城镇化"。随后，2014 年 3 月《国家新型城镇化规划（2014—2020)》（以下简称《规划》）的发布，标志着中国城镇化发展的重大转型，也标志着新型城镇化战略实施迈出了实质性的一步。

《规划》中新型城镇化的"新"与传统城镇化相比主要体现在三个方面：新思路、新主线与新举措。走"中国特色新型城镇化道路"为未来城镇发展指明了方向，"以人为本、四化同步、优化布局、生态文明、文化传承"成为发展的新思路；而"农业转移人口市民化"则是《规划》的新主线，尤其是常住人口城镇化率与户籍人口城镇化率的"缺口"，即"半城市化"农业转移人口存量的市民化是提高城镇化质量的主线，总体原则是"存量优先，带动增量"逐渐推进农业转移人口市民化进程；而《规划》的新举措则主要体现的是制度创新，从根本上解决"人往哪去、钱从哪来、地怎么管"的问题。

《规划》公布后在学术界也引起了极大的反响。中国特色新型城镇化道路的关键是要实现四个转变：由偏重经济增长向注重经济社会生态转变，由偏重城市发展向注重城乡统筹发展转变，由政府主导向市场主导转变，由偏重城市物质形态的扩张提升向满足人的需求、促进人的全面发展转变（杨保军，2014)。《规划》对我国"外延式"和"速度型"的传统城镇化发展方式积累的社会矛盾作了较为完善的考虑，此轮城镇化的重点主要体现在"推进城乡一体化发展、确定了以城市群为主体来推进新型城镇化的思想、提出了提高城市可持续发展能力的问题"（胡必亮等，2014；唐道明，2015；王新娜等，2016)，这几方面都具有积极的意义。

作为一项综合性改革措施，中国特色新型城镇化路径需要多项制度配套，规划科学的小城镇，将激发内需、平衡投资与消费的关系，使经济增长获得新动力。《规划》能否使"城镇化"再次成为经济增长的"火车头"，学者也从不同的角度分析了《规划》可能的缺陷与不足。

胡必亮与潘庆中指出"新一轮城镇化的发展重点在城市群，可能会进一步扩大区域间差距；《规划》基本还是以计划为主导的城镇化思路，市场作用不足"（胡必亮等，2014；石楠，2014）；李晓江指出，如果就业、市民待遇与农村土地等问题的相关配套制度不实现，则农业转移人口的市民化只能是一个"善良的愿望"（李晓江，2014）；张京祥指出《规划》提出的"城镇化目标、手段与许多地方的当前实际产生了的巨大的落差"，"半城市化"是越来越多个体"主动选择"的结果，"要想真正启动新型城镇化的步伐，最关键的是要进行系统、深刻的制度创新"（张京祥，2014）；王世福指出《规划》新型城镇化道路的路径设计应包括两个方面——"应强调城市对乡村的反哺；应充分发挥乡村的自组织能力"（王世福，2014）。

诺贝尔经济学奖获得者迈克尔·斯宾塞（Michael Spence）认为：下一个十年中国经济如果高速增长的话，城镇化将是重要因素。1997年，中国经济遭遇亚洲金融危机使得长期以来的外向经济受到了极大的冲击，"工业创造供给，城市创造需求"，以城镇化拉动内需成为经济持续增长的关键。现阶段，我国正处于经济新常态下的增长调速换档期、结构调整阵痛期、前期政策消化期的"三期叠加"时期，《规划》确定的中国特色新型城镇化道路不仅决定经济的持续健康增长，更影响着社会的稳定发展。《规划》确定的"以人为本""可持续性发展"等理念都是城市化理论的进步，但是在制度的创新与市场的作用等方面还存在明显的力度不足，"看得见的手"与"看不见的手"在发挥调节作用时的范围、强度还需要政府不断调适、不断摸索。

2.1.2.4 乡村振兴战略与新型城镇化

党的十九大报告与中央经济工作会议提出的乡村振兴战略是关于农村经济发展的重大战略思想。乡村振兴战略与新型城镇化成为国家实现经济发展的两个重大战略，乡村振兴战略以发展农村为目标，新型城镇化以城镇发展为目标，同时也包含农村的发展，城镇化过程从一定的程度上也可以说是农业剩余劳动力的城镇化转移过程，在提高城镇化率的同时也提高了农业劳动生产率，带动农业经济发展。对于新型城镇化与乡村振兴战略二者的关系，学者的研究观点主要分为三大类。

一是农村的发展新型城镇化成效并不显著，而乡村振兴可以有效破解"三农"问题，促进农村经济发展（王颂吉等，2019）。有学者认为快速城镇化发展未能实现对城乡融合发展机制的有效构建，"三农"问题仍未解决，乡村振兴战略可以加快城乡融合发展的体制机制。申端锋等（2018）在阐述城镇化对农村经济发展的促进作用中指出，城市化是通过消费主义促进乡村振兴，这会使乡村在发展过程中提升主体性、地方性知识发展和能力，但城市化无法改变城乡之间的不平等关系，而乡村振兴战略则可以使农村经济在发展过程中变被动为主动，重塑城乡之间融合发展的平等关系。

二是乡村振兴与新型城镇化具有内在的一致性，但同时也是"和而不同"。乡村振兴战略是坚持农业农村优先发展（陈文胜，2019）。新型城镇化过程中镇域城镇化也以乡村发展为目标，即通过减少农民数量、推进产业结构优化等方式促进乡村经济发展，二者具有内在的一致性；乡村振兴战略的提出并不是对新型城镇化战略的否定，只是说明未来国家发展的重点开始向农业与农村倾斜，意味着城乡关系战略重点的转折，由过去被动依靠城镇辐射带动农村发展转向主动探寻内生增长发展模式（李国英，2019），二者说明了城乡资源要素的双向流动机制。在促进乡村经济发展中，城镇化是发展的第一阶段，强调了资源要素由乡村向城镇流动，而乡村振兴则要求资源要素由城镇向乡村流动；新型城镇化与乡村振兴的关系可以具体表达为：以城市经济反哺和带动农村经济，以城镇化战略助推乡村振兴战略，从而实现城镇与农村、社会与市场利益的多赢局面（陈丽莎，2018）；城镇化与乡村振兴是"和而不同"，政策目标分别指向城镇与乡村，在宏观、中观与微观层面具有统一性（冯奎，2019）。

三是新型城镇化与乡村振兴战略具有互补性，有助于城乡一体化发展。作为破解现阶段不平衡不充分发展矛盾的主要方式，新型城镇化具有高度综合性，与乡村振兴战略、"一带一路"政策等加强了协作推进（陈明星等，2019）；乡村振兴战略可以有效解决城镇化发展过程中对"三农"带来的负面效应，二者的有效结合可以充分实现城乡资源的战略组合，实现城乡一体化发展（刘歆立等，2019）；新型城乡的结构关系、利益关系等需要乡村振兴与城镇化的双轮驱动，通过构建要素双向配置的互动机制，通过对特色小镇的打造，实现城乡发展纽带化（陈丹等，2019）；乡村振兴战略与新型城镇化在基本特征方面具有高度的重合性与契合性，尤其是在实现人的现代化方面。二者的组合可以重塑城乡关系、实现生态宜居与城乡有效治理（王喜成，2018）；城乡关系的发展路径是"城乡统筹—城乡一体化发展—城乡融合"，新型城镇化道路机制的理解与推进模式的选择，直接影响乡村振兴与新型城镇化双轮驱动效力。乡村振兴与新型城镇化可以实现"统筹融合、共生可持续与包容一体化"发展（卓玛草，2019）；等等。

通过学者对新型城镇化与乡村振兴战略二者关系的分析可以看出，虽然城镇化发展战略对农村经济发展的成效并不显著，但并不能因此而否定城镇化发展的作用。在国家振兴乡村战略思想下通过发展重点的转移，调动农村经济发展的主动性，与新型城镇化发展相互补充，打通城乡资源的双向流动障碍，构建乡一体化发展平台，最终实现城乡融合发展。

2.2　关于镇域经济的相关研究

"域"，本义是指疆界、疆域，即范围。"域"是语境可以随着认知不断扩展的词，后逐渐演变为数学、生物、科技等学科的某类单位的分类词语。镇域经济既不同于宏观经济也不同于中观经济，而是属于微观经济。同时镇域经济也属于区域经济，在区域经济的层级体系中属于区域经济的最基层。在经济学领域中一直比较注重对宏观与中观经济的研究，对于镇域经济这样的微观经济关注程度并不高。通过知网的统计即可以看出：以"镇域经济"作为篇名的期刊，知网的收录从1994年开始到2017年底只有185篇，其中发表于核心期刊上的仅有7篇；在硕博论文（2012~2016年）的统计中，共有7篇，其中博士论文1篇。由此可以看出学术界对"镇域经济"的研究关注程度偏低。镇域经济由于其城乡兼备的特征，在社会发展中是解决"三农"问题的关键，是实现城镇化的保证，同时镇域经济理论的构建对于促进区域经济发展具有现实意义。

2.2.1 "镇域经济"概念的界定

对现有文献的梳理发现，"镇域经济"的称谓最早出现在1994年的《更新观念发展镇域经济》（卢长海，1994）一文中，作者以一名乡镇干部的视角分析了市场经济对其本职工作的影响，"镇域经济"只是作为具体研究对象的乡镇行政管辖范围，并没有从学术上给予"镇域经济"内涵的界定。张成明（1997）指出"镇域经济是国民经济中的一个重要层次，其快速、健康、协调的发展有利于整个国民经济总量的提高和结构的改善"，从性质上对"镇域经济"进行了界定。赵黎（1998）提出"小城镇的全面发展，调动了建制镇政府的积极性，形成了'以城镇建设带动镇域经济发展，以镇域经济发展促进城镇建设'的发展格局"，明确了镇域经济以建制镇为中心，这是研究镇域经济的逻辑起点。徐双全（2004）提出"镇域经济即以集镇为中心、以乡村经济为基础的多层次的区域性经济体系"，祝艳（2006）提出"镇域经济是指在镇级行政区划的地域和空间内，统筹安排经济社会资源而形成的开放且具有特色的区域经济，它包括乡镇经济、乡村经济、农户经济几个层次"。徐双全与祝艳都肯定了镇域经济的区域性与层次性，祝艳进一步指出了镇域经济的行政性特征，这是对"镇域经济"内涵认识的实质性进步。魏后凯（2010）对"镇域经济"内涵进行归纳总结，在理论演进中更进一步，他认为镇域经济是县域经济的核心，具有行政区与经济区两个层次的含义："行政区角度体现为镇级行政区范围内的经济，经济区角度体现为以镇为中心的开放的经济系统"。而此后学者的研究大多以此为基础进行分析，虽有所侧重，但没有太大突破。滕海峰（2013）从"空间范围、发展机制、发展目标、发展动力、空间结构"五个方面阐释了镇域经济的内涵，虽然是多元化解析，实质仍然只是从"经济区"的角度进行的分析和界定。汤鹏主（2015）认为"镇域经济是一个建制镇行政区域内的经济，它以镇级政权为调控主体，以市场为导向，优化配置资源，具有地域特色和功能完备的开放区域经济体"，这是对"镇域经济"内涵的抽象表达，是透过"镇域经济"外在现象的本质界定，至此带有中国特色的"镇域经济"内涵有了较为清晰的内容。但是由于学者的研究目的不同，往往会以此为基础对"镇域经济"作灵活性的界定，镇域经济在"行政建制'镇'的'镇区'的大前提下，应该允许不同地区、不同部门对其涵盖范围有适当上延下伸的灵活选择"（晏群，2009）。本书在绪论部分明确研究对象的镇域经济是建制镇行政区域范围内的经济，是包含乡村区域与镇区的开放性区域经济体。

2.2.2　镇域经济的特征与作用

通俗而言镇域经济，是以"镇"为基础包括"镇区"与乡村腹地，镇域经济表现为亦工亦农、亦城亦乡，是城市文明与乡村文化的共存地。黄伙有（2005）指出"镇域经济的特色就是竞争力"，并且分析了镇域经济与县域经济的关系；钱静和朱启酒（2012）带领北京理工大学与北京农业职业学院组成的关于"镇域经济发展"的课题组，历时 2 年对北京房山镇域经济发展进行跟踪调查，归纳了镇域经济的基本特征，"镇域经济基本属性是区域性，是最基层的综合性经济，和一般乡镇经济比较是城郊经济，与一般城区经济比较是农村经济"；魏后凯（2010）指出镇域经济具有综合性、地域性与开放性的特点。

区域经济的层次性，说明不同层次的区域经济具有不同的作用。镇域经济由于其特殊的区位特征，学者从不同的角度分析了其对社会发展的作用。主要包括以下几个方面：

第一，强调镇域经济城乡统筹作用：镇域经济是国民经济的重要组成部分，是联结城乡经济的桥梁，既是城市向农村的延伸，也是农村通往城市的必经之路，是统筹城乡不可或缺的重要内容（李水文，2008；祝艳，2010；王燕飞等，2015；丁志伟等，2016）。

第二，强调镇域经济对县域经济发展的重要性：镇域经济是县域经济的支柱，是壮大县域综合实力、增强县域经济发展活力的关键（蔡婧，2013；丁志伟等，2016；李永强等，2012）。

第三，强调镇域经济对农村发展的重要性：镇域经济在吸纳农村剩余劳动力和维护农村社会稳定方面起着关键性的作用，是解决"三农"问题、建设社会主义新农村的重点和难点（辜胜阻，2000；魏后凯，2010；滕海峰，2013；祝艳，2010；雷艳锦等，2016；沈东珍，2016）。

第四，强调镇域经济是城市反哺农村的平台：镇域经济发展很大程度上决定了城市经济对农村经济发展的带动作用，是城市反哺农村的承载体（王燕飞等，2015）。

第五，强调镇域经济对拉动消费、扩大内需的作用：发展镇域经济，加快小城镇建设步伐，是扩大内需的总抓手，是启动消费的推进器（辜胜阻，2000；魏后凯，2010；沈东珍，2016）。

2.2.3 镇域经济发展的约束因素

镇域经济由于不同的区位偏差与资源禀赋对其发展会产生不同的影响，与县域经济、市域经济相比，镇域经济发展的约束性因素更为复杂一些，相关的研究主要有以下几方面：

第一，徐双全（2004）从五个方面总结了影响镇域经济发展的约束因素：一是教育落后，人口素质低，先进技术不易推广；二是一产产业化规模小、水平低，受自然条件的影响比较大；三是镇区集聚能力低，基础设施落后，尤其是交通、通信能力等；四是企业经济效益低，产业以粗加工为主，技术含量低，发展速度慢；五是由于大部分镇域财政收入渠道单一且额度较低，造成镇域经济发展资金普遍短缺，投入严重不足。尤其是我国中西部地区资金短缺问题突出，严重阻碍镇域经济发展。

第二，祝艳（2006）认为镇域经济发展面临的困境包括以下几种：一是融资与筹资问题，镇区的银行只吸储不放贷，吸纳镇域资金流入城市，同时镇域经济大多以传统农业和乡村经济为主体，自身资金积累速度慢，导致镇域经济发展资金制约严重；二是小城镇基础设施滞后，规划落后，无特色，小城镇品位难以提升，基础设施配置不到位，生产要素优化配置能力低，小城镇难以发挥推动镇域经济发展的作用；三是人才和技术短缺，生产技术配套能力差，镇区无法为专业化技术人才提供理想的技术环境与相应的服务，难以吸引与留住人才，制约镇区产业科技创新能力，经济发展难以以创新为依托；四是由于农村发展的相对封闭性，农民观念较为保守，缺乏竞争与危机意识。

第三，井潇等（2009）通过对山东省烟台市牟平区镇域经济发展状况的调研，分析了牟平区镇域经济存在的问题：一是发展不平衡，强镇更强，弱镇更弱，经济增长越来越失衡；二是经济结构不尽合理，第一产业所占比重仍然偏高，第二、第三产业尤其是第三产业比重偏低，第三产业以批发零售、餐饮业等附加值较低的行业为主，而休闲娱乐、旅游业等新兴高附加值行业发展仍然滞后；三是企业科技创新能力不足，影响镇域经济发展后劲；四是财政收支矛盾突出，农业税取消后给乡镇政府工作的正常开展带来更大的压力；五是镇政府部分领导干部在工作上存在畏难情绪。

第四，魏后凯（2010）在《镇域科学发展研究》中对我国建制镇的发展进行了较为完整的分析，指出建制镇的发展大体经历了过渡调整、萎缩停滞、快速扩张和稳定发展四个阶段。镇域经济已经成为我国区域经济的重要组成部分，但是仍然面临很多问题，主要表现在以下方面：镇区人口规模小、集聚能力需进一步提高；辐射和带动周边农村经济发展的能力仍显不足；产业布局分散，公共服务水平低；人才和技术短缺；东西地区差距大；等等。

第五，李永强等（2012）对我国建制镇状况进行了分析，指出其存在的一些问题。一是城镇集聚能力需要进一步提高。集聚效应低难以吸引人才流、资金流、物流、商流、信息流等经济要素流入城镇，根据相关研究当建制镇人口超过 5 万人时，规模经济效益明显增加，对经济要素的集聚效应显现。二是区域发展潜力差距较大，地区间均衡发展任务艰巨。由于区域优势，镇域经济东、中、西差距较大，如在 2011 年东部镇均企业实交税金总额比中部地区高 18.5%，比西部地区高 67.7%。三是镇区整体功能配套不够完备，公共设施水平不高。镇区的排水系统、污水及垃圾处理系统等公共配套比率低，环境隐患大。公用基础设施与服务业供给没有形成规模效应，制约镇域经济进一步发展。

第六，郑长德（2015）在对我国少数民族地区建制镇的分析研究中指出，制约少数民族镇域经济发展的主要问题有：一是人口规模普遍偏小，5000 人以下的建制镇少数民族地区占比都超过了 50%，最高是青海，占比达到 72%；二是建制镇密度低，镇间联系程度弱；三是镇域经济第一产业从业占比最高，非农产业占比不足 40%，产业集聚带动功能弱；四是镇域地区人口产业和职业结构具有逆向调整趋势；五是基础设施薄弱，有线电视、垃圾处理、人均用电等与全国相比差距较大。

第七，林葳（2017）在对山东省威海市镇域经济考察的过程中，提出"土地利用率低、筹融资难度较大、技术人才稀缺"，是制约镇域经济发展的主要因素，尤其是在土地利用方面，缺乏合理规划，导致城镇区面积盲目扩大，土地集约化程度、利用效率都偏低。同时由于镇域企业员工大专以上的学历占比逐年下降，而文盲、半文盲占比在 2016 年比全国高 4.51%，这也导致镇域经济体的技术与创新能力下降。

2.2.4　镇域经济发展水平的定量分析

钱静（2008）运用态势分析法（SWOT）分析镇域经济条件，确定比较优势，发展生态循环经济，走可持续发展道路；对镇域经济发展水平定量分析比较早的是马林靖与周立群（2009），提出了衡量镇域经济发展水平的指标体系，将镇域经济发展指数划分四级指标，通过权重测度镇域经济综合发展水平；蔡婧（2013）在对天津镇域经济综合能力分析中"运用镇域经济发展指数，对镇域经济的综合指数进行综合测评，同时通过分别计算发展水平指数、发展活力指数、发展潜力指数，得出镇域经济强弱不同的乡镇在经济实力、工业化水平、城镇化水平、招商引资能力、土地资源与规划建设、基础设施、科技投入和发展速度之间存在差异"；王燕飞等（2015）采用层次分析法对镇域经济竞争力进行了分析，经济竞争力具体表现为宏观竞争力（经济总量、经济集聚度）、产业竞争力（三产指标）与可持续竞争力（基础设施与环境、教育因素），指标较为全面，具有一定的积极意义；雷艳锦等（2016）采用量图分析法，对南县镇域经济发展水平空间差异进行分析，解析造成经济空间差异的原因主要包括区位与交通因素、经济基础因素、资源因素、政策因素；丁志伟等（2016）运用熵值法、变异系数、泰尔指数（Theil index)、空间自相关（ESDA）、热点分析（Getis – Ord Gi*）统计指数、标准差椭圆等方法分析了镇域经济的差异，分析影响镇域经济的主要因素。

2.2.5 发展镇域经济的具体措施

李水文（2008）对促进镇域经济发展提出了"通过建设工业园区、建设小城镇、推进新农村建设、土地改革、发挥农村新型合作组织作用、户籍制度改革、投融改革等方式为镇域经济发展提供强大动力"；魏后凯（2010）提出镇域经济的科学发展应该走特色化、品牌化、专业化、集约化和生态化的发展道路，"通过多元投融资机制、合理引导人口和产业集聚、设立小城镇建设专项资金、推行'镇改市'的设市模式、开展小城镇的科学发展示范、编制小城镇建设技术规范"；滕海峰（2013）提出可以通过"集中力量建设重点镇，加大'以城带乡'力度，发展主导产业，支持非政府组织（NGO），塑造新型农民"等方式促进镇域经济发展；沈东珍（2016）提出的措施是"做好发展规划、发挥聚集效应、推进农业产业化"；郑长德（2015）指出，由于西部民族地区镇对城镇化的贡献率更高，因此应加大对于镇域经济的关注度，推进小城镇建设，具体措施包括"提升建制镇规划水平，对于巨型镇和大型镇可以考虑设市和自治市，采取多元筹资渠道加快基础设施建设，建制镇建设与产业园区建设结合起来"。

2.3 本 章 小 结

通过对我国城镇化发展的文献梳理，可以看出城镇化发展的动态轨迹。自改革开放以来我国城镇化发展推动了经济的高速运行，从城市化到城镇化再到新型城镇化，从经济的高速增长到稳定增长，从重视数量到强调质量，从西方城市化经验的借鉴到我国城镇本土化过程中经验的总结，逐渐形成了有中国特色的城镇化道路。通过文献的梳理也可以看出我国城镇化理论从幼稚到成熟，既融合了西方的城市化理论，也增加了中国特色的个体化色彩。

学术上的研究与探讨对城镇化理论的形成与实践中的应用起到了指导作用，在城镇化发展的不同阶段，"城市化"与"城镇化"发展道路的学术争议，在实践中具体表现为优先发展"小城镇"还是"大城市"，在经历了几十年的城镇化实践后，学者对功与过进行了广泛而又深入的探讨。这对于从根本上认识中国城镇化发展所具有的个性化特征，不可完全复制西方城市化路径，形成中国城镇化理论发挥了重要作用。当突飞猛进的乡镇企业带动中国经济进入第一次增长期，根植于中国乡村的小城镇也因此得到了迅速的发展，但"规模小、数量多的发展模式"有"先天不足"，学术上的探索使研究者对城镇化的本质有了更为清晰和全面的认识。此后城镇化带动中国经济进入第二、第三次增长期，这也是城镇化水平高速发展期，在经历了"冒进"的城市化发展之后，学者系统地分析了西方城市化理论，结合中国现实进行了较为客观的分析与判断，开始关注城镇化的整体性分析与城镇化理论体系的构建，多学科、多方法、多视角的综合研究，使城镇化理论体系日益丰满。

随着中国经济进入新常态，经济发展条件和环境已经发生了重大变化，低效、粗放式的增长方式逐渐向高效、集约化方向发展，但必须破除深层次的结构性矛盾，而新型城镇化被认为是"破壁"的关键。2014年国家新型城镇化发展规划的出台，对城镇化进行了更为科学的设计，从过去追求快速粗放"量"的增长到现代重视集约高效"质"的提升，体现了新型城镇化"以人为本"的价值理念，回归"发展"的社会本位，体现了城镇化更多的人文情怀，"新型"城镇化说明了对传统城镇化"糟粕"的摒弃与"精华"的创新。

城镇化的主要表征为农村地区向城镇地区转变,农村人口向城镇人口转变。镇域是农村地区与农村人口的承载体,镇域经济的发展影响新型城镇化的速度与质量。虽然镇域经济有其特殊的行政地位、区域地位,但与城镇化研究相比,并没有引起学者太多关注。现有文献中纯粹的关于镇域经济的研究并不多见,无论是镇域经济理论研究,还是实践经验的总结都是乏善可陈。但是作为区域经济、微观经济,镇域经济在城镇化发展中发挥着重要作用,它是城乡统筹一体化发展的重要承载体,是小城镇得以产生发展壮大的实践根基,是城市发展人力资本储备的"蓄水池",是工业反哺农业、城市反哺农村的"关节点"。现有文献对镇域经济的研究更多的是基础性研究,主要集中在镇域经济的地位、作用、特点、镇域经济发展的制约因素以及相应的解决方案等"横向"研究方面。相关研究为镇域经济理论体系的形成奠定了一定的基础,但是现有研究对镇域经济的认识仍然不够充分,主要体现在以下几点:

一是对镇域经济的整体性制度设计的研究比较匮乏,缺少全局性、整体性观念。镇域经济的区域性、微观性,带有明显的个性化特征,既不同于宏观经济的方向性、战略性特征,也不同于中观经济的原则性、决策性特征,它具有明显的综合性、应用性与操作性特征。镇域经济发展应当关注长期效应,横向经济范围虽然广泛,但是纵向经济发展仍然具有全局性特征。现有文献对镇域经济发展的纵向研究,即整体性的制度设计并不多。

二是对镇域经济发展理论的重视程度不足。现有文献多关注城市本身的发展,强调城镇化过程中城市的集聚效益与规模效应,镇域经济仅是依附、补充城市发展,镇域经济发展理论滞后于镇域经济发展实践。

三是关于测度镇域经济发展的指标体系的研究并不系统,尤其是在新型城镇化背景下镇域经济综合性指标体系的构建,现有研究涉及的并不多。现有研究大多是对成功的镇域经济发展模式进行范式研究，或者强调单一指标的影响，缺乏对新型城镇化的"创新"性指标体系的研究与模型的构建。

四是现有镇域经济研究更多关注镇域经济本身，对镇域经济发展在乡村建设与城市发展之间的动态性转换理论，尤其是运用专业化分工、交易效率等相关理论进行分析的研究比较缺乏。

五是与镇域经济发展的动力机制相关的研究并不系统，现有研究主要是对农村城镇化主导力量性质的分析，对动力体系的研究并不多见。在新型城镇化背景下，结合党的十九大提出的乡村振兴战略规划，对镇域经济发展既有城镇化发展的拉力又有乡村振兴源自组织发展的推力，二力合一可以有效发挥镇域经济在城乡一体化发展与建设中的节点效应。因此把握镇域经济发展规律，对其动力体系的构建及创新发展亟须进行更深入的研究。

第3章

镇域城镇化与经济发展理论假设的推衍

1987 年诺贝尔经济学奖获得者罗伯特·索罗（Robert Solow）在 1956 年发表的《对经济增长理论的一个贡献》中指出："所有的理论都基于并非十分正确的假设。正是这些假设构成了理论形成的基础。理论建立的技巧就是要做出能够得出稳定结论的必要、简单化的假设。"（刘以安，2005）

3.1 区域经济理论的梳理

3.1.1 国外区域经济学理论

区域经济学是运用经济学的观点与方法研究区域经济发展的相关问题，是地理学与经济学交叉形成的学科，也可以称为空间经济学。区域经济学强调空间维度，强调区域差异与区域特色，可以有效补充传统经济学的不足（魏后凯，2011）。区域经济学发端于 1826 年德国经济学家杜能的农业区位理论，已经有 190 多年的历史，但区域经济学大约是在 20 世纪 50 年代才成为一门独立的学科。20 年代一些完成工业化的资本主义国家相继出现了一系列经济问题，分工的深化加剧了地区间经济发展的不平衡，老工业区出现结构性衰败。到 30 年代，经济危机进一步加剧了萧条地区的经济问题，城乡之间、地区之间经济差距进一步拉大，失业人口大量增长，社会矛盾不断激化。在第二次世界大战后区域经济问题开始引起西方国家的关注，凯恩斯主义的国家干预政策着手解决区域经济问题，区位理论研究自此转向区域研究，单纯意义上的微观经济分析转向宏观经济研究，区域经济学逐渐成为一门独立的学科。区域经济分析与一般经济分析最大的不同点在于，它把空间分析思维带入了区域经济研究中，最终使现代区域经济理论成为一门具有学科规范化与体系化的空间经济学。国外区域经济学不同阶段的发展及相关理论见表 3 – 1。

表 3 – 1　　　　　　　　　　区域经济理论演进过程

时期	代表人物	主要理论
形成时期 （区位理论）	冯·杜能（von Thunen）	农业区位理论
	劳恩哈特（Launhardt）	工业区位理论
	韦伯（Weber）	
	费特（Fetter）	贸易边界区位理论
	俄林（Ohlin）	一般区位理论
	克里斯泰勒（Christaller）	中心地理论
	廖什（Losch）	市场区位理论
产生初期	缪尔达尔（Myrdal）	累积因果论
	赫希曼（Hirschman）	增长极理论
	弗农（Vernon）	区域经济梯度推移理论
体系化时期	克鲁格曼（Krugman）	中心 – 外围模型、集聚经济理论
	约翰·弗里德曼（John Friedmann）	核心边缘理论
规范化时期	迈克尔·波特（Michael Port）	产业集群理论（钻石模型）

资料来源：根据安虎森、邹璇的《区域经济学的发展及其趋势》等相关资料整理。

3.1.2 国内区域经济学理论

我国区域经济发展理论演化过程是：生产力均衡理论—区域非均衡理论—区域协调发展理论。区域经济学正式成为一门独立学科是在改革开放以后。新中国成立后在我国计划经济体制下，产业政策是均衡发展理论。根据我国学者安虎森的研究，我国最早的区域经济学著作是毛泽东同志的《论十大关系》（安虎森，2015），他在这本著作中提出了生产力均衡布局理论，即"为了平衡工业发展的布局，内地工业必须大力发展"（毛泽东，1978）。这一理论强调重点发展内地，我国的工业布局以中西部地区为主体。由于政府是资源配置的主体，在产业分工上中西部地区主要以原料或矿产资源为主体，东部沿海地区的工业基地成为制造业基地，这一垂直分工方式造成了东西部地区经济发展的差距（安虎森、肖欢，2015）。改革开放后，我国区域经济理论在借鉴西方理论的基础上构建了我国的区域经济发展的理论框架。我国区域经济理论首先是非均衡发展理论，在这一理论的指导下我国制定了优先发展在资源区位上占有优势的东部沿海地区政策，通过梯度转移带动内地发展。其次是区域协调理论，目的是平衡区域差异，同时结合我国城乡二元结构提出了系统的城乡统筹理论，这一理论包括城乡一体化、新型城镇化理论，成为我国区域经济理论特色。

3.2 镇域城镇化与经济发展的相关理论

3.2.1 集聚经济理论

集聚经济理论是研究城镇化发展的理论基础，也是研究镇域城镇化发展的逻辑起点。亚当·斯密（1776）是企业的空间集聚行为的早期研究者，而对集聚经济理论的统计分析最早的研究者是黑格（Haig, 1926），通过对纽约城市发展的分析，阐述了集聚经济对城市形成的影响（易善策，2011）。人口与企业在地理空间上的高度集聚产生的经济效应即集聚经济效益，马克斯·韦伯（Max Weber）、马歇尔（Marshall）等提出了集聚经济效应理论。对集聚经济效应产生的利益马歇尔主要是从外部经济效应的角度进行了相应的分析，他认为集聚经济利益主要体现在三个方面：知识外溢、辅助行业的发展与统一劳动力市场的形成。在马歇尔研究的基础上，瓦伊纳（Viner, 1931）与西托夫斯基（Scitovsky, 1954）提出了货币外部性与技术外部性，俄林（1933）对外部经济类型进行了相应分类。1936年，胡佛（Hoover）进一步将分类标准化，将外部经济效应分为了两大类：一是地方化经济效应，即相同行业或同类企业通过空间上的相对集中，基于产业功能相似而形成的外部规模经济效应；二是城市化经济效应，即由于产业与其上游与下游相关企业空间相对集聚，因降低生产成本产生的外部规模经济效应（陈良文、杨开忠，2006；冯云廷，2006）。

城市发展过程中产业、人口的集聚产生集聚经济效应，地理空间上的集聚使具有不同技术与知识的劳动力在互相接触过程中产生知识与技术外溢，知识与技术外溢的外部规模经济效应形成报酬递增，循环累积过程使城市集聚经济效应愈发显著，成为城市经济增长的关键（Krugman, 1991）。奎格利（Quigley, 2009）在相关研究中指出专业化分工、交易效率、知识外溢等因素是产生城市外部规模经济效应的主要原因。此外学者对集聚经济效应还从城市的多样化角度进行了分析（Jacobs, 1969），等等。根据已有文献，基于人口、产业空间上的相对集聚产生的规模经济效应，无论是内部规模经济效益（主要是指企业内部由于劳动生产率的提高、规模扩大而产生的经济效益）还是外部经济效益，专业化分工、交易效率与知识外溢以及由此而产生的技术创新等都是集聚产生的结果。

3.2.2 专业化分工理论

分工可以节约原料，增加劳动工具的利用率（Rae，1834），专业化分工可以减少重复学习而提高全社会的学习能力（杨小凯等，2003）。经济增长首先是一个持续演化的专业化分工过程（俞宪忠，2010），根植于经济学中的专业化分工理论可以对复杂的经济现象进行合理的解释，而从经济学中独立的区域经济学该理论也贯穿其始终。

3.2.2.1 专业化分工理论演进

人类社会的经济发展开始于剩余产品的交换，社会分工的出现尤其是专业化分工使经济增长速度显著提高，专业化分工是交换活动产生、存在和发展的根本原因（魏后凯，2011）。关于分工思想可以追溯到古希腊的柏拉图（Plateau）与色诺芬（Xenophon），在中国古代也有管仲、孟子、荀子等思想家对分工的解释（李井奎，2015）。古典经济学是专业化分工理论研究的起源，亚当·斯密作为古典经济学的代表，他在《国富论》中指出："劳动生产力上最大的增进，以及运用劳动时所表现的更大的熟练、技巧和判断力，似乎都是分工的结果。"[①] 他认为分工是经济增长的根本原因，分工的继续深化又取决于市场规模，分工的发展使生产者或服务者更专业化，在提高劳动生产率的同时，专业化分工也增强了技术创新能力，而技术能力的提高使报酬递增，又会进一步推动分工的高层次演进。虽然斯密认为分工受制于市场规模的观点具有一定的局限性，但是并不影响这一理论的重大意义，可惜的是这一理论并

---

① 亚当·斯密：《国民财富的性质和原因的研究》上册［M］. 郭大力，王亚南译. 北京：商务印书馆，2014：8.

未引起主流经济学家的关注，直至 20 世纪初杨格（Young）的经典论文《报酬递增与经济进步》对专业化分工理论的学术复兴做出了巨大贡献。杨格的观点被称为"杨格定理"，主要观点包括：专业化分工是报酬递增的根本原因，是动态的经济现象；劳动分工与市场规模相互作用、彼此促进；在原料与最终产品之间的迂回生产或中间品生产不断增长的专业化生产企业，提高最终产品的劳动生产率，使市场规模不断扩大；供给与需求是专业化分工理论的两个方面。20 世纪 80 年代新兴古典经济学实现了专业化分工理论的真正回归——主流经济学领域，以杨小凯、黄有光等为代表的经济学家用非线性的"超边际分析方法"将专业化分工理论用经济数学模型进行了精辟的解释。杨小凯的主要观点是：专业化分工的演进过程就是经济的增长过程，高水平的分工由交易效率决定；技术与创新能力则影响报酬递增；专业化分工的深化则要受到分工收益与交易成本的影响，专业化分工在提高劳动生产率的同时也增加了交易费用，尤其是迂回生产提高了中间投入品的专业化水平，但交易环节的增多导致了交易费用的增加。交易成本与专业化分工的收益差距是决定分工是否演进的标准。

从古典经济学到新兴古典经济学，专业化分工理论演进的基本逻辑框架可以表达为：古典经济学理论指出劳动分工是经济增长的源泉，分工的专业化程度决定劳动生产率水平，专业化分工使劳动者技术能力提高与创新能力激发，而技术创新能力带来的报酬递增会进一步促使专业化分工深化，即中间投入或迂回生产环节增加，专业化程度提高，产业链条延长，市场规模不断扩大。生产环节的延长不仅提高了生产效率也增加了交易费用，为降低交易成本，非农业生产者地理空间的集中可以缩短交易距离从而减少交易成本，使交易效率提高，而交易效率的提高又可以推动专业化分工向更高一层深化，这一过程在循环过程中不断积累与强化分工的正网络效应，推动经济的增长。专业化分工演进逻辑见图 3 - 1。

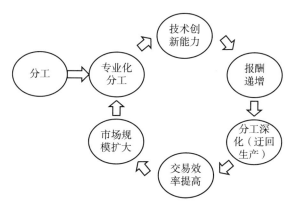

图 3-1 专业化分工演进逻辑

资料来源：根据蒋志勇《城市化、城镇化和城乡一体化的演进与发展关系研究》绘制。

　　镇域经济以农业经济为主体，农业劳动生产率的提高，农业生产过程中中间产品的增加，引致与农业相伴而生的辅助性行业出现，形成了农业与非农业的粗放式分工。非农行业对土地的依附力下降，为降低成本同类行业空间上聚集，集聚的外部效应使知识与技术外溢、中间投入品共享及统一劳动力市场的形成。专业化分工水平的提高使行业内部的技术创新能力得到了加强，经过循环累积，进一步形成了高水平分工。在这一过程中，镇域经济发展开始于粗放的农业与非农产业分工，且初期分工行业往往与镇域自然禀赋相关，如特色农作物、经济作物加工行业，天然石材、金属加工制造业等非农行业，乡村工业发展往往具有同质性，相同乡村工业的空间集聚形成的地方化经济效应促进了镇域经济发展。地方化经济效应外在化发展过程中，迂回生产环节不断增加，同质化乡村工业在垂直分工水平得到提升的同时，也催生了大量辅助性行业，如建筑业、服务业等的空间集聚，交易市场扩大，交易效率不断提高，市场规模扩大，又推动了高水平分工的发展。分工的报酬递增效应是分工发展的动力，交易效率的提升是分工持续演化的动力与集聚经济效应的市场化表达方式，在推动镇域城镇化发展的同时促进镇域经济的发展。

3.2.2.2 城市的产生与城乡二元经济的形成

分工与城市之间存在联系，古罗马时期的色诺芬就已经认识到，此后配第（Petty）也提出，城市能够提高交易效率，但是对于城市分工发展、专业化水平等并没有相应理论可以合理解释。从古典经济学到新兴古典经济学对专业化分工理论的解释方法，可以完美地诠释城市的产生、城乡二元结构的形成。

古典经济学家马歇尔（Marshall）强调供给、需求的核心地位，用规模经济概念替换了专业化经济概念（李颐，2010）。基于17世纪的数学水平及其对市场主体纯消费者与纯生产者的两分法，并不能对市场规模扩大、经济增长、专业化分工等进行有效解释，新兴古典经济学借助于数学上的线性与非线性规划的方法，用超边际理论解释了专业化分工对于市场规模的影响、对于经济增长的推动。超边际分析不同于古典经济学生产者与消费者的两分，而是提出"消费者—生产者"概念，即生产者本身也是消费者，也会产生消费需求，"供给与需求就是分工的两个侧面"（杨格、贾根良，1996）。1994年，杨小凯与赖斯（Rice）建立了城市化的一般均衡模型，通过模型验证了城市的起源与城乡分离都是分工演进的结果（杨俊青等，2005）。经济的发展是从自给自足的自然经济开始的，由于生产力水平比较低下，生产与需求能力都比较低，人们生产的产品只能满足自己需要，产品没有剩余，不发生交换，所以市场交易为零，不会产生交易费用。随着生产力水平的提高，产品出现了剩余，对于不同类型产品的需求，使人们之间基于剩余产品的交换开始出现，从偶尔的交换到频繁的交易。与供给相比需求的增长速度更快，为提高劳动生产率，在经历了完全的自给自足后，逐渐出现半专业化分工直至完全专业化分工。频繁的交易必然增加交易费用，而交易费用与交易效率总是一种两难的选择。假定市场的交易效率是 k，交易费用就是 $1-k$，交易费用与交易效率是负向相关，要降低交易费用就应当提高交易效率。理性生产者基于"天然"自利性，在交易过程中必然要进行交易费用与交易效率的比较，如果交易费用高于交易效率，则生产者就会拒绝交易，恢复到自给自足的自然经济状态。反之，交易效率的持续增长，会促使生产者不断深化专业化分工，技术创新能力有了更好的成长空间，于是迂回生产、中间产品生产环节就会不断延长，推动劳动生产率持续增长，市场规模不断扩大。交易效率的提高不仅说明交易费用低，同时也说明市场交易顺畅程度提升，即有效交易制度的保障，这又会进一步促进分工向更高层次发展，从而形成一种循环累积效应。

农产品与工业品满足不同的需求，农产品与土地密切相连，而工业品对土地的依赖程度并不高，不同的生产者在专业化分工的基础上，为降低交易费用可以缩短物理空间距离，但是农业生产者基于对土地的依赖只能分散生产，而非农生产者则可以实现地理空间上集中。生产者空间上的集中不仅有利于统一市场的形成，同时也会吸引其他服务商、建筑商等相关辅助服务的提供者在空间上的集中，人口与产业的集聚使城市得以产生。空间上的集聚使交易费用大幅降低，生产者、服务者等人口的持续集中带动消费市场放大，消费拉动供给。城市"天生"所具有的高交易效率特性反过来又会进一步推动城市规模及其分工水平不断向前发展（刘文超等，2011）。对于农业生产者而言，一方面由于分散式的生产方式放大空间距离增加交易成本，另一方面相对于制造业而言农业生产专业化分工难度更高，而分工的专业化程度直接影响劳动生产率从而影响交易效率。交易效率与经济增长具有正效应，城市高交易效益与乡村低交易效益直接产生了城乡收入差距，形成了城乡二元结构的客观现实。由此可以总结专业化分工的演进对城市的产生与城乡二元结构形成的内在发展逻辑（见图 3 - 2、图 3 - 3）。

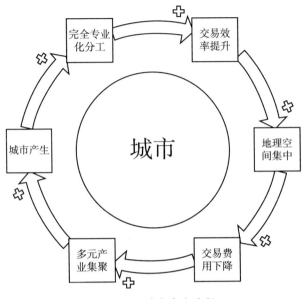

图 3 - 2　城市产生流程

资料来源：根据刘文超、白永秀所著《分工、交易效率与城乡二元经济转化》绘制。

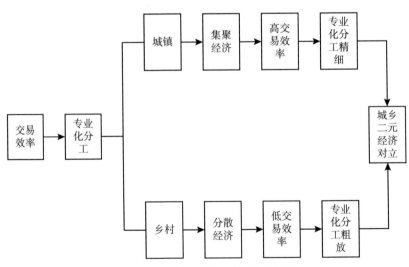

图 3 - 3　城乡二元经济结构的形成

资料来源：根据刘文超、白永秀所著《分工、交易效率与城乡二元经济转化》绘制。

3.2.3 交易效率理论

3.2.3.1 交易效率理论

华裔经济学家杨小凯于 1988 年提出了"交易效率"一词，他通过假定交易过程中对商品价值的分析，区分了交易成本与交易效率，但并没有给予交易效率明确的含义。赵红军对交易效率赋予了较为完整的含义：交易效率特指一定时间内一国经济体中交易活动或业务活动进行的速度快慢或效率高低（赵红军，2005）。依照这一分析框架，交易效率的影响因素可大致分为硬条件与软条件。硬条件主要是指自然禀赋与基础设施等，软条件则主要是指法律制度、产权制度、教育制度、贸易体制等制度化因素。交易效率可以影响市场规模且决定高水平的分工，分工专业化发展在增加迂回生产过程时提高了劳动生产率，迂回生产对交易效率提出了更多的要求，为降低交易成本，对交易的制度化保障与交易的技术化都提出了更高的要求。城市是人口与产业集聚中心，也是一个分工与交易的网络市场（蒋志勇，2015）。城市的集聚效应带来了交易效率的改变：集中居住可以改进交易技术效应与加速分工效应；分工网络与集中交易可以倍增交易效率效应（杨小凯，2003）。交易效率在集聚过程中不断影响集聚效应与融合效应，推动城市的发展与演进。

3.2.3.2 交易效率与专业化分工

基于古典经济学理论提出的专业化分工程度决定劳动生产率水平，而城乡不同的劳动生产率是形成二元分化的根本。专业化分工的演进过程就是经济增长过程，但是高水平的分工则是由交易效率决定的，分工过程中的迂回生产或者中间产品投入都可以不断扩大市场规模，与此同步增加的还有交易成本。从镇域经济发展的角度来看，由于大多镇域经济农业仍然是主体，不能采用完全的分工制度①，传统家庭作坊式的生产组织方式，远不及非农产业部门的大企业生产组织方式，由此造成农业劳动生产率低，以至于收益水平远低于制造业等其他行业。同时农业分散式的生产方式、产品的交易方式远不及城市集聚性市场的交易便利。城市便捷的交通与信息传送、新技术的传播与溢出等，是城市高交易效率的保证，高交易效率带来高劳动生产率，城乡交易效率的差异是产生城乡二元经济分离与对立的主要缘由。提高城乡交易效率从一定程度上可以降低或者缓解二元对立的程度。古典经济学理论运用超边际分析理论论证了市场运行机制的有效性，而交易效率可以影响市场运行机制，可以反映市场交易活动成本与快捷程度。同时交易效率也可以深化专业化分工，即可以通过"迂回经济"影响专业化分工水平。

3.3　镇域城镇化与经济发展的理论框架与假设

3.3.1　镇域城镇化与经济发展的理论推衍

镇域城镇化的发展过程就是镇域经济发展过程，城镇化演变史就是一部经济发展史。

集聚经济效应理论在对外部规模经济效应的具体研究中，将其具体分为地方化经济效应与城市化经济效应两种类型。地方化经济由于是同类产业的相对集聚而产生的外部经济，与城市化经济由于上下游产业集聚而产生的外部经济相比集聚效益要低。地方化经济效应可以看成是集

---

①　亚当·斯密：《国民财富的性质和原因的研究》上册［M］. 郭大力，王亚南译. 北京：商务印书馆，2014：9.

聚经济发展的初期，基于同类产业集聚产生的知识与技术外溢而形成规模化发展，而城市化经济不仅存在同类行业的外部经济，同时还包含辅助性行业形成的外部经济，可以看作是集聚经济效应的高级阶段。地方化经济在发展过程中可以通过外部化发展向城市化经济转型，地方化经济发展过程中由于相同或相似产业空间上集聚强化了彼此间的专业化分工与合作水平，在提高劳动生产率与增加迂回生产过程中，不断对外部多样化生产提出要求，增加了区域产业的多样性与差异性，带来了生产要素的外部化，外部溢出需求逐渐使相关溢出产业之间形成了互补性链条（冯云廷，2006）。地方化经济外部化过程中由同类产业的外部经济发展，到同类与互补产业链条的外部经济过程，就是地方化经济向城市化经济的演变过程。这一外部化"进阶"过程就是专业化分工演化过程，产业链条形成过程就是分工网络形成过程，也是集中交易提高交易效率的过程。由此可知，专业化分工与交易效率都是集聚经济演化的结果，在专业化分工与交易效率的共同作用下实现了地方化经济向城市化经济的转化，推动镇域城镇化发展与镇域经济增长。

镇域城镇化的地方化经济发展主要表现为乡村工业在空间上的相对集中，通过规模收益递增效应，吸引农业剩余劳动力就业的空间转移，产业与人口空间上相对集中形成了初步的集聚。地方化经济的外部化过程使乡村工业与人口的集聚性不断强化，非农经济效益使集聚区的公共服务水平、交通设施等不断改善，集聚经济的知识与技术外溢等在提升集聚区产业劳动生产率的同时，也增加了集聚区产业的多样化，集聚区在经济外部化作用下向城市化演进。镇域城镇化过程中镇区是乡村工业的初次集聚的主要选择，这一过程表现为"镇"化过程，也即地方化经济过程。"镇"化过程表现为人口、产业由乡村向镇区的集聚，而集聚的程度则主要与分工水平相关。鉴于镇域经济的"天然"特性，农业是主体，镇域的非农化发展程度即专业化分工广度影响"镇"化水平。在地方化经济外部化过程中，集聚经济效应不断强化，镇区建成区的市场得以培育与发展,土地规划、镇区建设、交通通信等设施都得以迅速发展。镇区产业的非农化特点、外部规模经济效应不仅体现在专业化分工深度,更主要体现在交易效率的提高。镇区在地方化经济外部化作用下,由"镇"化向"市"化发展,由地方化经济向城市化经济发展。由此可知,镇域城镇化发展推动了镇域经济发展,在城镇化过程中"镇"化过程中的分工水平影响地方化经济,而"市"化过程中,与专业化分工相比交易效率对城市化经济的影响更显著。镇域城镇化发展推动了镇域经济发展,缩小城乡差距,实现城乡一体化发展。

3.3.2 理论框架

基于以上分析,构建镇域城镇化发展的理论框架要综合考虑集聚经济效应对镇域城镇化的影响,在城镇化发展的不同阶段专业化分工理论以及分工理论下的交易效率对地方化经济与城市化经济的影响。相关理论的内在逻辑在镇域城镇化发展中的关系如图 3-4 所示。

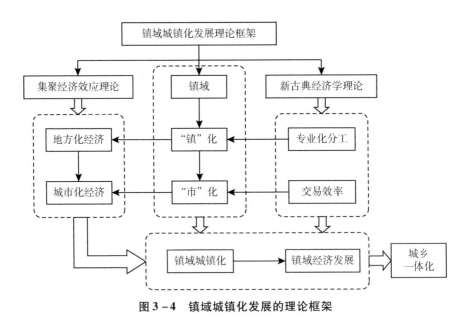

图 3-4 镇域城镇化发展的理论框架

镇域城镇化的演进路径可以回归镇域经济的社会本位——"天然"成为实现城乡一体化发展的"场域",以建制镇为核心,发挥"城之尾、村之首"的联结与纽带作用。

面向城市主要发挥"引流"或"分流"作用。将对城市附加值较低且交易成本高于交易效率的产业"引流"至小城镇,通过城市特征的专业化分工体制带动镇域经济工业体系发展与建构。城市人力资本的技术优势、企业组织的管理优势、市场交易的契约意识等都可以提升镇域经济的专业化分工水平。同时由于镇域经济深入农村腹地,获得农业物资的交易成本要远低于城市,而农村丰富的剩余劳动力资源使镇域工业发展的人力资本得到保障。

面向农村主要发挥"引领"或"集聚"作用。由于城乡之间的交易效率直接影响城乡二元经济差距收敛程度,因此以建制镇为核心的镇域经济发展重点就是引领农业现代化,提高农业劳动生产率。农业机械化作为现代专业化分工中间投入品,可以提高农业生产专业化分工水平,推动农村经济结构优化,现代化农业是发展镇域经济要考虑的基本方向(杨开忠,2007)。引领农村人口向镇区集中,提高镇区人口的集聚水平,实现农村转移人口就地城镇化与外来流动人口异地城镇化。一方面人口集聚能够扩大镇域经济的消费市场,提高镇域经济公共产品与基础服务的规模性;另一方面镇域经济的乡镇企业和城市转移产业吸引农村大量剩余劳动力,有利于农业集约经济的发展,从而提高农业生产效率,达到促进城乡交易效率的目标。

3.3.3 理论假设

镇域经济作为区域经济,镇域城镇化发展开始于产业的初次分工,分工演进过程中产业、人口的镇区集聚即是"镇"化过程,同类或同组乡村工业的空间集聚产生的是地方化经济效应(冯云廷,2006)。地方化经济效应向城市化经济效应转型的过程既是集聚程度增加的过程也是镇域城镇化由"镇"化向"市"化发展的过程。"镇"化表达为镇域人口、产业在分工的推动下向镇区集聚的过程,分工水平影响"镇"化水平。镇域经济的微观性使政府对市场的影响力放大,产业、人口的集聚程度往往受到政府以财政支出方式进行调控的影响,而镇域基础设施水平也会影响居住环境,从而影响理性"经济人"行为的选择,因此财政支出能力与镇域基础设施对镇化水平具有一定的影响。

在由"镇"化到"市"化的过程中,即地方化经济效应向城市化经济效应转型过程中,交易效率是影响镇区"市"化水平的重要因素。镇区产业、人口的集聚,产生的经济效应表现为交易效率的变化,高交易效率联动高水平的专业化分工与市场规模的扩大,推动城市化演进。镇区交易效率在镇区集聚初期,加速专业化分工水平、提高生产效率、加快技术创新、增加迂回生产等,带来了镇区经济发展的繁荣,经济进入快速增长期。但随着市场规模的扩大、交易链条的延长、人口容积膨胀等,交易成本不断上升,经济呈现出滞长状态。由此可预判交易效率在镇域城镇化过程中对经济的影响呈现先扬后抑的变动态势。

镇域经济由于其特殊的经济地位,通过提高分工水平与交易效率推动镇域城镇化发展,提高镇域经济水平,才能真正发挥城乡桥梁作用,使区域经济协调发展实现城乡一体化。基于以上分析,结合镇域经济特点,在此提出以下两个理论假设:

理论假设一:分工水平会影响镇域城镇化水平,且与城镇化水平正相关,而政府财政支出能力与镇域基础设施水平也会对镇域城镇化产生一定的影响。

理论假设二:城乡交易效率可以影响镇域经济发展尤其是镇区的市化水平,而且随着交易效率的提高对镇域经济与镇区市化水平的影响将呈现倒"U"形的变动趋势。

3.4　主要研究方法介绍

3.4.1　向量自回归模型

（1）VAR 模型。

向量自回归模型（vector autoregression，VAR）由西姆斯（C. A. Sims，1980）提出，是把系统中的每一内生变量作为系统中所有内生变量的滞后值来构建模型，作为一种可以解决内生与外生变量问题的非结构化方程，回避了结构化模型的严格限制性条件，从而可以进行相关经济指标的分析与预测。VAR（p）模型的一般表达方式如下：

$$y_t = A_1 y_{t-1} + \cdots + A_p y_{t-p} + B_1 x_t + \cdots + B_r x_{t-r} + \varepsilon_t \qquad (3-1)$$

式中，y_t 是 m 维内生变量向量；x_t 是 d 维外生变量向量；A_1，$\cdots$，A_p 和 B_1，$\cdots$，B_r 是待估计的参数矩阵，内生变量与外生变量分别有 p 和 r 阶滞后期，ε_t 是随机扰动项，不能与模型右边的变量相关。VAR 模型要求序列是平稳的，因此对于不同序列首先要进行平稳性检验。

VAR 模型通常不以严格的经济理论为依据，其解释变量中不包括任何当期变量，对参数不施加零约束。同时模型预测较为方便、准确，可以做脉冲响应分析、方差分解与格兰杰因果检验等。

（2）ADF 检验。

由于时间序列数据大多表现出非平稳性，为防止出现伪回归，需要对时间序列数据进行单位根检验。如果需要检验 $\{y_i\}$ 是否存在单位根，主要依据式（3-2）中的系数进行 t 检验来进行判断。

$$\Delta y_t = c + a \times t + \beta \times y_{t-1} + \sum_{i=1}^{p} r_i \Delta y_{t-i} + \mu_t \qquad (3-2)$$

式中，y_{t-i} 为 $t-i$ 的滞后项，c 为常数项，a、β、r_i 分别为方程系数，μ_t 为残差项。

（3）格兰杰因果检验。

在时间序列数据中，有些变量显著相关，但却未必是有意义的，即相关并不能说明两者之间就存在因果关系。但判断一个变量的波动是否是另一变量变化的原因，却是学科研究中的常见问题。格兰杰（Granger）提出了一个可以判断因果关系的检验：在判断 x 是否引起 y 的问题时，主要看现在的 y 能够在多大程度上被过去的 x 解释，即验证在引入 x 的滞后项后能否显著提高 y 的解释程度，如果能够解释即认定 x 是 y 的格兰杰原因。格兰杰因果检验并非一般意义上的变量之间的因果关系，而是考察变量之间相互作用的先后顺序（张俊凤、刘友兆，2013）。格兰杰因果检验的基本表达式是：

$$y_t = \alpha_{10} + \sum_{i=1}^{p} a_{1i}y_{t-i} + \sum_{i=1}^{p} \beta_{1i}x_{t-i} + \varepsilon_t \qquad (3-3)$$

$$x_t = \alpha_{20} + \sum_{i=1}^{p} a_{2i}x_{t-i} + \sum_{i=1}^{p} \beta_{2i}y_{t-i} + \varepsilon_t \qquad (3-4)$$

在式（3-3）中，x 是否是 y 的格兰杰原因主要取决于 β_{1i}，若显著不为 0，则 x 就是 y 的格兰杰原因；同时在式（3-4）中，若 β_{2i} 显著为 0，则意味着 y 不是 x 的格兰杰原因；若两个系数都显著不为 0，说明 x 与 y 存在互动因果关系，即双向因果关系。

3.4.2　熵值法

镇域公开的统计数据远不及县域及以上行政单位系统与完备，这在一定程度上限制了镇域经济的研究。现有研究中学者侧重通过构建指标体系，对微观单位的镇域经济发展水平、经济竞争力、综合竞争力等方面进行分析（马林靖、周立群，2009；蔡婧，2013；王燕飞，2015）。在研究方法上主要采用德尔菲分析法、主成分分析法、熵值法与层次分析法等，主成分分析法及熵值法属于客观赋权方式，德尔菲分析法属于主观赋权方法，而层次分析法则是定性与定量方法的结合。考虑到镇域经济指标的性质以及统计方法，在此选用熵值法构建镇域经济相关指标体系。

（1）熵值法理论。

熵值法主要是通过计算指标的信息熵，即根据熵所携带的信息量大小来确定其效用价值。指标权重代表熵值的相对变化程度，权重与指标相对变化程度正相关。基本理论路径为：熵值→效用价值→权重。

（2）熵值法计算过程。

首先，对数据进行标准化即无量纲化处理，且正向指标与负向指标的标准化方式不同，在此采用极值法进行标准化。

$$x'_{ij} = \begin{cases} \dfrac{x_{ij} - x_{ij\min}}{x_{ij\max} - x_{ij\min}} & \text{正向指标} \\[3mm] \dfrac{x_{ij\max} - x_{ij}}{x_{ij\max} - x_{ij\min}} & \text{负向指标} \end{cases} \tag{3-5}$$

式中，x'_{ij} 为原始矩阵 $X = \{x_{ij}\}_{m \times n}$ 标准化后的值，m 表示区域内个体的数量，n 表示指标数。$x_{ij\max}$、$x_{ij\min}$ 为该项指标的最大值与最小值。

其次，计算第 j 项的信息熵。

$$e_j = -K \sum_{i=1}^{m} y_{ij} \ln y_{ij}$$

$$\left(\text{其中，} y_{ij} = \frac{x'_{ij}}{\sum\limits_{i=1}^{m} x'_{ij}}, \; 0 \leqslant y_{ij} \leqslant 1, \; K \text{ 为常数，} K = \frac{1}{\ln m} \right) \tag{3-6}$$

式中，e_j 为信息熵，d_j 为信息商效用值或称为 j 项的信息熵冗余度，$d_j = 1 - e_j$。

再次，计算指标权重。

$$w_j = \frac{d_j}{\sum\limits_{i=1}^{n} d_j} \; \left(0 < w_j < 1, \; \sum_{i=1}^{n} w_j = 1 \right) \tag{3-7}$$

式中，w_j 为第 j 项的权重值。

最后，计算综合发展指标。

$$f_k = \sum_{j=1}^{l} w_{kj} x'_{ij} \tag{3-8}$$

式中，f_k 为第 k 类子系统综合指标，l 为第 k 类子系统的指标数量，w_{kj} 为熵值法计算的 x'_{ij} 的权重，通过加权计算出子系统的综合指标 f_k。通过逐层计算累计求和最终计算出综合发展指标 F。

$$F = \sum_{k=1}^{L} W_k f_k \tag{3-9}$$

式中，W_k 为第 k 类指标的权重值，即子系统指标权重，L 为子系统的指标数量，$\sum_{k=1}^{L} W_k = 1$ 且 $0 < W_k < 1$。由于作为数值型的信息熵具有可计算性（史常亮，2012），对于多层结构的评价系统，下级子系统每个具体指标的信息效用值相加可以计算上级相应系统指标的信息效用值 D_k（$k = 1，2，\cdots，k$），全部效用指数 $D = \sum_{k=1}^{k} D_k = \sum_{j=1}^{n} d_j$，第 k 类指标的权重 $W_k = \dfrac{D_k}{D}$。

3.5　本章小结

本章对镇域城镇化与经济发展的相关理论进行了梳理与总结，对相关的研究方法进行了介绍，并且在对国内外区域经济理论发展总结的基础上对镇域经济相关理论进行了推衍。镇域经济理论以集聚经济理论与新古典经济学理论为逻辑起点，以城镇化发展为主线构建理论构架。集聚经济效应在城市化发展过程中主要存在两种集聚经济类型：地方化经济与城市化经济。两种集聚经济形态发展的阶段性也是镇域城镇化由"镇"化向"市"化发展的过程。新古典经济学的专业化分工理论诠释了城市的产生与城乡二元结构的形成，分工与交易效率在镇域城镇化发展过程中发挥着重要作用。农业劳动生产率的提高，农业生产中间品的增加，促进了辅助性乡村工业的产生，实现了农业与非农业的初步分工。分工推进了乡村工业的空间集聚，导致了地方化经济效应的产生。而产业、人口的镇区集聚就是"镇"化过程。镇区产业、人口持续集聚，地方化经济效应向城市化经济效应转型，"镇"化向"市"化发展。而镇区的城市化建设、市场化培育等城市化效应提高了镇区的交易效率，进一步推进高水平分工发展与市场规模，从而加快了镇区向小城市演进。

本章结合镇域城镇化的演进逻辑构建了镇域城镇化与经济发展的理论框架图，并提出两个理论假设。假设一：分工水平会影响镇域城镇化水平，且与城镇化水平正相关，而政府财政支出能力与镇域基础设施水平也会对镇域城镇化产生一定的影响。假设二：城乡交易效率可以影响镇域经济发展尤其是镇区的"市"化水平，而且随着交易效率的提高对镇域经济与镇区市化水平的影响将呈现倒"U"型的变动趋势。

第 4 章

镇域经济发展状况

镇域经济主要是以建制镇为核心的微观区域经济，从一定程度上说建制镇的发展史也就是镇域经济的演化史。中华人民共和国成立以来我国建制镇在国家宏观政策的指导下经历了不同的发展时期，建制镇的数量、规模、人口等变动幅度较大，对社会经济的影响在不同的时期也发挥了不同的作用。

4.1 我国建制镇的发展历程

4.1.1 调整萎缩时期（1949～1983 年）

这一时期基于国家政策的调整，建制镇的发展大体可以划分为两个阶段（见图 4-1）。

（1）1949～1961 年的调整期。

中华人民共和国成立初期建制镇的行政属性并不清晰、设置方式也并不明确，镇下设乡与一城二镇等现象都存在。同时建制镇与自然形成的工商业相对集中的县城与集镇等地理概念也较为接近，明确建制镇的

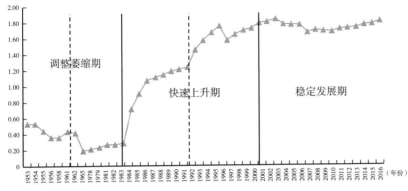

图 4 - 1　我国建制镇的发展历程

资料来源：根据《中国统计年鉴》历年数据计算所得。

行政地位与设置方式成为必要。1953 年底我国建制镇的数量为 5402 个（罗宏翔，2003），但是规模都比较小，人口在 1 万人以下的建制镇占全部建制镇的 86.09%（李培，2006）。1954 年我国宪法明确了镇的行政地位，1955 年国务院又出台了《关于设置市、镇建制的决定》，明确了镇是县、自治县的下级行政单位，是工商业、手工业相对发达的集中地，同时也规定了镇的设置标准。根据国务院对镇设置的标准全国展开了对镇的清理工作，镇的数量也急剧锐减，由 1954 年底的 5400 个减少到 1958 年底的 3621 个（浦善新，1998）。1958 年"大跃进"时期中央实施了"政社合一"政策，即在全国建立人民公社，在此过程中，出现了撤乡设镇现象，镇的数量急剧增加，到 1961 年底全国的镇数量再次增加到了 4429 个（浦善新，1998）。

（2）1962 ~ 1983 年的萎缩期。

20 世纪 60 年代初期我国经历了三年严重困难时期，粮食供应严重不足，而过快增长的城镇人口超过了当时农业的承载量，城镇人口粮油副食品匮乏，国家出台了缩减城镇人口的政策：1961 年提出了减少城镇人口 1300 万人，1962 年再次提出减少城镇人口 2000 万人，1963 年国家提高了设镇条件,对不符合条件的建制镇进行了撤销。1965 年底我国建制镇的数量只有 2000 个左右,"文化大革命"时期镇的发展基本处于停滞时期,镇的数量与人口规模没有太大变化,1978 年底我国镇的数量为 2173 个,即使在改革开放初期,镇的数量也没有大幅增长,1982 年底建制镇的数量为 2660 个,1983 年底为 2968 个(浦善新,1998),与 1962 年相比减少了 29.65%。

虽然我国在 1955 年就制定了镇的设立标准,但基本上是切块设镇的方式,同时镇乡分设、镇不管村,因此镇非农业人口占总人口的比例较高,在 1983 年以前非农业户口占比基本在 75% 以上。1982 年与 1953 年相比建制镇的数量大幅下降,但是镇的规模与人口有了较大的增长,1982 年人口规模在 2 万人以上的镇占所有镇的 70.12%,人口在 5 万人以上的占比 9.43%。而在 1953 年人口规模在 2 万人以上的镇占比只有 4.74%,5 万人以上的占比仅为 0.39%(罗宏翔,2003)。由此可以看出镇的数量在下降的同时,镇的人口规模增加的速度则很快。

4.1.2 第二阶段为快速扩张时期(1984~2000 年)

这一时期是国家经济高速发展时期,一方面市场经济的快速发展,使其在社会中的地位逐步确立与稳固,另一方面计划经济体制仍未完全退出历史舞台,两种经济体制相互交错,对建制镇的发展也产生了极大的影响。在这一时期,建制镇的发展大体可以分为两个阶段:

(1)1984~1991 年的扩张期。

党的十一届三中全会的召开为农村的发展注入了极大的活力,农业劳动生产率大幅度提高,同时也产生了大量的剩余劳动力。但由于受到户籍制度的严格限制,劳动力资源的空间配置效率并不高。改革开放初期,国内长期压抑的市场需求被激发,但计划经济体制下的社会生产惯性，使国内市场供应严重短缺，难以满足社会迫切的消费需求。以分权为主导的政治体制改革使地方政府有了发展地方性企业的权力，同时无法释放的剩余劳动力在"离乡不离土，进厂不进城"的观念影响下，自然地与镇政府形成了一种新的产权合约与财产合约，于是乡镇企业获得了蓬勃的发展，而乡镇企业的发展又直接推动了建制镇的发展。原有建制镇的设置标准与方式已经难以适应快速发展的时代需求，1984 年，国务院批准了民政部《关于调整建制镇标准的报告》，将 1983 年前镇不管村改变成村归镇管的模式，同时调整设立建制镇的标准，实行撤乡建镇模式。这一政策使建制镇的数量快速扩张，1984 年底建制镇的数量达到了 7186 个（浦善新，1998），是 1983 年的 2.42 倍。此后逐年稳步增加，到 1991 年底建制镇的数量已经达到 12455 个（浦善新，1998），是 1984 年的 1.73 倍，7 年间建制镇数量年均增加 8.13%，即平均每年增加约 587 个建制镇，这一时期也是建制镇数量扩张持续时间最长的时期。

（2）1992～2000 年的上升期。

1992 年，邓小平南方谈话对有中国特色的社会主义市场经济进行了高度认可，推动了计划经济向市场经济转轨，同时也肯定了乡镇企业对中国经济发展的重要作用，这成为此后建制镇发展的巨大动力。1992～1995 年建制镇年平均增加 1111 个，远高于中华人民共和国成立以来的平均水平，但在 1996 年以后，随着国内市场经济由短缺趋向饱和，市场经济与计划经济的双轨运行转向了市场经济的单轨运行，乡镇企业发展的弊端逐渐显现。计划经济运行体制下曾经激发乡镇企业高速发展的政策优惠、机制保障及优越的市场环境已如明日黄花，乡镇企业走向衰落。与乡镇企业发展同命运的建制镇发展速度也出现下滑态势。1996 年建制镇数量比 1995 年减少了 1753 个，此后缓慢上升，到 2000 年底全国建制的数量为 17892 个①，和 1992 年相比仅增加了 3353 个。1998 年，国家提出了"小城镇大战略"的发展策略，为建制镇中的重点镇与中心镇向小城市发展提供了制度化保障，建制镇的发展开始由量的增加向质的提升进行转轨。2000 年 6 月 13 日，中共中央、国务院颁布了《关于促进小城镇健康发展的若干意见》，明确提出今后将"严格限制建制镇的审批"，政策的这一变化再次对建制镇数量的增长进行了限制，说明注重质量的提升成为建制镇发展的重点。

4.1.3 第三阶段为稳定发展期（2001 年至今）

进入 21 世纪后中国的城镇化发展驶入了快车道，大城市人口规模急剧增加，城建区面积也在不断扩大，大城市周边的建制镇不断被"兼并"，但同时撤乡建镇的速度也在加快，建制镇的数量在"增""减"过程中整体数量变化不大。2002 年，全国建制镇的数量首次超过了乡的数量，在国家"大中小城市与小城镇协调发展，走中国特色的城镇化道路"政策指导下，建制镇的发展注重镇的自然禀赋与产业特色，在比较优势中寻求个性化与特色化发展模式。虽然建制镇的整体水平提升远低于城市的发展，但相对于建制镇自身，无论是人口规模还是市政建设都有了很大的提高。2008 年《城乡规划法》出台，将建制镇的发展纳入法治轨道，根据本地经济社会发展水平，依据城乡统筹、合理布局、集约发展等原则制定建制镇规划。2012 年，党的十八大提出了"四化"同步，发展城镇化、农业现代化等方针政策的提出，为提高建制镇发展质量提供了制度化保障。此后党的十八届三中全会和 2014 年新型城镇化发展规划都对小城镇的发展提出了相应的政策方案，建制镇的发展成为农业转移人口就地城镇化的主要场域。在国家宏观政策的指引下，建

---

① 佚名 . 中国城乡建设统计年鉴［M］. 北京：中国计划出版社，2016.

制镇的数量变化并不大，但是整体发展质量提升幅度较大。2001 年全国建制镇的数量约为 18090 个，到 2016 年底为 18099 个（根据城乡建设统计公报统计的实际建制镇的数量为 20883 个[①]），建制镇数量比较稳定，基本维持在 1.73 万个左右。建制镇质量的提升主要体现在基础设施与公共服务设施等方面，可以通过 2016 年与 2007 年建制镇的发展进行对比：2016 年建制镇的建设性投资为 6825 亿元，是 2007 年（2950 亿元）的 2.31 倍；建制镇建成区人均住宅建筑面积为 34.94 平方米，与 2007 年（29.7 平方米）相比增加了 17.64%[②]。建成区用水普及率达到 83.86%，燃气普及率为 49.52%，人均公园绿地面积为 2.46 平方米，与 2007 年相比分别增加了 9.48%、14.90%、39.77%。

4.2 对我国建制镇发展的思考

由于在 21 世纪初我国经历了快速的城镇化发展，建制镇的发展远远落后于城市化水平，即使是建制镇发展的典范——小城镇，也因为发展方式粗放、基础设施落后、规划设计同质而受到质疑，建制镇的发展方向与发展模式引起了很多思考。早在"十一五"规划纲要时国家就提出了"坚持大中小城市和小城镇协调发展，积极稳妥地推进城镇化，逐步改变城乡二元结构"，建制镇的作用主要体现在能够带动农村发展，实现城乡融合发展。而"十二五"规划纲要提出"有重点地发展小城镇"，推动小城镇向中小城市转变，对建制镇的发展方向予以明确。农业转移人口的就地城镇化、承接城市转移产业、提高建制镇的公共服务职能等，对建制镇的发展起到了推进作用。"十三五"期间为提高建制

---

① 统计数据与实际数据不同主要是因为西藏 140 个镇缺报，城关镇纳入了县域统计范围，乡改建制镇与建制镇改街道仍按照原行政区划统计。

② 佚名. 中国城乡建设统计年鉴 [M]. 北京：中国计划出版社，2016.

镇的发展质量，发展重点镇、中心镇及特色小镇等，提出要推动优质教育、医疗等公共服务资源在建制镇的发展，同时对于特大建制镇也给予行政权力的下放，致力于发展特色鲜明、产城融合的特色小城镇，有效发挥吸纳就业、人口集聚等功能，搭建城乡融合发展的平台，但在建制镇向特色小城镇化发展的过程中注意避免出现"一哄而起""千镇一面"的局面。

20世纪90年代中后期随着乡镇企业的衰退，建制镇的发展受到了一定的影响，而20世纪末城市化的快速发展，使数以万计的农村人口涌入城市，同时也使大量的建制镇人口向大城市流动，一些区位优势不佳、特色不鲜明的建制镇出现萎缩与发展踟蹰不前的状态。但随着国家"强镇扩权"政策与"特色小城镇"政策的不断激励，建制镇的资源在市场化配置过程中呈现出集聚趋势，建制镇的发展方式也日趋多元化，城乡统筹发展成为主导。党的十八届三中全会通过的《中共中央关于全面深化改革若干重大问题的决定》、2014年国家新型城镇化发展规划、党的十九大报告等进一步明确了新型城镇化发展道路，以人为本、协调发展、产城融合、乡村振兴等都标志着建制镇发展已进入以镇域统筹发展为主的新阶段。

4.3　山东省与烟台市建制镇的发展历程

4.3.1　山东省建制镇的发展历程

山东省作为人口与经济大省，建制镇的发展历程大体可以划分为两个阶段：高速发展期与相对稳定期。由于在1998年之前山东省建制镇的统计数据并不完整，主要是以镇级单位（包括街道办事处、建制镇、乡）进行统计，而根据已有的统计数据可以看出，山东省建制镇占镇级单位的比例较高，如1998年占比达到54%，远高于同期全国水平，因此建制镇的数量变化可以通过镇级单位的变化反映出来。由图4-2可以看出山东省1988~2016年建制镇发展趋势。

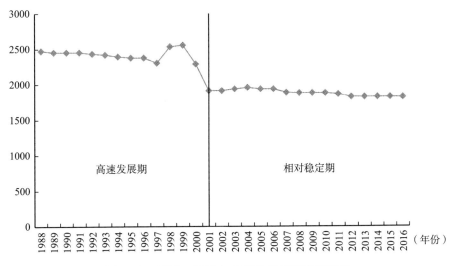

图4-2　1988~2016年山东省建制镇发展历程

资料来源：根据《山东统计年鉴》历年数据计算所得。

（1）高速发展期（1988~2000年）。

建制镇统计单位主要包括街道办事处、镇与乡等镇级单位，山东省统计周期可查数据是从1988年开始，当年镇级单位数量为2458个，2000年时镇级单位减少到2289个，年均下降0.63%，即平均每年减少约14个镇级单位数。1984年以后，随着计划经济体制的放开，农村与城市都发生了巨大变化，农业上的家庭联产承包责任制，城市的对外开放，山东省以建制镇为核心的镇级单位也进入高速发展期，乡镇企业在齐鲁大地得以迅速成长与发展壮大，这对建制镇在产业发展、人口集聚等方面发挥了重要作用。山东省属于东部沿海省份，自然禀赋与区域位置使其在经济发展中具有初始优势，在城镇化发展过程中大城市基于其先发优势，对郊区的镇级单位具有辐射带动作用，引导建制镇从"镇化"向"市化"转轨，城镇化发展速度越快对镇级单位的"市化"过程的影响就越快，从而导致镇级单位的数量呈现缓慢收敛态势。

（2）相对稳定期（2001年至今）

自2001年开始山东省镇级单位从数量来说发展进入稳定期，2000年之前山东省镇级单位的标准差为75.12，但在2001年之后的标准差只有45.15，可以看出变化幅度收敛效应明显。在相对稳定期内山东省镇级单位呈现出不同的数量变化，镇的数量虽然在逐年下降，但是变化幅度很小（年均下降0.68%），而街道办事处与乡的数量则呈现出此长彼消的态势，街道办事处由2000年底的311个增加到2016年的647个，而乡的数量在同期内则由627个下降到73个。街道办事处与乡数量的变化说明了这一时期也是山东省城市化的高速发展期。

4.3.2　烟台市建制镇的发展历程

烟台市镇级统计单位可查数据最早为1984年，但是1985～1987年数据缺失。烟台市作为山东省重要的地级市，建制镇的发展趋势与山东省基本一致。由图4-3可以看出烟台市建制镇发展历程大体可以2000年为分界线分为高速发展期与相对稳定期两个阶段，与山东省相比提前一年进入相对稳定期。

（1）高速发展期（1984～1999年）。

为保持统计单位的一致性，烟台市建制镇的统计标准与山东省一致。烟台市镇级单位1984年有272个镇级单位，而在1999年底时镇级单位缩小为205个，年均下降1.90%，每年约减少4个镇级单位。烟台市作为山东省的地级市，经济总量与经济增长速度位于全省前列。得益于较为完善的产业结构，尤其是加工制造业具有完备的产业体系，优异的自然条件，丰富的劳动力资源等使烟台的城市化发展速度高于全省平均水平，与此对应的镇级单位数量的演变轨迹与山东省几乎同步，虽然数量在缓慢减少但镇级单位发展质量在稳步提升。

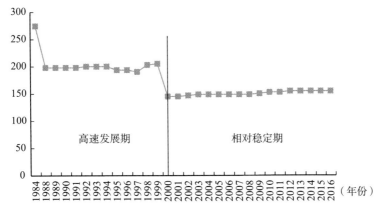

图 4 – 3　1984 ~ 2016 年烟台市建制镇发展历程

资料来源：根据《烟台统计年鉴》历年数据计算所得。

（2）相对稳定期（2000 年至今）。

烟台市镇级单位数量的离散程度变化明显，1999 年以前标准差是
21.02，但是 2000 年之后则收敛为 3.42。虽然镇级单位行政区划变动较为频
繁，但是总体数量变化则并不明显。2001 年之后烟台市镇级单位中乡的数
量稳定保持在 6 个，全部分布在烟台市长岛县，但建制镇与镇级单位的比值
却呈下降趋势，这主要是由于烟台市城市化速度不断加速，城市建成区面
积扩大，将城市周围的镇并于城市成为街道办事处，从而使镇级单位中的
街道办事处数量增加、占比提高，而建制镇的数量与占比则同步下降。

4.4　镇域经济发展状况

2016 年我国建制镇总人口达到 9.58 亿人，占全国总人口的 69.28%，
镇区人口达 1.62 亿人，占全国总人口的 11.71%。建制镇建成区总面积
为 397 万公顷，平均每个建制镇占地 2.19 平方千米①。镇域经济成为全

---

① 佚名. 中国城乡建设统计年鉴 [M]. 北京：中国计划出版社，2016.

国经济发展的重要组成部分。自 2001 年以后我国建制镇数量的增长进入相对稳定期，但镇域基础建设、人口规模、民生设施等质量的提升方面则保持稳定上升态势。

4.4.1 镇区人口与面积

根据图 4－4 可知，镇区的人口规模与建成区面积都呈稳步上升态势，镇区面积 2001 年为 197 万公顷，2016 年是 2001 年的 2.02 倍，年均增长 4.78%。镇区人口则从 2001 年的 1.3 亿人增加到 2016 年的 1.62 亿人，增长 1.25 倍，年均增长 1.48%。与镇区人口规模与面积直接相关的就是人口密度，由柱状图 4－4 可以看出呈下降态势，由 2001 年每公顷 65.9 人下降到 2016 年的 40.8 人，年均下降 3.15%。由此可知，在镇域经济镇区的发展过程中，土地的增长速度远高于人口的集聚速度，镇区是镇域经济产业发展、农业人口就地城镇化的主要承载体，以镇区为核心的人口与产业集聚是实现镇域经济发展的根本。

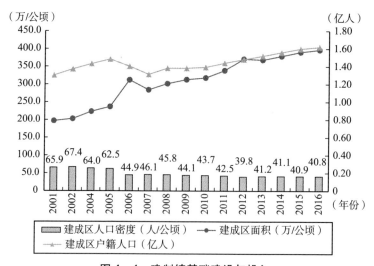

图 4－4 建制镇基础建设与投入

资料来源：根据《中国城乡建设统计年鉴》历年数据计算所得。

4.4.2 镇域基础设施

建设资金投入是改善镇域经济基础设施、提高公共服务水平的有效方式。自 2001 年以来镇域经济建设资金投入呈现高速增长趋势，2016 年末建设资金投入为 6825 亿元，是 2001 年的 5.34 倍。2013 年资金投入最高达到了 7148 亿元，16 年间年均增长 12%，即平均每年增加 151 亿元。建设投资的主体为镇域经济的房屋建设与市政公共设施建设，而在市政公共设施投资中道路桥梁投资又是主体，2016 年道路桥梁建设金投资占市政公用设施建设总投资的 42.8%。由于道路建设是影响镇域经济发展的物质保障，镇域经济内部交通便利化程度、交通枢纽地位、区域间交通承载能力等都可以直接影响镇域经济发展。从图 4 – 5 中可以看出镇域道路长度在建设投资稳定增长的条件下也保持稳定增长态势，2016 年达到了 35.9 万千米，相比于 2001 年增长了 1.57 倍，便利的交通为镇域经济发展提供了物质保障。

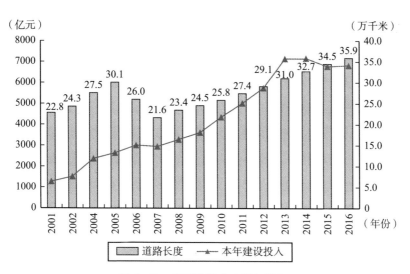

图 4 – 5 建制镇基础建设与投入

资料来源：根据《中国城乡建设统计年鉴》历年数据计算所得。

4.4.3 镇域民生设施

镇域经济的基础设施与公共服务水平是镇域经济获得可持续发展的重要动力，民生的基本保障也是影响人口集聚水平的重要因素。人均住宅面积与人均公园绿地可以作为判断民生设施水平的基本指标。住宅是民生安身之本，镇域经济对于住宅的建设投资可影响民生的幸福指数，尤其是新型城镇化提出"以人为本"的发展理念，关注于民生，住宅的保障具有重要意义。由图4-6可以看出，人均住宅面积呈现稳步增长态势，2016年比2001年人均住宅面积增加了12.2平方米，极大地改善了居住条件。人均公园绿地面积是人居环境的外在表现方式，由图4-6可以看出，公园绿地面积却呈现下降态势，最高值出现在2005年，达到人均4.6平方米，2007年的最低值只有1.8平方米，即使在2013年后有所回升，但2016年也仍然比2001年减少了0.9平方米。公园绿地主要集中在镇区，人均面积的减少可能主要由于城镇建设规划的经济用

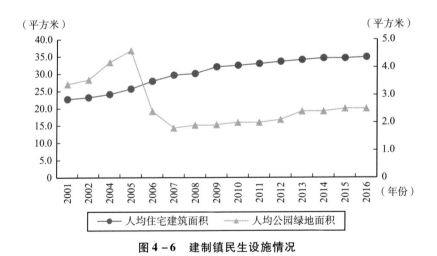

图4-6 建制镇民生设施情况

资料来源：根据《中国城乡建设统计年鉴》历年数据计算所得。

地占用了更多的公益性用地而产生的。因此要充分体现以人为本的新型城镇化主旨，保证良好的人居环境，尤其是绿地公园的面积与数量是加快镇区"市化"水平的重要因素。

4.5 烟台市镇域经济统计说明

本书的统计资料来源包括历年县域经济发展基本情况统计报表中的乡镇经济发展基本情况统计报表，对于缺失数据的补充主要源于对镇级政府、镇级统计人员的调查，以及地方志、地方年鉴、区县统计年鉴、地方政府统计公报等。除此之外，烟台市历年工商业统计数据报表、烟台历年统计年鉴、烟台年鉴、山东统计年鉴、中国统计年鉴、中国城乡建设统计年鉴与城乡建设统计公报、中国建制镇基本情况统计资料、中国建制镇统计资料、中国农村乡镇统计概要等也是数据的来源。

本书以烟台市镇域经济为具体的研究对象。镇级行政单位作为国家末梢政府，镇级行政区域往往是国家各项政策"落地"的物质载体，本书对镇域经济界定的范围包括建制镇、城关镇与建制乡的行政区域。作为基层行政单位，在社会发展过程中，对镇域的行政区域面积受城镇化的快速推进影响很大，为保持研究对象的一致性，以及相应统计指标的可比性，对烟台市镇域单位进行了相应调整。调整内容主要包括两个方面：分析单位与统计指标。

4.5.1 分析单位

镇域经济是本书基本的分析单位。2001～2017 年烟台市镇级单位数量变化较大（见表 4-1），数量最低时只有 115 个，而最多时达到 151 个，镇级单位数量的变化直接影响具体分析对象的选择，并非所有的镇级单位都是本书的研究对象。本书的分析单位即镇域经济单位广义包括建制镇（包含城关镇）、街道、建制乡与开发区（加工区），狭义仅指建制镇。

表 4-1　　　　　　　　2001~2017 年烟台市镇级单位数量　　　　单位：个

年份	街道	镇	乡	开发区	合计
2001	11	98	6	0	115
2002	44	95	6	0	145
2003	47	94	6	4	151
2004	45	94	6	4	149
2005	49	94	6	2	151
2006	50	93	6	2	151
2007	23	93	0	1	117
2008	38	93	0	1	132
2009	40	93	0	1	134
2010	44	89	6	1	140
2011	55	81	6	1	143
2012	55	81	6	1	143
2013	55	81	6	2	144
2014	55	81	6	2	144
2015	55	81	6	2	144
2016	55	81	6	6	148
2017	55	81	6	6	148

资料来源：根据历年《烟台统计年鉴》整理所得。

　　由于镇域经济兼具城乡特征，要综合考察镇域经济变化规律，展现其发展变化的动态性，保持分析单位的一致性与稳定性是基本前提。要规避外界客观因素对分析单位的冲击，就需要分解这种"冲击"带来的影响，对"冲击"对象进行相应调整，既要保持分析单位在时间序列上数据的一致性，又要保证分析单位相关要素的稳定性。

（1）影响分析单位的原因。

通过对镇域经济相关资料的分析，产生的"冲击"的主要原因包括以下两点：

一是镇级单位行政区划变动频繁，尤其是城市周边的建制镇。由于城镇化的推进，撤镇改街道、合并行政村、新建开发区等因素对镇域经济的统计带来了一定的困扰，因此需要以相应年份为准则进行推导，以保证相关统计数据与指标的一致性。

二是对于镇级单位统计范围在不同的年份有差异。依据国家统计标准，在乡镇经济发展基本情况统计报表中镇级单位包含街道、建制镇（不包含城关镇）、乡与开发区，但是不同年份的统计并不完全一致，比如2006年与2007年只统计了建制镇与街道的相关数据，而没有统计乡与开发区（加工区）等镇级单位。

基于以上两方面原因，结合烟台市镇域单位的统计特征，2001～2017年的镇域单位中以2006年的统计对象为标准分别向前或向后进行推衍，去除镇改街道的镇级单位（包含部分城关镇），将新建开发区（加工区）回归原分立经济单位，在狭义分析中最终确定93个镇域经济单位为具体研究对象，但在广义分析中则包含了全部涉及农业的镇级单位，即除中心城区芝罘区和开发区外，包含其他区县涉及农业的建制镇（包含城关镇）、建制乡、街道办事处及各种类型的开发区（加工区）。

（2）分析单位的确定。

烟台市镇域行政区划变动较为频繁，自2000年以来每年都进行了相应调整，其中2010年与2011年调整幅度较大。以2001～2017年的建制镇为基础，以2006年的统计单位为主体，向前向后进行推衍。虽然街道也属于镇级行政单位，且大多街道辖区也有村级建制，但由于街道大多纳入县域经济进行统计,在此将 2006 年以前的街道不作为镇域经济的分析单位,但 2006 年以后的镇改街道仍视为分析单位,且以建制镇为统一称谓。因此最终确定 93 个建制镇为具体研究对象。以县域为归类依据,相应的具体镇域经济研究对象及其行政区划变动说明如下:

福山区:高疃镇、张格庄镇、回里镇、门楼镇。其中门楼镇在 2010 年改为门楼街道办事处。

牟平区:观水镇、武宁镇、大窑镇、姜格庄镇、龙泉镇、玉林店镇、水道镇、莒格庄镇、高陵镇、王格庄镇 10 个镇。2010 年武宁镇、大窑镇与姜格庄镇分别改为街道办事处。2011 年莒格庄镇辖区分别划给新设立的昆嵛镇与玉林店镇,考虑到昆嵛镇与原莒格庄的行政区域面积与人口大体相当,同时在 2016 年又重新设立了莒格庄镇,将原划归给玉林店的 31 个行政村重新划归莒格庄镇,故在此将昆嵛镇(后来改为昆嵛山保护区)与莒格庄镇作为相同研究对象,统称为莒格庄镇。

莱山区:莱山镇、解甲庄镇。2009 年改莱山镇为莱山街道办事处,同时分离出了院格庄街道办事处。同年解甲庄镇改为解甲庄街道办事处,又分离出马山街道办事处。为保持对象的一致性,2009 年后将莱山街道办事处的统计数据计算为莱山与院格庄街道的总和,解甲庄街道办事处的统计数据为解甲庄街道与马山街道办事处的总和。

长岛县:南长山镇、砣矶镇。2010 年南长山镇改为南长山街道办事处。

龙口市:徐福镇、黄山馆镇、北马镇、芦头镇、东江镇、下丁家镇、七甲镇、石良镇、兰高镇、诸由观镇 10 个镇。2010 年徐福镇改为徐福街道办事处,东江镇改为东江街道办事处。2015 年将东江街道办事处分离为东江街道办事处与高新技术产业园区,因此 2016 年以后东江街道办事处的统计数据为东江办事处与龙口市高新技术产业园区的总和。此外龙口的黄山馆镇、芦头镇、下丁家镇、东江镇等辖区行政区划变动比较频繁,可能会影响以后的数据分析。

莱阳市：沐浴店镇、团旺镇、穴坊镇、羊郡镇、姜疃镇、万弟镇、照旺庄镇、谭格庄镇、柏林庄镇、河洛镇、吕格庄镇、高格庄镇、大夼镇、山前店镇14个镇。2010年柏林庄镇改为柏林庄街道办事处。

莱州市：沙河镇、朱桥镇、郭家店镇、土山镇、虎头崖镇、平里店镇、驿道镇、柞村镇、程郭镇、夏邱镇、金城镇11个建制镇。

蓬莱市：刘家沟镇、潮水镇、大柳行镇、小门家镇、大辛店镇、村里集镇、北沟镇7个建制镇。2003年将大季家镇划归福山区，后改为大季家街道办事处，在此不作统计。

招远市：辛庄镇、蚕庄镇、金岭镇、毕郭镇、玲珑镇、张星镇、大秦家镇、夏甸镇、阜山镇、齐山镇10个建制镇。2010年大秦家镇改为大秦家街道办事处。2002年蚕庄镇与金岭镇行政区划发生变化，蚕庄镇的13个行政村划归金岭镇，两个镇的行政区域面积与人口大体相当。2004年大秦家镇划走9个村、玲珑镇划走18个村归温泉街道办事处管辖。

栖霞市：苏家店镇、寺口镇、西城镇、官道镇、观里镇、杨础镇、蛇窝泊镇、唐家泊镇、桃村镇、庙口镇、亭口镇、臧家庄镇12个建制镇。2003年杨础镇将3个自然村划归翠屏街道办事处。2012年臧家庄镇中分离出栖霞开发区，2013年以后臧家庄镇统计数据为臧家庄镇与栖霞开发区的总和。

海阳市：留格庄镇、盘石店镇、郭城镇、徐家店镇、发城镇、小纪镇、行村镇、辛安镇、二十里店镇、大阎家镇、朱吴镇11个建制镇。2011年大阎家镇改为大龙山街道办事处。2002年徐家店镇10个行政村划归郭城镇。

4.5.2 统计指标

统计指标可以反映总体的基本情况及各不同变量的分布特征，镇域经济的统计指标可以成为获得其发展变化的依据。镇域经济的动态演变与静态变化都需要借助统计指标进行观察与分析，因此统计指标携带信息量越大对分析单位的意义就越大。社会的动态发展对过去、现在以及未来的分析、预测要求越来越高，对统计指标的要求不仅体现在量的增长更应注重质的提高，因此统计指标的统计方式、统计内容与统计口径等都会不断发展变化。从对镇域经济相关资料的分析中，可以看出相关的统计指标变动性比较大。

对于镇域经济的分析主要建立在乡镇社会经济基本情况统计报表相关数据的分析上，但国家统计部门在结合相关政策的变化，尤其是新型城镇化与乡村发展战略等，对县域、乡镇等经济发展的基本情况进行统计的过程中，对相关指标进行了适时调整。2001～2017 年镇域经济统计指标在 2013 年调整幅度较大，如取消了乡镇用电总量、肉类总产量、固定资产投资、财政支出中的列支项目等的统计指标，但同时也增加了工业总产值、建筑业总产值、工业企业从业人数、耕地流转面积、种植大户等更能体现政策导向的指标，尤其是增加了对镇区进行统计的相关指标，如与经济、人口、基础设施、三大产业相关的统计指标。虽然统计指标的变动与社会发展相适应，但是统计口径等的调整，却对分析单位的动态变化尤其是预测性产生限制，在此需要结合其他相关统计数据对统计指标进行调整或补充，以保证统计指标尤其是关键指标数据的连续性与可参考性。

根据研究目标的不同，统计指标的调整方式也有差异，在对镇域经济的分析过程中统计指标差异的调整主要体现在动态分析与静态分析上。

（1）动态分析统计指标的调整。

动态分析主要是以时间为轴线，展现不同时期相关统计指标代表的变量演化规律，判断影响变量变动因素，同时对变量发展进行预测从而为制定镇域经济发展策略提供理论依据。由于统计指标的变动也具有时间性，为消除统计指标变动对数据分析的影响，需要结合统计指标变动的方式、统计口径调整的基本内涵进行相应指标的调整。如对镇域经济从业人员数量的统计在 2013 年前都以这一指标进行表示，但在 2013 年进行了调整，第一产业从业人员数量取代了乡镇从业人员数量，为保持统计指标的一致性在此乡镇从业人员的数量可以通过计算第一、第二、第三产业从业人员的总和进行替代。除此之外，对于统计指标的选择可以根据年限进行调整，跨度越大相同的统计指标越少，反之则越多。即在同类指标中跨度年份长的分析统计指标的质量会受到一定程度的影响，因此可以根据研究目标的不同进行调整。

（2）静态分析统计指标的调整。

镇域经济的静态分析主要体现在对相同截面的不同镇域经济单位进行分析。静态分析由于使用同一时间的统计数据，因此对统计指标的要求主要体现在统计数据的质量方面，即对统计指标选择的基本原则应遵循指标信息的携带量，对反映总体相同或相似性质的指标应选择最能体现总体差异性的指标，即信息携带量最大的指标，才能更好地反映不同镇域经济单位之间的差异性。

4.6 烟台市镇域经济发展状况

镇域经济区域范围、数量变化与城镇化的快速推进直接有关，2001年以后烟台市与县级市周边的建制镇"市化"速度明显加快，镇改街道、镇改开发区或者加工区等使烟台市镇域经济数量增长幅度减缓，但镇域经济发展质量在稳步提升，且在整体经济发展中的作用日益显著。2017年底烟台市镇级单位常住人口为630.02万人，户籍人口为586.32万人，分别占烟台市常住人口与户籍人口的88.87%、89.62%。镇域经济的人口"镇"化率（即镇区常住人口占镇域常住人口的比例）为39.17%，土地"镇"化率（即镇区建成区面积占镇域总面积的比例）为7.33%。镇域经济从业人员有328.14万人，占全市从业人员的68.60%。由此可以看出镇域经济的发展水平可以直接影响烟台市的整体经济发展。为进行经济发展的历时性分析，在此以 2001～2017 年烟台市 93 个建制镇为分析单位进行说明。

4.6.1　人口状况

2017 年烟台市建制镇人口占全市总人口的 51.20%，镇域建成区面积占到了镇域经济行政面积的 4.14%，建成区常住人口占镇域常住人口的 21.41%，镇域从业人员约为 216 万人，占到了镇域常住人口的 59.55%。2017 年与 2001 年相比常住人口占总人口的比值减少了 10.21%。建成区常住人口占镇域常住人口的比值增加了 9.66%，建成区面积占镇域行政区域面积的比值增加了 3.18%。由图 4 - 7 可以看出，2001～2017 年，镇域常住人口的发展趋势呈下降态势，2017 年比 2001 年年均下降 0.55%，即镇域人口平均每年减少 236 人，尤其是在 2016 年下降非常明显，比 2015 年减少 2274 人。与常住人口下降相对应，镇域人口占市域总人口的比例也呈下降趋势，年均下降 1.13 个百分点。导致镇域常住人口下降的主要原因在于烟台市城镇化的快速推进，在对烟台市城镇化率与镇域常住人口的相对性分析中，可以发现二者呈高度负相关，相关系数为 0.79，这说明城镇化发展对镇域劳动力人口产生"吸纳"力，吸引镇域人口尤其是农业剩余劳动力人口加速流入城镇，大城市的人口流动速度远远高于中小城市与小城镇，导致城镇常住人口数量增加，而镇域总人口数量减少。

从镇区来看，2001～2017 年镇区常住人口与建成区面积都呈上升态势（见图 4 - 8），镇区常住人口的年均增长率为 3.5%，而建成区面积的年均增长率达到 10.3%，尤其是在 2005 年以后建成区面积放量快速增长。与人口增长速度相比，建成区面积的扩张速度将近是常住人口增长速度的 3 倍，而快速扩张的直接结果就是镇区人口密度的下降，由 2001 年每平方千米 4236 人下降至 2017 年的 1639 人。镇区人口集聚程度下降会影响镇区"市"化过程，应当保持建制区的扩张速度与人口集聚程度相匹配，才能对镇区经济发展起到推动作用。

图 4－7 镇域人口状况

资料来源：根据烟台市统计局《乡镇社会经济发展基本情况统计报表》计算所得。

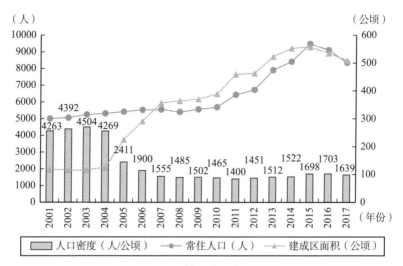

图 4－8 镇区人口与面积

资料来源：根据烟台市统计局《乡镇社会经济发展基本情况统计报表》计算所得。

4.6.2　经济状况

镇域经济发展状况可以从镇域企业实交税金、镇域政府的财政收入与财政支出等方面进行评价（见图4-9）。2017年底，烟台市镇域企业实交税金平均为16219.03万元，是2001年的10.06倍，年均增长率为15.52%，即企业实交税金平均每年增加250.21万元，税金的快速增长说明了镇域经济产业发展趋势良好。乡镇社会经济发展基本情况统计在2013年新增了对第二产业包括建筑业、第三产业包括社会消费品零售额等的统计指标，在2017年的统计数据中，建筑业与消费品零售额占比都较高，说明第二、第三产业的发展是影响镇域经济发展的重要因素。企业实交税金可以影响地方政府的财政收入，与企业实交税金相关的镇域政府财政收入增幅也很大。2017年建制镇平均财政收入达1302.67万元，是2001年的12.95倍，年均增长率为17.36%，平均每年增加174.57万元的财政收入，而财政支出的增长速度略低于财政收入，年均增长约12.54%，平均每年增加约124.18万元。从地方政府的收支情况来看，建制镇政府收入大于支出，虽然乡镇政府是产生政府财政"赤字"的高发区，但是烟台市镇级政府的财政赤字风险并不高。据图4-10可以看出，除在2002年、2003年产生少量财政赤字外，其他年份都是财政收支"顺差"。"经济决定财政"（刘倩云，2014），镇域经济的增长带动了政府总资产的增加，但地方政府债务也呈逐渐增长态势。2017年建制镇政府资产总额与负债额分别为5175.42万元、3481.20万元，分别是2006年的4.35倍与2.15倍。建制镇政府的资产总额的数量可以影响政府的抗市场风险能力，而政府负债额的增加一方面说明政府社会管理成本的提高，另一方面也说明政府管理可能存在高成本低效率的问题。

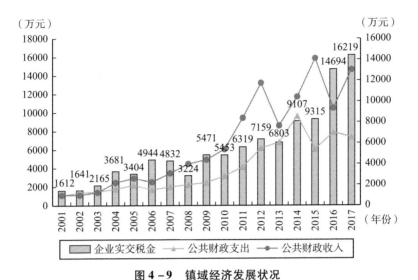

图 4 - 9 镇域经济发展状况

资料来源：根据烟台市统计局《乡镇社会经济发展基本情况统计报表》计算所得。

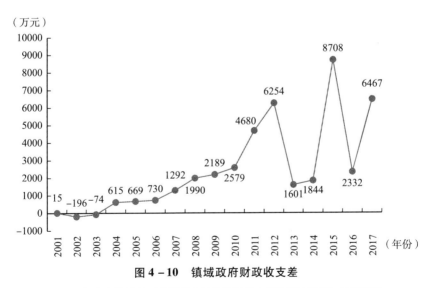

图 4 - 10 镇域政府财政收支差

资料来源：根据烟台市统计局《乡镇社会经济发展基本情况统计报表》计算所得。

4.6.3 就业状况

从业人员的就业情况可以反映出镇域经济的产业结构，从业人员与镇域总人口的比值可以说明剩余劳动力即劳动力储备资源水平。2017 年镇域从业人员约有 216 万人，占镇域总人口的 59.55%。而 2001 年镇域从业人员总数为 217 万人，与 2017 年大体相当，但从业人员占镇域总人口的比值为 54.77%，说明 2001 年镇域剩余劳动力数量要高于 2017 年，而劳动力储备资源主要存在于第一产业。从建制镇的就业结构来看，2017 年第二产业从业人员占镇域从业人员的比值为 30.09%，第三产业从业人员占比 19.47%，2001 年第二产业从业人员占比 23.40%，第三产业占比 15.64%。与 2001 年相比，2017 年第二产业从业人员增加了 6.69 个百分点，第三产业从业人员增加了 3.83 个百分点。虽然第二、第三产业占比有所上升，但是幅度并不大而且也没有从根本上改变产业结构。依照库兹涅茨、钱纳里和塞尔奎因等经济学家提出的产业结构优化的国际标准模式（王庆丰，2010），烟台市镇域经济三大产业就业结构还是停留在一二三阶段，由图 4-11 可以看出农业仍然居镇域经济产业结构的主导地位，释放农业剩余劳动力资源是发展镇域经济的重要方式。

4.6.4 基础设施

2001 年烟台市镇域基础设施水平主要通过镇域辖区所有的行政村是否通电话、通公路，是否有电视差转台、是否通自来水、是否有垃圾处理站等指标进行判断。2001 年镇域行政村总数为 5318 个，根据表 4-2 可以看出，建制镇全域行政村几乎都实现了通电话、通公路，通自来水的行政村有 3284 个，占比 61.08%。有电视差转台的行政村有 482 个，占

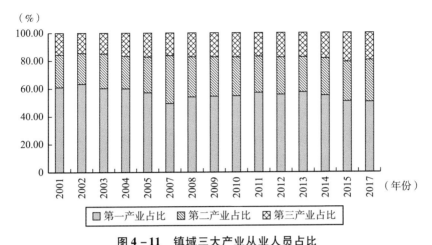

图4-11 镇域三大产业从业人员占比

资料来源:根据烟台市统计局《乡镇社会经济发展基本情况统计报表》计算所得。

全镇行政村的9.06%。垃圾集中处理是以镇为单位进行统计的,烟台市镇域只有龙口市的北马镇与莱州市的大秦家镇2个镇实现了垃圾集中处理,占所有建制镇的2.15%。2017年随着烟台市整体经济发展水平的提高,镇域基础设施的统计指标也相应进行了调整,2017年的基础设施统计指标包括:是否通公共交通、是否通宽带、是否通有线电视与自来水、垃圾与污水是否集中处理。从统计指标的变动就可看出烟台市镇域基础设施水平已经有了质的提高,相应比例的变化比较明显。2017年镇域行政村共有5134个,其中宽带与有线电视、垃圾集中处理的村所占比例达到了100%。在烟台市打造的村村通公交的目标中,实现村级单位有公共交通的比例也占到了98.21%。由于镇级行政区划的变动,通自来水的行政村占比有了一定的变化,占比94.94%,还有260个行政村没有实现通自来水。垃圾集中处理在2001年只有两个镇有垃圾集中处理点,但在2017年已经达到所有行政村的垃圾都可以集中处理了,而且污水可以集中处理的行政村也有1176个了,占比达到了22.91%。

表 4 – 2 镇域基础设施情况

年份	主要指标	村的数量（个）	占全部村（镇）的比例（%）
2001	通电话	5318	100.00
	通公路	5317	99.98
	有电视差转台	482	9.06
	通自来水	3248	61.08
	有垃圾处理站	2	2.15
2017	通公共交通	5042	98.21
	通宽带	5134	100.00
	通有线电视	5134	100.00
	通自来水	4874	94.94
	垃圾集中处理	5134	100.00
	污水集中处理	1176	22.91

资料来源：根据烟台市统计局《乡镇社会经济基本情况统计报表》相关数据计算所得。

新型城镇化强调以人为本，在镇域经济发展过程中公共服务、社会福利等方面可以提高镇域经济可持续发展能力。2001～2017 年体现以人为本的镇域公共服务可以通过图书馆文化站的数量、医疗卫生机构床位数、社会福利收养单位数等统计数据变动予以说明。由图 4 – 12 可看出三个指标的历时性发展过程，医疗卫生机构的床位数呈现稳步上升态势，由 2001 年的 4814 张增加到 2017 年的 8497 张，增加了 1.77 倍。图书馆与文化站数量的变化幅度较大，最高值为 219 个图书馆与文化站（2009 年），而最低值只有 91 个（2004 年），2005～2012 年是图书馆与文化站数量快速增长阶段，但过快的增长速度导致图书馆与文化站质量不高，很多行政村的图书馆只是名义上的存在。2013 年以后，强调图书馆与文化站的发展质量，图书馆与文化站开始进入稳步发展时期。社会福利收养机构的数量整体发展比较稳定，均值保持在 102 个左右。这三个指标分别从文化、医疗与社会公益性服务方面，说明了新型城镇化的价值理念，对于镇域经济发展，注重民生、基础设施与公共服务等方面的投入，是推进城镇化、优化产业结构的基本保障。

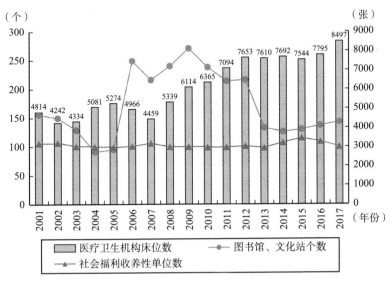

图 4 - 12　镇域公共服务机构

资料来源：根据烟台市统计局《乡镇社会经济发展基本情况统计报表》计算所得。

4.7　本章小结

　　本章通过对建制镇发展历程的梳理，可以看出全国、山东省与烟台市建制镇的阶段性发展。从全国来看建制镇大体经历了调整萎缩期、快速上升期与稳定发展期三个阶段，发展的阶段性与国家相同时期的政策调整密切相关。建制镇的发展无论是在国家社会管理层面，还是在社会经济发展方面都发挥着重要作用。通过国家对不同阶段建制镇设立条件的规定直接影响建制镇的发展数量。总体而言，改革开放之前建制镇的发展主要是受社会管理的影响，而改革开放以后建制镇的发展则主要是受社会经济发展的影响。改革开放初期建制镇的发展仍然体现在量的增长上，而在 20 世纪 90 年代后期建制镇的发展开始由量的增长向质的提升转变，尤其是在 2000 年以后尤为明显。

20 世纪 80 年代以后山东省与烟台市建制镇的发展则主要分为两个阶段，与全国 80 年代以后的发展阶段大体相同，分为高速发展期与相对稳定期。从对镇域发展状况的分析中可以看出，无论是全国、山东省还是烟台市镇域发展状况都受到城镇化发展政策的影响。从 80 年代中后期开始，快速发展的乡镇企业对镇域经济发展起到了直接推动作用，但是随着 90 年代中后期乡镇企业的衰落，镇域经济发展进入缓慢调整甚至停滞发展时期。而快速的城镇化发展策略尤其是优先发展大城市政策的影响，对镇域经济发展起到了抑制作用。但在镇域经济缓慢发展过程中，在总量保持相对稳定的情况下注重镇域经济"质"的发展已经成为主导。通过镇域基础设施的发展变化可以看出镇域经济虽然整体落后于城市，但是相对于自身的发展而言，已经开始注重镇域经济"质"的提升。

烟台市镇域经济发展整体高于山东省平均水平，镇域人口规模、经济发展、产业结构及基础设施等方面 2001～2017 年有了长足的进步。从人口规模来看，镇域常住人口呈下降态势，而镇区常住人口则呈上升态势，常住人口变动与烟台市城镇化发展速度直接相关。对于镇区而言，常住人口的增长速度远低于建成区的扩张速度；从经济发展来看，企业实交税金的快速增长体现出镇域经济发展水平的提高，同时也带动了地方政府财政收入水平的增长。而随着镇域基础设施的投入的增加，财政支出的比例也逐渐上升，但是烟台市镇域政府并未出现财政"赤字"；产业结构主要通过就业结构体现出来，镇域产业发展仍然处于"一二三"发展阶段，农业仍然是镇域经济的主导产业，因此推动产业结构优化是发展镇域经济的主要方向，尤其是附加值较高的第三产业；镇域基础设施水平有了很大的改善，但仍不足以满足人们对城镇化生活品质的需求，因此地方政府对于公共服务与社会福利设施的投入可以从根本上推进"以人为本"的新型城镇化发展。

第 5 章

"镇"化与镇域经济发展

　　乡村振兴战略与新型城镇化对镇域经济发展形成了"推"力与"拉"力，乡村发展的滞后性，成为国家全面振兴的发展短板，实现农业农村的现代化发展是"补短板"的关键。镇域经济深入农村腹地，是联结农业发展与现代工业的重要纽带。体现集聚经济效益的新型城镇化是减少农民数量、发展现代农业的重要举措。改革开放 40 多年以来，乡村社会经历了巨大的社会转型：以劳动年龄为主体的农业流动人口的城市化转移催化了农村人口的老龄化与空巢化；自然沉淀的淳朴乡村熟人社会逐步向半陌生半熟人社会转型；以家庭联产承包责任为主体的家庭农业方式，逐渐演变为家庭户与农业大户、农业企业并存的生产方式；传统的"农民"身份转变为新型农民、农民工、农民企业家等多元化身份；初始自然条件占优势的乡村呈现出人口、产业集中化趋势，而劣势乡村则出现人口空壳化与产业空洞化趋势，且逐渐走向消亡。新型城镇化与乡村转型相契合，以镇域为发展场域，通过人口城镇化、产业城镇化与土地城镇化等"镇"化路径实现由乡村区域向镇区区域的初次转移。分工带来非农产业发展，以产业的镇区转移带动人口与土地的镇化发展，实现了由"面"到"点"的相对集中，通过集聚产生的地方化经济效应带动镇域经济发展。镇域经济的"镇"化路径就是人口、土地、产业集中的过程，具体实施路径见图 5-1。

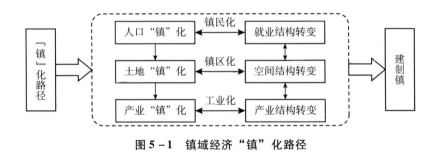

图 5-1　镇域经济"镇"化路径

5.1　镇域经济的"镇"化路径

所谓"镇"化是指在镇域经济城镇化发展过程中，人口、土地、产业等生产要素由乡村向镇区集中的过程。"镇"化是在分工的推动下，非农产业发展过程中的镇区转移，带动了人口、土地的由"面"到"点"的集聚过程，通过地方化经济集聚效应推动镇域经济发展。"镇"化是城镇化发展的初级阶段，具体的"镇"化路径可以分解为人口"镇"化、土地"镇"化与产业"镇"化。

5.1.1　人口"镇"化

农业劳动生产率的提高是现代农业发展的直接结果，由此释放了大量的农业剩余劳动力。市场经济的资源配置为劳动力的自由流动创造了条件，剩余劳动力的城镇化转移成为常态，"农民工"也成为具有时代标识的称谓。作为理性经济人，相对收益与转移成本是影响劳动力转移的主要因素。从劳动力转移目标来看可以分为"城市转移"与"城镇转移"，前者主要是指向大中小城市转移，后者是指向小城镇转移。城市与城镇相比基于城市化经济集聚效应会提供更多的工作岗位与较高的收益水平，但城市较高的产业技术形成的就业技术"门槛"以及基于户籍限制产生的市民待遇"缺位"等因素会增加转移成本。而城镇的就地转移则具有离土不离乡、工农兼业、价值趋同、未知风险较低等优势，转移成本远低于城市化转移，就地"镇"化成为农业转移人口的重要选择。

5.1.1.1 "镇"化路径——就地"镇"化

以建制镇为核心的镇域经济，镇区是非农人口、第二产业、第三产业的主要集聚区，同时也是镇域乡村剩余劳动力转移的重要场域。镇区常住人口的数量变化可以反映镇域经济的"镇"化水平，即镇区常住人口数量与镇域总人口的比重可以反映出镇域经济的城镇化水平。以吸引镇域剩余劳动力向镇区集聚，带动镇区城市化发展的模式可以称之就地"镇"化。就地"镇"化主要具有以下几方面优势：

第一，兼业模式。以乡镇企业为代表的非农产业对镇域经济的农业人口具有"吸"力，不仅可以为剩余劳动力提供工作岗位，而且在一定程度上还可以为季节性的半剩余劳动力提供就业机会。这种兼业模式可以使农业劳动力在获得土地收益的同时还可以增加非农业收益，这往往是城市化转移难以实现的。

第二，就业"门槛"。以乡镇企业为代表的镇域工业企业相对管理较为粗放，专业技术要求不高，就业门槛低于城市。同时就业市场竞争力较小，就业歧视、信息不畅等劳动力市场化障碍因素影响并不大。

第三，社会融入。就地"镇"化由于地域的一致性，语言、生活习惯、价值观念等趋同，基本不会产生或者说很少产生社会融入障碍，而且转移成本低廉，对家庭生活影响不大。

第四，人力储备。城市化发展过程中产业的梯度转移，镇域，主要是镇区，成为重要的承接主体。农业转移人口的镇域企业就业，可以实现相应的职业培训、技术提升与知识储备，为城市化转移提供了人力储备。

就地"镇"化的初始产业基础直接影响劳动力转移数量，初始产业基础不足可能导致镇域产业空洞化，势必难以提供更多的就业岗位，对农业剩余劳动力无法形成"吸纳"力，最终促使镇域劳动力"外流"形成城市化转移。同时镇域企业的就业收益往往低于城市转移的就业收益，地域收入差距如果远高于转移成本差距，也会导致劳动力外流。农业剩余劳动力的镇区就业，既有利于提高农业劳动生产率同时也有利于促进镇域非农产业发展。因此可以说第一产业从业人员的镇区就地转移有利于提高人口"镇"化水平。

5.1.1.2 实证分析

山东省是人口大省，人口流动 80% 属于省内流动（王洪娜，2016），烟台市经济发展位于山东省前列，人口流动也以省内流动为主。镇区常住人口数量的增加可以提高镇域经济集聚效益，带动镇域经济发展，而镇区常住人口数量增加主要体现为对农业人口的"吸纳"力，通过烟台市 2001～2017 年镇区常住人口与镇域总人口的比重即人口"镇"化率（*town*），与农业从业人数占全部从业人数的比值（*agr*）构建 VAR 模型来解析人口的"镇"化发展逻辑。烟台市镇域人口"镇"化率与第一产业从业人数发展情况见图 5 - 2。由此图可知，*agr* 整体表现为稳中有降的趋势，但是下降幅度并不显著，而 *town* 则呈稳步上升态势，尤其是在 2010 年以后上升趋势明显加快，但在 2017 年有所收敛。

（1）VAR 模型构建。

平稳性检验：人口城镇化与农业从业人数占比属于时间序列数据，数据是否平稳直接影响回归方程的有效性，为避免出现伪回归，需要对数据的平稳性进行检验，以 ADF 单位根的检验方法判断数据是否具有稳定性。经过 ADF 检验 *town* 在 95% 的置信度下具有稳定性，*agr* 在 90% 的置信度具有稳定性，具体见表 5 - 1。

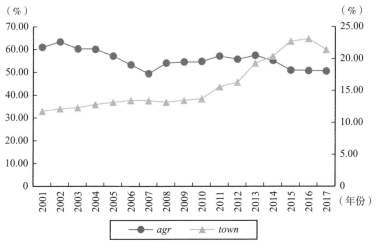

图5-2 人口"镇"化率与第一产业从业比值

资料来源：根据烟台市统计局《乡镇社会经济发展基本情况统计报表》计算所得。

表5-1 ADF单位根检验结果

变量	检验类型 (c, t, k)	ADF检验结果	检验水平			检验结论
			1%	5%	10%	
town	(1, 1, 5)	-4.4363	-5.1249	-3.9334	-3.4200	平稳
agr	(1, 1, 6)	-3.4772	-5.2954	-4.0082	-3.4608	平稳

注：表中（c，t，k）分别代表单位根检验方程中的常数项、时间趋势和滞后阶数。

通过EViews10进行模型构建，对VAR模型滞后阶数的确定运用AIC、SC、LR等准则方法，最优滞后阶数的选择结果见表5-2，根据结果确定最优滞后阶数为1，所以构建VAR（1）模型，方程拟合优度为0.9286和0.6680，拟合度较好。

模型稳定性检验：为检验模型的稳定性，运用AR根表进行检验，即如果VAR模型所有的根模的倒数都小于1，也就是都在AR根表的单位圆内，则模型就是稳定的。图5-3为VAR（1）的AR根表图，由此可知*town*与*agr*的VAR（1）模型是稳定的，以此为基础进行的脉冲响应与方差分析具有可靠性。

表 5 – 2   VAR 滞后期选择标准

Lag	LogL	LR	FPE	AIC	SC	HQ
0	– 78. 3032	NA	153. 1982	10. 7071	10. 8015	10. 7061
1	– 53. 0404	40. 4204 *	9. 0905 *	7. 8721 *	8. 1553 *	7. 8690 *
2	– 52. 0327	1. 3437	14. 1290	8. 2710	8. 7431	8. 2660

注：＊表明该准则下选择的滞后期。

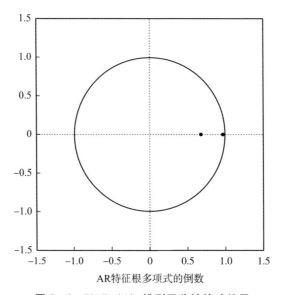

AR特征根多项式的倒数

图 5 – 3   VAR（1）模型平稳性检验结果

脉冲响应函数分析：作为一种非结构化模型，VAR 模型对变量未作先验性约束，对模型的分析主要是分析误差项的变化或者模型受到某种冲击时对系统的动态影响。图 5 – 4 的脉冲响应可以进一步分析对随机误差项施加一个标准差大小冲击时，内生变量所受的影响。图中横轴为冲击效应的滞后期，纵轴为冲击效应对内生变量的影响程度，即脉冲响应函数值，模型中随机扰动项称为新息。从 *agr* 对一个正向标准差新息的响应中可以看出，对来自自身的一个正向标准差新息的冲击反应较为敏感，比值达到最高的 2.42，此后迅速下降，在第 4 周期进入负向影响，到第 6 期时负向影响效应达到最大，此后变化幅度减小，进入相对稳定期；而来自 *town* 的新息冲击在第 2 期产生负向影响，第 5 期达到负向影响的最大值，在第 9 期后变化幅度减小，进入稳定期，在整个周期的影响都是负值，这符合人口"镇"化的客观现实，即农业转移人口的镇区转移——就地镇化。从 *town* 对一个正向标准差新息的响应中可以看出，其对来自自身的一个标准差新息的冲击也有较大的反应，"镇"化率增加了约 1.12，在第 3 期达到最高的正效应，此后逐渐收敛，在第 9 期逐渐稳定；该序列对于来自 *agr* 的影响呈现的是同向响应，在第 5 期达到最大，此后影响逐渐平稳降低。

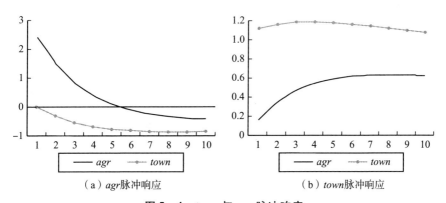

（a）*agr* 脉冲响应　　　　（b）*town* 脉冲响应

图 5-4　*town* 与 *agr* 脉冲响应

通过脉冲响应函数的分析可以看出在短期内 *agr* 无论是对来自 *town* 还是自身的标准差的冲击都使系统呈现下降趋势，而 *town* 则对于误差项的变化带来的冲击呈现出先扬后微抑的趋势，尤其是对来自 *agr* 的冲击在前 8 期都呈现出上升趋势，此后影响基本保持稳定状态，说明第一产业转移人口对于人口"镇"化的影响具有较长的持续效应。

方差分解分析：方差分解可以更为直观地分析模型的动态特征，与脉冲响应函数相比，方差分解可以比较不同的冲击对特定变量的响应程度，即可以用方差分解来度量冲击对内生变量变化的贡献度。图 5 – 5 的方差分解横轴是滞后期数，纵轴是贡献率。对 *agr* 的方差分解可以看出来自本身的新息影响在第一期最大，预测误差贡献率达到 100%，在前 2 期保持 2% 左右的下降幅度，第 3 ~ 第 9 期保持 5% 左右的收敛幅度，此后进一步收敛至 15 期时下降至 54.11%。与此对应的，来自 *town* 的新息影响呈现出稳步增长的态势，由第 1 期的 0 贡献率保持每一期 5% 左右的增长，至 15 期时达到了 45.88%。对 *town* 的方差分解可以看出来自本身的新息影响在第 1 期时达到 98%，此后小幅下降至 15 期时贡献率达到 79.44%。来自 *agr* 的新息影响呈现出稳步增长态势，初始第 1 期的贡献率只有 1.99%，直至 15 期时对 *town* 的贡献率上升至 20.56%。

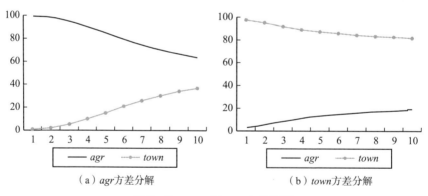

（a）*agr* 方差分解　　　　　　（b）*town* 方差分解

图 5 – 5　*town* 与 *agr* 方差分解

通过方差分解可以看出 *agr* 与 *town* 的动态变化特征，根据图 5 – 5 从 *agr* 的方差分解可以看出人口"镇"化率对第一产业就业影响越来越重要，到 15 期时新息的影响占到了 *agr* 预测误差的 45.89%，对其自身的影响预测误差的贡献度也将近 80%。由此可知，人口镇化对农业劳动力的"吸纳"力日趋增加。而第一产业对人口"镇"化的影响经历了由弱到较强的过程，烟台市镇域经济第一产业就业占比 2001～2017 年虽然呈下降趋势，但是占比仍然超过 50%，说明第一产业仍然是镇域就业的主导产业。而随着农业产业化、现代化水平的提高，更多的农业劳动力得以释放，镇域第二、第三产业空间上的相对集中与镇区较好的公共设施等为剩余劳动力的空间转移提供了契机，使第一产业劳动力的镇区转移对人口"镇"化的贡献率不断增加。

（2）格兰杰因果关系分析。

由于 town 与 agr 在单位根检验中序列平稳，可以进行格兰杰因果检验，以检验两变量之间是否存在因果关系。根据表 5 - 3 检验结果可以看出 agr 与 town 并不是双向因果关系，agr 是 town 的格兰杰原因，但 town 并不是 agr 的格兰杰原因。烟台市镇域经济第一产业从业人数占比的下降，说明农业劳动力人口的镇区转移是实现人口"镇"化的原因，但是镇域经济人口"镇"化并不是镇域农业劳动力人数下降的原因，即烟台市镇域第一产业劳动力人口的镇区转移并不足以对农业就业人数的减少产生显著影响。

表 5 - 3　　　　　　　　　　　格兰杰因果检验结果

原假设	F 统计量	P 值	检测结果（置信度 95%）
agr 不是 town 的格兰杰原因	14.9829	0.0113	拒绝
town 不是 agr 的格兰杰原因	0.54085	0.7169	接受

通过 VAR（1）模型、脉冲影响函数、方差分析以及格兰杰因果检验等实证分析方法可以看出第一产业剩余劳动力的镇区就地转移可以有效提高人口"镇"化水平，但人口"镇"化水平的提高却并不是第一产业劳动力减少的格兰杰原因，由此可知，第一产业劳动力的非镇区转移对剩余劳动力的下降影响更大。

5.1.2 土地"镇"化

长期以来学者对于土地与经济之间的关系关注程度较高，在古典经济学中就提出了"土地是支持经济增长的三大因素之一"（张俊凤、刘友兆，2013），学者的研究从关注耕地与经济增长的关系，到建设用地与经济增长的关系等方面的内容，可以看出土地与经济增长之间的密切关联性。在城镇化方面现有研究关注更多的还是城市建成区与经济增长的关系，对于以镇域经济为研究对象的镇区建成区的研究并不多。在此镇域经济的土地"镇"化主要是指镇区建成区的发展。在分工推动下产业的镇区转移，建成区成为承接产业转移的物质载体。建成区的土地利用率、基础设施水平等会直接影响产业发展。

5.1.2.1 "镇"化路径——建成区发展

根据乡镇社会经济发展基本情况的统计指标解释，建成区面积是指镇区范围内实际已成片开发建设、市政公用设施和公共设施基本具备的区域。建成区面积以镇人民政府建设部门（或规划部门）提供的范围为准。镇域经济发展以镇区为中心，从人口集聚到产业集聚，建成区是承载人口与承载产业的主要场域。由于建成区的市政设施与公共设施基本具备，交通条件相对便捷，具有一定程度集聚的居住区和一定规模的市场化交易等因素，在我国土地资源相对短缺的条件下，合理利用建成区土地资源可以产生巨大的经济效益。

人口城镇化与土地城镇化是城镇化水平的主要表达方式。土地城镇化体现在建成区面积的扩大与土地利用的深化，与城市化发展相比，镇域建成区的扩张速度更快，但发展质量远不及城市，主要表现在土地利用率偏低。

建成区的发展质量虽不及城市，但非农产业集聚性远高于乡村地

区，建成区的发展状况影响镇域经济发展水平。要考察镇区建成区发展
与镇域经济发展之间的动态关系，通常以建成区面积与分析单位的 GDP
作为经济发展指标，但由于我国目前对乡镇社会发展基本情况的统计并
没有镇域经济体 GDP 的统计与计算方式，虽然有部分镇域也参照县域
GDP 的计算方法进行了 GDP 的统计，但并不完整，因此以镇域的地方
财政收入为 GDP 的替代指标①，通过构建 VAR 模型进行动态判断建成
区与镇域经济发展之间的内在关系。

5.1.2.2　实证分析

以每一镇区建成区面积占镇域行政面积比为建成区发展指标，记作
tarea，以镇域财政收入为经济发展指标，由于财政收入是绝对值，在此
取自然对数，记作 ln*rev*。2001～2017 年，烟台市镇域经济建成区发展
与财政收入发展状况见图 5-6，可以看出二者都呈现上升趋势，为解析
二者之间的动态变化，通过构建向量自回归模型进行分析。

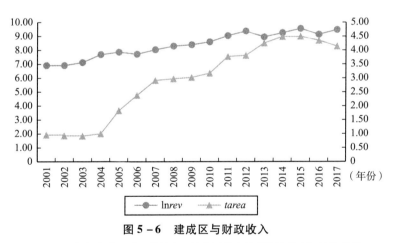

图 5-6　建成区与财政收入

资料来源：根据烟台市统计局《乡镇社会经济发展基本情况统计报表》计算所得。

---

① 关于财政收入作为生产总值的替代指标，判断地方经济发展水平的可行性，在第 5 章的
5.2.3 节进行了详细分析。

（1）VAR 模型构建。

平稳性检验：作为时间序列数据首先检验数序列的平稳性，采用 ADF 检验对 $tarea$ 与 $lnrev$ 进行单位根检验，由表 5 - 4 可以看出两个序列均属于非平稳性序列，在进行一阶差分后建成区发展在 90% 的置信区间表现平稳，地方财政收入在 99% 的置信区间表现平稳，因此两变量都属于一阶单整序列。由于 VAR 模型要求序列平稳，因此构建 $\Delta teare$ 与 $\Delta lnrev$ 的向量自回归模型。

表 5 - 4 　　　　　　　　　　ADF 单位根检验结果

变量	检验类型 (c, t, k)	ADF 检验结果	检验水平			检验结论
			1%	5%	10%	
$tarea$	(1, 1, 5)	1.0998	-5.1249	-3.9334	-3.4200	不平稳
$lnrev$	(1, 1, 6)	3.5541	-5.2954	-4.0082	-3.4608	不平稳
$\Delta tarea$	(0, 0, 0)	-1.9044	-2.7283	-1.9663	-1.6050	平稳
$\Delta lnrev$	(1, 1, 1)	-5.3981	-4.0044	-3.0989	-2.6904	平稳

注：表中 (c, t, k) 分别代表单位根检验方程中的常数项、时间趋势和滞后阶数。

通过 EViews10.0 进行数据分析，滞后阶数的确定采用似然比、最终预测误差、赤池信息准则（Akaike information criterion）、施瓦茨（Schwarz）信息准则等方式进行判断，具体见表 5 - 5，可以看出滞后阶数为 3 时达到最优，因此确定为 VAR（3）模型。根据模型运行结果可以看出，以 $\Delta lnrev$ 为因变量的模型拟合度为 0.9459，以 $\Delta tarea$ 为因变量的模型拟合度为 0.9757，整体解释度较高。

模型稳定性检验：为检验模型的稳定性，通过 AR 根检验，可知 VAR（3）模型的所有根模的倒数都小于 1，都落在单位圆内，因此可以看出模型具有稳定性，可以进行相应的脉冲分析与方差分解。

表 5 - 5　　　　　　　　　　　　　　VAR 滞后期选择标准

Lag	LogL	LR	FPE	AIC	SC	HQ
0	– 19. 25064	NA	0. 090192	3. 269330	3. 356245	3. 251465
1	2. 261747	33. 09598 *	0. 006197	0. 575116	0. 835862	0. 521521
2	5. 310470	3. 752274	0. 007667	0. 721466	1. 156043	0. 632141
3	13. 00240	7. 100239	0. 005153 *	0. 153477 *	0. 761884 *	0. 028422 *

注：* 表明该准则下选择的滞后期。

脉冲响应函数分析：对图 5 - 7 脉冲响应函数进行分析，从地方财政收入受到新息冲击后的反应来看，当 $\Delta \ln rev$ 受到来自自身新息的冲击时，其反应强烈，立即升高了约 0. 21，在第 3 期时出现了负效应的极值，此后影响逐渐减小，第 14 期后趋于平稳；当 $\Delta tarea$ 受到来自自身的新息冲击时，其在当期没有响应，但在第 3 期与第 4 期分别出现了最低值与最高值，初期影响幅度较大，此后幅度减小，在第 15 期时也未呈现稳定趋势，说明建成区的发展对财政收入的影响波动性较大。从 $\Delta tarea$ 的响应来看，当受到来自自身新息的影响时反应较为敏感，迅速升高至 0. 22，此后呈下降趋势，在第 5 期时出现最低值，在第 13 期后呈现稳定状态；当 $\Delta \ln rev$ 受到来自自身的一个标准差的新息影响时，其在当期反应较大，但最高值出现在第 3 期，此后呈现波动性下降，幅度逐渐收敛，直至第 12 期后趋于稳定。根据对脉冲响应函数的分析可以看出两个变量对于新息冲击的影响，短期响应比长期更为强烈，建成区的发展在短期内对财政收入的影响要小于财政收入自身冲击的影响，但是财政收入对建成区发展的影响在短期内效果非常明显，说明财政收入水平的提高在短期内可以有效推动建成区的发展。

方差分解分析：方差分解有助于进一步分析两个内生变量的动态特征。根据图 5 - 8（a）可知，在受到来自财政收入 $\Delta \ln rev$ 新息的冲击后，其自身反应很敏感，但在第 3 期时显著下降、随后在第 4 期出现一个高点，此后进入相对稳定期，维持在88%的水平。而建成区 $\Delta tarea$ 在前4期变化较大，第5期之后进入稳定期，基本维持在11%的水平。对于财政收入 $\Delta \ln rev$ 而言，其自身的影响远高于来自建成区 $\Delta tarea$ 的影响，这与前文的分析结果相一致。在图5-8（b）中对来自建成区 $\Delta tarea$ 新息的影响，财政收入 $\Delta \ln rev$ 与建成区 $\Delta tarea$ 的影响变化都比较显著，财政收入 $\Delta \ln rev$ 呈现出稳步上升的态势，建成区 $\Delta tarea$ 呈现出稳步下降态势，但二者在第4期之后基本保持了稳定，财政收入 $\Delta \ln rev$ 维持在58%的水平，建成区 $\Delta tarea$ 维持在41%的水平，由此可知对于建成区而言来自财政收入的影响远大于其自身的影响，尤其是在第4期之后，财政收入的增加可以对建成区的发展发挥稳定的提升效应。

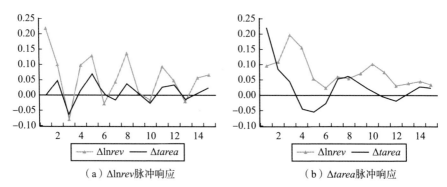

（a）$\Delta \ln rev$ 脉冲响应　　（b）$\Delta tarea$ 脉冲响应

图5-7　$\Delta \ln rev$ 与 $\Delta tare$ 脉冲响应

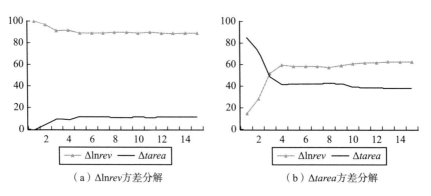

（a）$\Delta \ln rev$ 方差分解　　（b）$\Delta tarea$ 方差分解

图5-8　$\Delta \ln rev$ 与 $\Delta tare$ 方差分解

（2）格兰杰因果检验。

通过表 5 - 6 格兰杰因果检验结果可以看出，在 10% 的显著性水平下 $\Delta tarea$ 并不是 $\Delta lnrev$ 的格兰杰原因，但是 $\Delta lnrev$ 是 $\Delta tarea$ 的格兰杰因果原因，即二者仅是单向因果关系。由此可知，烟台市镇域经济镇区建成区的发展（主要指建成区面积），地方政府财政收入是影响其用地扩张的重要因素，而建成区面积的扩张对于财政收入的影响则并不具有显著性。检验结果与脉冲响应与方差分解的结果具有一致性。

表 5 - 6 格兰杰因果检验结果

原假设	F 统计量	P 值	检测结果（置信度 90%）
$\Delta tarea$ 不是 $\Delta lnrev$ 的格兰杰原因	1.17912	0.3509	接受
$\Delta lnrev$ 不是 $\Delta tarea$ 的格兰杰原因	3.26490	0.0859	拒绝

通过对烟台镇区建成区的实证分析可以看出，建成区的发展并未增加镇域财政收入，但镇域财政收入水平对建成区的发展具有正向影响，尤其是中期效应显著。因此要提高烟台市镇域经济发展水平，应加强对建成区发展质量的提升。根据前文的分析可知烟台市镇域经济的土地"镇"化率在 2007 年就超过了人口"镇"化率，建成区面积的扩大并没有如城市化发展过程中人口、产业集聚产生相应的经济效益。重视建成区的发展质量，提高镇区建设用地利用率，提升镇区土地的深化程度，才能真正提高镇域"镇"化水平，推动镇域经济发展。

5.1.3 产业"镇"化

分工推动乡村非农产业的镇区转移，是非农产业"镇"化发展的根本。同类企业或同组企业的镇区集中，基于集聚产生的地方化经济效应，推动镇区产业分工多样化发展。产业链条的延长产生更多的劳动力需求，对农业剩余劳动力的镇区转移形成吸引力，引导人口就地镇化，实现人口"镇"化。同时分工的专业化、产业的多样化以及迂回生产过程的增加，驱动建成区面积的扩张与质量的提升，带动了建成区的发展，实现土地"镇"化。由此可知产业"镇"化是人口"镇"化与土地"镇"化的驱动力，同样产业集聚水平、结构优化程度都会直接影响"镇"化水平与镇域经济发展水平。

5.1.3.1 "镇"化路径——产业集聚与结构优化

由于第二、第三产业通常比第一产业具有更高的回报率，会直接推动劳动力、资本、技术以及信息等生产要素向第二、第三产业转移。第二、第三产业空间上的集聚性可以提高交易效率、降低生产成本以及实现知识与技术外溢的累积效应，会带动生产要素向镇域具有区位优势的场域——镇区集中。建成区的快速增长为第二、第三产业的发展提供了土地保障，镇区相对便利的交通条件与公共基础设施为第二、第三产业发展提供了设施保障，而第一产业剩余劳动力就地"镇"化为第二、第三产业发展提供了人力保障。

第二、第三产业的集聚水平可以直接影响镇域经济发展程度，在推动镇域第二、第三产业集中的过程中，加快产业结构优化升级也是发展镇域经济的关键。依据克拉克（Clark）定理产业结构的高级化是三二一的结构模式，以服务业为主体的第三产业对剩余劳动力的吸纳力更强，成为拉动就业的主力（夏建红、矫卫红，2018）。产业结构升级不仅可以为第二、第三产业创造更多的就业岗位，而且也可以促进第一产业技术水平的提升，提高劳动生产率，释放更多的劳动力，又进一步推动剩余劳动力向第二、第三产业转移，形成劳动力转移的良性循环。由此可知，提高产业集聚能力、加快产业结构优化可以推动镇域经济发展。

5.1.3.2 实证分析

镇域产业"镇"化水平是否可以促进镇域经济发展？根据乡镇企业

统计数据的可得性，借鉴现有研究关于产业结构优化的评价指标（景建军，2016；王庆丰，2010 等），镇域产业结构以第二、第三产业从业人数占总从业人数的比值作为评价指标，记作 *str*。以镇域财政收入为镇域经济发展水平的替代指标，由于是绝对值为消除异方差的影响，在此取自然对数，记作 lnrev。通过构建向量自回归模型分析产业结构的优化水平对镇域经济发展的影响。

（1）VAR 模型构建。

平稳性检验：以 2001 ~ 2017 年烟台市镇域财政收入的自然对数（lnrev）与产业结构指标（*str*）构建向量自回归（VAR）模型。首先运用 ADF 单位根检验方法对两个变量进行平稳性检验，检验结果见表 5 - 7。可以看出 *str* 序列在 90% 的置信区间平稳，但是 lnrev 序列不平稳，在经过一阶差分后在 99% 的置信区间平稳，即 I（1）~ 0，因此构建 *str* 与 Δlnrev 的 VAR 模型。

表 5 - 7   ADF 单位根检验结果

变量	检验类型 (c, t, k)	ADF 检验结果	检验水平			检验结论
			1%	5%	10%	
str	(1, 1, 6)	- 3.4772	- 5.2954	- 4.0082	- 3.4608	平稳
lnrev	(1, 1, 6)	3.554131	- 5.2954	- 4.0082	- 3.4608	不平稳
Δlnrev	(1, 1, 1)	- 5.3981	- 4.0044	- 3.0989	- 2.6904	平稳

注：表中（c, t, k）分别代表单位根检验方程中的常数项、时间趋势和滞后阶数。

VAR 模型滞后期的确定，根据表 5 - 8 通过 AIC、SC、LR 等准则方法可以看出，滞后一阶只有最大似然比 LR 最优，但是滞后三阶则有四个标准最优，因此确定最优滞后阶数为 3，构建 VAR（3）模型，以财政收入作为因变量的自回归，拟合优度达到了 0.9701，以产业结构优化指标作为因变量的自回归模型，拟合优度为 0.7862。

表 5 - 8　　　　　　　　　　　　VAR 滞后期选择标准

Lag	LogL	R	FPE	AIC	SC	HQ
0	- 26. 09157	NA	0. 258370	4. 321781	4. 408696	4. 303916
1	- 17. 67285	12. 95189 *	0. 133074	3. 641976	3. 902722	3. 588381
2	- 11. 61303	7. 458236	0. 103594	3. 325082	3. 759658	3. 235757
3	- 5. 840001	5. 32895	0. 093542 *	3. 052308 *	3. 660715 *	2. 927253 *

注：＊表明该准则下选择的滞后期。

模型稳定性检验：运用 AR 根表进行模型平稳性检验，VAR（3）模型的 AR 根检验结果，可以看出 AR 特征多项式的系数都小于 1，即根模的倒数都在单位圆内，表明 VAR（3）满足平稳性条件，在此基础上进行的脉冲响应与方差分析具有可靠性。

脉冲响应函数分析：脉冲响应函数可以刻画出当受到一个标准差新息冲击时，变量的动态影响轨迹。由图 5 - 9Δlnrev 的响应可以看出，当它受到来自自身的一个标准差的新息冲击时，反应比较敏感，财政收入在第 1 期即增加了约 0. 16，此后呈波动性变动，但是波动幅度逐渐收敛；当受到来自 str 标准差新息的冲击后，Δlnrev 在第 1 期即下降了 - 1. 25，但此后快速上升在第 3 期时回归正值，此后波动幅度快速收敛趋于稳定，且主要是正向响应。从 str 对一个标准差新息的响应来看，对来自 Δlnrev 的新息冲击，其在当期并没有反应，但第 2 期快速下降，第 3 期时出现最低值，此后进入上下波动期，但幅度逐渐收敛，在第 10 期时影响基本消失，整体而言财政收入对产业结构优化的影响主要是负向响应。str 受到来自自身的一个标准差新息的影响，在当期反应强烈，出现了极强的正效应，但此后进入下降期，至第 5 期时出现最低值，此后波动幅度逐渐收敛，到第 9 期以后趋于稳定。

通过对脉冲响应函数的分析可以看出财政收入对产业结构优化产生的是负向响应，且短期影响较大，但长期效应并不明显。产业结构优化

对财政收入的影响同样短期效应非常明显，波动幅度较大，从长期来看
具有正向效应，即产业结构优化程度可以促进镇域经济增长。产业结构
对自身新息的响应短期反应强烈，在短期下降后长期影响越来越显著，
说明产业结构自身优化具有正向效应。

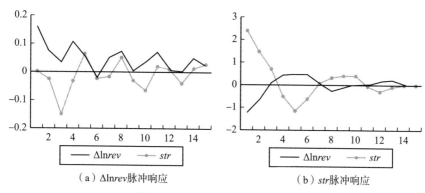

图5－9　**Δlnrev** 与 *str* 脉冲响应

　　方差分解分析：根据 VAR（3）模型进行方差分解，结果见图 5－10。
由于方差分解是把每个内生变量的波动按其成因分解为与各方程新息相
关联的不同组成部分，以此来判断各新息对模型内生变量的相对重要
性。通过对 Δlnrev 的方差分解可以看出，来自自身的新息影响更为重
要，在第 5 期后方差分解结果基本稳定，贡献度基本维持在 60% 左右；
而来自 str 新息的影响逐渐增强，在第 6 期时贡献度基本稳定维持在
40% 左右。通过对 str 的方差分解可以看出，来自自身的新息影响比来
自 Δlnrev 的新息影响更重要，贡献度基本稳定维持在 79% 左右。来自
Δlnrev 的影响也很稳定，贡献度基本稳定维持在 20% 左右。根据方差分
解结果可以推导出结论：产业结构优化对财政收入的影响越来越大，而
财政收入对产业结构优化的影响则比较稳定，维持在 20% 左右，影响并
不大。

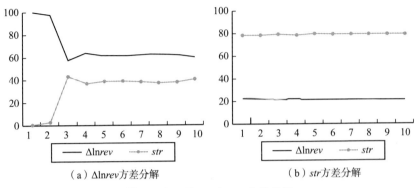

（a）Δlnrev方差分解　　　（b）str方差分解

图 5 – 10　Δlnrev 与 str 方差分解

（2）格兰杰因果关系分析。

由于 Δlnrev 与 str 都是平稳性序列，可以进行格兰杰因果关系检验，结果见表 5 – 9。在 90% 的置信度下，滞后 3 期时，Δlnrev 是 str 的格兰杰原因，但 str 不是 Δlnrev 的格兰杰原因。格兰杰因果关系检验说明了2001 ~ 2017 年烟台市镇域经济产业结构优化对镇域财政收入的影响不具有显著性，但是财政收入的变动对产业结构优化的影响则具有显著性，是产业结构优化的格兰杰原因。检验结果与方差分解相一致，根据脉冲响应可以看出财政收入对产业结构优化产生的是负向效应。这主要是因为财政收入的主要来源是企业实缴税金，而缴纳税金短期可以影响乡镇企业的发展，尤其是中小企业和服务行业的发展，从一定的程度上对第三产业的发展产生了抑制作用，从而影响了产业结构的优化。

表 5 – 9　　　　　　　　　　**格兰杰因果检验结果**

原假设	F 统计量	P 值	检测结果（置信度90%）
str 不是 Δlnrev 的格兰杰原因	0.23049	0.9049	接受
Δlnrev 不是 str 的格兰杰原因	6.45514	0.0787	拒绝

通过实证分析可以看出烟台市镇域经济产业结构优化对镇域经济发

展的影响并不具有显著性，虽然从长期来看具有一定的正向效应，但是短期波动幅度仍然较大，具有不稳定性。说明镇域产业"镇"化后产业的集聚效应不强，优化程度不高，对镇域经济发展并未发挥实质性的推进作用。

5.2 "镇"化与镇域经济发展

以城乡统筹、城乡一体、产业互动、节约集约、生态宜居、和谐发展为基本特征的新型城镇化，强调大中小城市、小城镇、新型农村社区协调发展、互促共进。新型城镇化以"实现人的全面发展"为基本理念，通过构建城乡融合发展平台，实现人口集聚逐渐向城镇化发展，产业结构逐渐向高级化发展，土地效益逐渐向集约化发展，人与环境生态平衡、和谐相处。以人为本的城镇化发展主旨在实现城乡融合发展过程中，赋予镇域城镇化阶段性发展过程中"镇"化与"市"化新的内容与发展重点。镇域经济作为承接城乡发展的关键"节点"，"镇"化是新型城镇化发展的第一阶段。新型城镇化的发展理念赋予了"镇"化更多的人文情怀，不仅体现在人口、土地、产业"镇"化的集聚程度，而且更多的新型"人文情怀"可以通过塑造城镇化发展过程中的"生活方式城镇化"（王桂新，2013）来提高城镇化发展质量。新型"镇"化发展可以通过基础教育、人文环境、公共服务等提升镇域人口的文化理念，降低城市融入障碍，提高人口城镇化质量。

第3章镇域城镇化与经济发展理论的分析，阐释了分工是"镇"化发展的初始原因，分工的作用使产业实现了镇区转移，从而带动人口、土地等生产要素的镇区集聚，集聚产生的地方化经济效应提高了"镇"化水平，推动镇域经济发展。"镇"化过程也可以说是分工的表达方式，无论是产业内部的分工深度还是产业间的分工广度，都对镇域经济发展发挥着重要作用，也直接影响镇域经济的"镇"化速度与质量。

5.2.1　分工与"镇"化的发展逻辑

基于前文的分析，镇域经济的"镇"化发展途径是人口"镇"化、土地"镇"化与产业"镇"化。人口、土地、产业的"镇"化过程也是地方化经济过程，集聚经济效应是城镇化获得长足发展的动力之一。产业在集聚发展过程中也是一种结构优化与升级过程。镇域经济产业结构天然滞后于城市产业结构，这种滞后性主要体现在专业化分工的广度层面，即第一、第二、第三产业的横向分工水平。由于镇域经济的天然特性，农业是主体产业。农村经济的分工演变是镇域经济镇化发展的必然，在农业经济发展过程中，"理性"经济人的专业技术能力能够增加其适应能力（杨新华，2011）。"理性"经济人基于自身的资源禀赋，会选择不同的生产方式。初步实现了农业经营时间上与空间上的分离，原本无法分割的生产过程转化为互相独立的个体环节。随着技术进步的累积效应，生产与消费之间的迂回生产环节增加，产业链条随之延长。迂回生产过程中分离出来的加工业、制造业由于脱离自然因素的限制更易于实现专业化分工，劳动生产率不断提高，技术累积效应更为显著，工业链条与服务链条不断延展。与农业脱离的非农产业在交易效率的驱动下，追求地理空间上的集聚发展。交易市场也在交易技术与交易制度的共同影响下，与工业、服务业等非农产业在地理空间上累积集聚，逐渐形成市场化网络（杨新华，2015）。由于初始分离的非农产业往往受自然禀赋的影响，产业大多具有同质性，如农产品加工业、矿产石材加工制造业等，为降低生产成本同类或同组行业在地理空间上集中，集聚过程中产生的地方化经济效应催生了相关的农业产业链、工业链、服务链等相同地理空间上的再聚集，形成了镇域经济的人口、土地与产业的"镇"化过程，由此可知"镇"化过程是分工的结果。

镇域经济的镇化过程就是分工演进的过程，分工水平与"镇"化与镇域经济发展的内在逻辑可以通过实证方式予以验证。

5.2.2　指标说明

分工对"镇"化水平的影响始于产业结构的调整，基于前文的分析，分工带来了非农产业的产生与产业的集聚，带动了人口、土地的镇区转移，引致"镇"化发展与地方化经济效应，因此产业"镇"化水平是进行分工水平度量的依据。专业化分工由于包括分工广度与分工深度两个层面，产业结构的划分与每一产业的专业化程度都是分工广度与深度的体现，单一指标很难完整表达镇域经济分工水平，因此通过构建综合性指标对分工水平进行度量。城镇化水平的表达方式可以分为人口城镇化率与土地城镇化率，人口城镇化率的表达方式最为普遍。由于镇域经济的特殊性，对镇域经济镇化水平的度量单一指标难以测度，因此在这里同样以人口镇化率与土地镇化率为主要表达。同时考虑到新型城镇化发展理念与主旨思想，镇域的公共服务、社会保障、教育环境等作为发展指标可以较好地说明新型化程度，因此镇域经济的镇化水平是一个综合性指标，通过构建综合指标体系予以体现。对于镇域经济发展水平仍然以财政收入水平作为替代指标。同时引入相应的控制变量，判断在不同条件的影响下，分工水平与镇化水平、经济发展的内在关系是如何变化的。

新型"镇"化指标：依据前文分析新型"镇"化指标由三部分组成：一是发展指标。主要是由教育、公共服务与社会保障三方面因素组成。具体而言是以镇域每万人拥有中小学校数量、每万人中小学生在校生人数、拥有幼儿园个数等指标构成教育因素；以每万人拥有图书馆、文化站数量以及体育馆的数量作为评价镇域公共服务指标；以医院病床数量、敬老院与福利院数量说明社会保障程度。二是人口指标。主要是以镇区常住人口占镇域常住人口的比例说明镇域人口集中程度，也可称之为人口镇化指标。三是土地指标。是指镇区建成区面积占镇域行政区域面积的比例，反映建设用地的集聚程度，也可称之为土地镇化指标（见表5-10）。从指标体系来看，新型"镇"化指标可分为三个层级，利用熵值法根据具体指标携带的信息值确定每一层级权重。

表5-10　　　　　　　　　　　　　　新型"镇"化指标

一级指标	二级指标	三级指标	单位
新型"镇"化指标	发展指标	每万人拥有中小学校数量	个
		每万人中小学在校学生数	人
		每万人拥有幼儿园、托儿所数量	个
		每万人拥有图书馆、文化站数量	个
		每万人拥有体育场馆数量	个
		每万人拥有医院病床数	张
		每万人拥有敬老院、福利院数量	个
	人口指标	镇区常住人口占镇域常住人口比	%
	土地指标	建成区面积占镇域行政面积比	%

中小学、在校生及幼儿园的数量等可以影响镇域经济未来发展所需的劳动力的数量与质量，图书馆、文化站与体育馆等设施则体现对现存镇域人口文化理念与价值观念的培养，医院病床数可以说明镇域医疗保障的基础条件，而敬老院福利院体现的是对社会弱势群体的保护与制度性保障，二者都是社会发展的"稳定剂"。这三方面因素共同构成的发展指标可以代表镇域经济的可持续发展能力。人口与土地"镇"化反映的是镇域人口与产业的集聚能力，是特定范围内的报酬递增形成的集聚效益（李金滟、宋德勇，2008）。

新型"镇"化指数记作 $nurb$，采用熵值法根据镇域经济的发展因素、人口因素与土地因素所携带的信息熵，通过不同权重计算出相应的新型"镇"化指标。这一指标尽可能地反映出镇域可持续发展的必要条件、人口与土地的集中化程度，以及以镇区为核心的镇域经济集聚效益的程度，是模型的被解释变量。

专业化分工指标：专业化分工指标由三个二级指标组成。第一产业分工指标，包括单位耕地的人员投入人数即第一产业从业人员与镇域耕地面积的比值，每万人拥有农业科技人员与服务单位个数，每万人拥有中高级农业技术人员数量等；第二产业分工指标，包括第二产业的就业人数与总就业人数的比值、每万人拥有工业企业个数；第三产业分工指标，包括镇域中每万人拥有的银行与信用社的数量、集贸市场的个数（见表5-11）。利用熵值法确定不同层级的指标权重。

表5-11 专业化分工指标

一级指标	二级指标	三级指标	单位
专业化 分工指标	第一产业	每万人拥有农业科技与服务单位个数	个
		每万人拥有中高级农业技术人员	个
		单位耕地人员投入人数	人/公顷
	第二产业	每万人拥有工业企业数量	人
		第二产业就业人数占比	%
	第三产业	每万人拥有银行、信用社个数	个
		每万人拥有集贸市场个数	人
		第三产业就业人数占比	%

专业化分工指标的选择主要是考虑到三大产业部门间的分工与部门内的分工，即分工的广度与深度。分工广度对地域无限制，但是分工深度则是集聚经济效益产生的必然。马歇尔通过特定产业的外部性特征分析了专业化带来的集聚性经济效益与城镇的产生：特定产业的区域选择完成后，公开的贸易方式产生同化效应，不仅吸引了同类型产业，而且也形成了专属的劳动力市场。而生产与贸易过程中信息溢出带来了生产

效率的提高（薄文广，2007），促进了特定区域人口与产业进一步集聚，从而推动了特定区域经济的发展。分工广度与深度也可以表达为分工的方向——水平与垂直。水平方向说明社会分工的细化，垂直方向表现为组织内部分工的深化，而专业化分工更倾向于组织内部分工的深化（谷慎、马敬彪、马翰墨，2015），即垂直方向的分工。

专业化分工指数记作 *proind*，是通过第一、第二、第三产业的内部专业化程度的信息熵，计算其效用值，确定不同的权重，最终计算出每一镇域经济的专业分化工指数，这一指标是模型的核心解释变量。

人均财政收入指标：由于镇域经济不进行 GDP 的统计，以地方政府财政收入作为衡量镇域经济发展水平的替代指标。本书在 5.2.3 节通过对部分有 GDP 统计的镇域财政收入水平与 GDP 的关系，分析 GDP 与地方财政收入作为经济指标的可替代性。由于镇域经济人均财政收入是绝对值，为消除异方差，在此取自然对数，记作 ln*frev*，是模型的另一被解释变量。

其他控制变量：镇域基础设施，为保证数据的平稳性在此取对数记作 ln*pubfac*。镇域由不同的自然村组成，从全域发展来看，镇域基础设施对经济发展发挥正向推动作用，但是基础设施与"镇"化水平的影响则未必是正相关。这主要是因为镇域基础设施的改善会降低农业剩余劳动力转移的可能性。在此镇域基础设施包括通电话的村所占比例（2011 年以后为通宽带的村）、通有线电视的村的比例（2001 年为有电视差转台的村）、通自来水的村、垃圾集中处理的村所占比例等指标，根据不同指标的信息熵计算权重，从而可以判断整个镇域基础设施情形。镇域基础设施水平是镇域经济发展的重要保障，是其可持续发展能力的判断依据。

地方人均财政支出，由于是绝对值故取对数记作 ln*fexp*。镇域地方政府为履行职能，对相关财政资金进行支配和使用。地方财政支出往往受限于地方财政收入水平，当财政支出高于收入时就会产生财政"赤字"。地方财政支出主要用于行政区域内的基本建设支出、企业挖潜改造、科技三项费用、文教科学卫生事业费、农村生产支出、社会抚恤救济、公检法司等公共支出。地方政府对于区域经济的行政影响主要是以地方财政支出的方式进行干预,干预程度与对地方经济的影响往往呈正比例关系(张治栋、吴迪、周姝豆,2018),因此财政支出水平往往说明了政府对镇域经济的干预程度。

5.2.3 镇域财政收入与 GDP 可替代性分析

由于乡镇一级的 GDP 统计并不完整,因此本书用人均乡镇财政收入作为人均 GDP 的替代指标。为说明财政收入与 GDP 二者的可替代性,通过对 33 个有 GDP 统计的镇域经济进行分析,以解析二者的内在关联性。2001~2017 年烟台市进行 GDP 统计的 33 个镇域经济体包括长岛县的南长山镇、砣矶镇,龙口市的徐家店镇、黄山馆镇、北马镇、芦头镇、东江镇、下丁家镇、七甲镇、石良镇、兰高镇和诸由观 10 个镇,招远市的辛庄镇、蚕庄镇、金岭镇、毕郭镇、玲珑镇、张星镇、大秦家镇、夏甸镇、阜山镇与齐山 10 个镇,海阳市的留格庄镇、盘石店镇、郭城镇、徐家店镇、发城镇、小纪镇、行村镇、辛安镇、二十里店镇、大闫家镇与朱吴 11 个镇。

财政收入与国内生产总值都属于宏观经济统计数据。可以影响财政收入的因素不仅包括国内生产总值,还有零售物价指标、城乡居民人均收入与消费水平、国家的经济增长速度等,但是如何判断国内生产总值与财政收入二者的内在关联性呢?虽然相关研究已证明二者之间具有关联性,但是已有研究都是建立在国家统计局有明确统计说明的县域以上的统计单位,对镇域由于没有明确的统计说明,只能以县域统计标准为参考对部分镇域进行统计,因此对于镇域经济政府财政收入与 GDP 是否具有可替代性,并没有相关研究。在此通过实证分析,通过构建财政收入与国内生产总值的面板数据模型进行阐释。

数据来源于 2001～2017 年烟台市乡镇社会经济发展基本情况统计报表的面板数据，部分乡镇 GDP 统计来源于不同乡镇政府，其中招远市 2017 年镇域 GDP 数据缺失，根据招远市 2017 年政府工作报告公告的 GDP 增长率进行了相应镇域 GDP 的推算予以补充。

（1）平稳性检验与格兰杰因果关系检验。

烟台市 33 个镇域经济体 2001～2017 年的人均财政收入与人均国内生产总值由于是绝对值，为消除异方差在此都取自然对数分别记作 $\ln frev$ 与 $\ln GDP$。

平稳性检验：面板数据单位根检验主要可以分为同质单位根检验与异质单位根检验。同质单位根检验方法主要包括 LLC、Breitung 与 Hadri 三种检验方法。前两种检验的零假设都是各截面序列均有一个单位根，Hadri 检验的零假设是各截面序列不含有单位根。异质单位根检验方法主要有 IPS、Fisher - ADF、Fisher - PP 三种，零假设的各截面序列都含有单位根。通过对 $\ln frev$ 与 $\ln GDP$ 单位根检验，无论是同根还是异根，二者都属于包含个体固定效应的平稳性序列，$\ln frev$ 在 95% 的置信区间平稳，$\ln GDP$ 在 90% 的置信区间平稳。

格兰杰因果关系检验：为分析财政收入与国内生产总值的内在关系，运用格兰杰检验判断二者是否存在因果关系或者影响的方向。由于 $\ln frev$ 与 $\ln GDP$ 都是平稳序列，可以直接进行格兰杰检验，检验结果见表 5 - 12。

表 5 - 12　　　　　　　　$\ln frev$ 与 $\ln GDP$ 格兰杰检验结果

原假设	F 统计量	P 值	检测结果（置信度95%）
$\ln GDP$ 不是 $\ln frev$ 的格兰杰原因	4.38806	0.0129	拒绝
$\ln frev$ 不是 $\ln GDP$ 的格兰杰原因	1.22991	0.2932	接受

根据检验结果可知 $\ln GDP$ 与 $\ln frev$ 二者之间并不是双向因果关系，

$lnGDP$ 是 lnfrev 的格兰杰原因，但 lnfrev 却不是 $lnGDP$ 的格兰杰原因。从宏观角度来看，财政收入是一个国家政府支出的重要来源，主要表现为政府部门在一个财政年度中的货币收入，是政府财力的重要指标。地方财政收入主要包括地方所属企业收入、其他各项税收收入，以及中央政府的调剂收入等。财政收入与国内生产总值之间存在密切关系，财政收入水平主要以经济发展为基础，国内经济增长可以直接影响政府财政收入的多少，即"经济增长对财政收入会产生较大的影响"（黄浩，2016），但是财政收入对经济增长的影响却并不明显。从烟台市 33 个镇域经济体的实证分析来看，地方生产总值是地方财政收入的格兰杰原因，但是地方财政收入对地方生产总值的影响作用并不明显，这一点与客观现实是相符合的。

（2）模型构建。

根据以上分析，以镇域财政收入为因变量，以镇域地方生产总值为自变量，构建面板数据模型。根据图 5-11 的散点图可以看出财政收入与国内生产总值之间呈现直线正向相关关系。

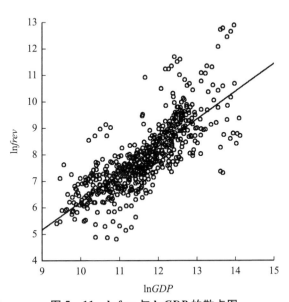

图 5-11　ln*frev* 与 ln*GDP* 的散点图

通常而言，面板数据有三种建模方式：混合模型、固定效应模型与随机效应模型。首先通过计算 F 值（$t = 17$，$N = 33$，$K = 1$，t、N、K 分别为时间、截面与自变量个数）为 5.68，在 95% 的置信度下 $F > F_{(0.05)}(64, 497) = 1.34$，因此确定模型为固定效应。固定效应模型可分为个体固定效应模型、时间固定效应模型以及个体时间双固定模型，结合散点图在此采用个体固定效应模型，通过截面加权的方式构建模型，在此模型的表达式为：

$$\ln frev_{it} = \alpha_i + \beta \ln GDP_{it} + \varepsilon_{it} \tag{5-1}$$

$$i = 1, 2, 3, \cdots, N \quad t = 1, 2, 3, \cdots, T$$

式中，α_i 为随机变量，表示 i 个个体具有 i 个不同截距，且其变化与 $\ln GDP$ 有关，β 为回归系数，对于不同的个体回归系数相同，ε_{it} 为随机误差项。个体固定效应的假定条件是：$E(\varepsilon_{it} | \alpha_i, \ln GDP_{it}) = 0$，其中 $i = 1, 2, 3, \cdots, N$。

引入虚拟变量之后，式（5-1）可以表达为：

$$\ln frev_{it} = \alpha_0 + \alpha_1 D_1 + \alpha_2 D_2 + \cdots + \alpha_N D_N + \beta \ln GDP_{it} + \varepsilon_{it} \tag{5-2}$$

式中，$D_i = \begin{cases} 1, & \text{如果属于第 } i \text{ 个个体，} i = 1, 2, \cdots, N \\ 0, & \text{其他} \end{cases}$

运用以上理论，通过 EViews10.0 进行模型拟合，结果见表 5-13。

表 5-13　　　　　　　　个体固定效应模型拟合结果

变量名	系数	标准误差	t 值	显著性
C	-1.847494	1.113364	-1.65938	0.0976
$\ln GDP?$	0.838655	0.095537	8.778289	0.00000
R – squared	0.813775	Mean dependent var		10.26701
Adjusted R – squared	0.802113	S. D. dependent var		3.829475
S. E. of regression	0.656396	Sum squared resid		227.0609
F – statistic	69.78499	Durbin – Watson stat		1.05036
Prob（F – statistic）	0			

各镇域经济拟合的常数值见表5-14。

表5-14   模型拟合常数值

镇	常数	镇	常数	镇	常数
南长山镇	0.9615	诸由观镇	0.8707	留格庄镇	-0.3161
砣矶镇	-1.0517	辛庄镇	0.9205	盘石店镇	-0.2658
徐福镇	0.2369	蚕庄镇	0.4168	郭城镇	-0.0191
黄山馆镇	0.6176	金岭镇	0.1938	徐家店镇	-0.3459
北马镇	-0.4632	毕郭镇	-0.5328	发城镇	-0.1214
芦头镇	0.1258	玲珑镇	0.5441	小纪镇	-0.0886
东江镇	1.9702	张星镇	0.0221	行村镇	-0.1957
下丁家镇	-0.3079	大秦家镇	0.1996	辛安镇	-0.3255
七甲镇	-0.2114	夏甸镇	0.1899	二十里店镇	-0.7049
石良镇	0.3991	阜山镇	0.4528	大吕家镇	-0.0420
兰高镇	-0.5334	齐山镇	-0.4065	朱吴镇	-0.2665

根据拟合结果模型可以表达为：

$$\ln frev = -1.8475 - 0.9615D_1 + \cdots - 0.2665D_{33} + 0.8387\ln GDP + \varepsilon_{it}$$

$$(5-3)$$

根据表5-13可以看出，模型的拟合值为调整 $R^2 = 0.8021$，F值为69.7850，模型具有显著性，$\ln GDP$ 的 t 统计量为8.7783，在1%的置信水平下通过检验。这说明GDP每增加1个百分点，财政收入就会增加0.8387%，可以看出GDP与财政收入的变动方向一致，变动幅度也大体相当，作为经济参考指标二者进行替代具有一定的合理性。从各镇域经济自身发展情况来看，在镇域GDP对财政收入影响方向相同的假设条件下，除镇域GDP外其他因素对镇域财政收入具有不同的影响。由表5-14可以看出：镇域经济发展初始条件优良、产业基础较好的镇，财政收入高于整体平均水平，比如龙口市的东江镇、黄山馆镇、诸由观镇、徐福镇、石良镇等，招远市除蚕庄镇、毕郭镇、齐山镇外的其他 7 个镇财政收入都高于平均水平；而经济发展初始条件薄弱、农业占绝对主导地位的镇，财政收入水平则低于平均水平，如栖霞市的 11 个镇其财政收入整体水平较低。通过对财政收入与 GDP 的实证分析可知，二者都可以作为度量镇域经济发展水平的指标，在缺失地方生产总值统计的情形下，地方财政收入可以作为地方生产总值的替代指标。

5.2.4　专业化分工与"镇"化发展的实证分析

5.2.4.1　指标的描述性与相关性分析

由表 5-15 可以看出变量的离散程度，新型镇化指数（$nurb$）的离散程度要高于其他变量，这说明镇域之间的镇化水平差距较大，尤其是镇化指数较高与较低的镇差距呈现放大趋势。专业化分工指标（$proind$）的标准差仅次于新型镇化指标，同样也说明了镇域之间的专业化分工水平差异性明显。由于 $nurb$ 与 $proind$ 的均值与中位数明显偏小，同样可以看出这两个指标存在极端值现象。$lnfrev$、$lnpubfac$、$lnfexp$ 三个变量由于都取自然对数，标准差并不大，数据具有一定的稳定性，可以有效避免"伪回归"现象，保证构建模型的有效性。

表 5-15　　　　　　　　　　变量描述性分析结果

变量	均值	中位数	最大值	最小值	标准差	观察值
$lnfrev$	7.5787	7.4400	12.8700	0.0000	1.3287	1581
$lnpubfac$	2.8194	3.3673	4.9700	-0.9416	1.3515	1580
$nurb$	9.0630	6.3000	84.6000	0.8500	8.4433	1581
$proind$	11.59660	9.6100	75.4300	1.5700	7.6460	1581
$lnfexp$	7.3232	7.3000	12.8000	3.6200	1.0527	1581

表 5 - 16 对变量进行了相关性分析，可以看出除地方财政收入与财政支出相关系数达到 0.7762，其他变量间的相关系数并不高。可以有效避免共线性问题，使模型更具有可靠性。

表 5 - 16　　　　　　　　　　变量相关性分析结果

变量	lnfrev	lnpubfac	nurb	proind	lnfexp
lnfrev	1.0000	—	—	—	—
lnpubfac	0.4833	1.0000	—	—	—
nurb	0.4121	0.0415	1.0000	—	—
proind	0.4488	0.1240	0.3670	1.0000	—
lnfexp	0.7762	0.3835	0.3274	0.3953	1.0000

5.2.4.2　核心变量的解释

根据熵值法的相关理论对烟台镇域经济的新型"镇"化指标与专业化分工指标进行计算，可以看出相关指标的变化与发展趋势（见图 5 - 12）。左图为新型"镇"化指标，可以大体看出烟台市 93 个镇域经济镇化发展趋势，镇化指数在 20 以下的占比超过了 90%，由于镇级行政区划变化较为频繁，行政区划变动是出现异常值的主要原因。同时在图中能够看到在 2003 年出现了北马镇、诸由观镇、团旺镇、夏邱镇、观里镇与杨础镇等几个镇域经济镇化指标明显下降的情形，究其原因主要是由于镇域总人口数量下降（北马镇、观里镇）、行政区域变动（团旺镇）、第二产业就业人员大幅减少（诸由观镇、夏邱镇、杨础镇）、小学在校生数量萎缩（团旺镇）等原因导致的。图右是专业化分工指标，可以看出指标值主要集中在 30 以下，占比将近 90%，沙河镇、东江镇、北沟镇、辛庄镇等烟台市特色小镇的专业化分工程度远高于其他镇。

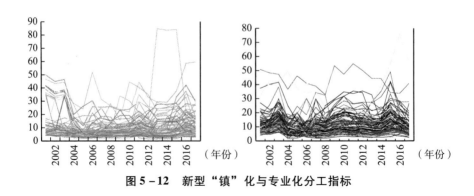

图 5 – 12　新型"镇"化与专业化分工指标

为进一步分析新型镇化与专业化分工指标的时间变动趋势，分别对每一年度指标的均值、最大值与最小值进行分析（见表 5 – 17）。

表 5 – 17　　　　新型"镇"化与专业化分工指标的年度变化值

年份	新型"镇"化指标				专业化分工指标			
	均值	最大值	最小值	标准差	均值	最大值	最小值	标准差
2001	11.75	49.78	3.78	11.36	12.12	50.51	3.92	6.80
2002	10.37	44.77	2.86	9.90	11.99	48.19	4.46	7.04
2003	10.39	46.42	2.67	10.17	15.69	47.16	5.90	7.81
2004	7.52	27.95	2.23	5.01	8.95	49.11	1.57	7.82
2005	5.63	25.96	1.87	3.96	9.44	45.96	1.98	6.47
2006	7.75	51.70	1.90	7.56	8.94	40.70	2.74	6.08
2007	7.68	31.17	2.12	5.36	10.93	38.75	2.08	6.92
2008	7.05	28.10	2.01	5.20	9.80	32.79	1.87	5.75
2009	7.53	33.69	1.95	5.52	12.21	53.18	2.78	7.34
2010	8.13	44.24	1.92	6.39	13.48	47.24	3.38	7.85
2011	10.77	44.14	2.09	7.98	12.33	54.63	2.87	7.98
2012	8.69	34.88	1.37	6.48	11.95	49.92	2.72	7.62
2013	9.04	84.60	0.85	10.35	10.64	44.08	1.82	6.99
2014	9.64	83.44	0.96	10.35	11.53	43.98	2.62	7.28

续表

年份	新型"镇"化指标				专业化分工指标			
	均值	最大值	最小值	标准差	均值	最大值	最小值	标准差
2015	10.41	83.93	0.97	10.92	14.61	54.35	2.28	9.73
2016	11.29	58.59	1.15	9.65	13.09	75.43	3.47	8.83
2017	10.44	59.48	1.08	8.45	9.44	56.37	1.99	7.73

资料来源：根据烟台市统计局《乡镇社会经济基本情况统计报表》相关数据计算所得。

新型"镇"化指标：根据表5-17与图5-12左侧图可以清晰地看出新型"镇"化指标的演化轨迹。图5-13根据年度均值、最大值与最小值的时序图可以看出指标的变化趋势。2001年均值最高，在经过2001~2003年的较高水平后，迅速下降，均值最低值出现在2005年，只有5.63，此后进入缓慢回升过程中，在2015年重新超过了10，进入相对较高水平。2001~2017年，除2011年外，基本呈现出"U"型变动趋势。2011年新型"镇"化指标异常值出现的原因主要在于烟台市大幅调整了镇区建成区的规划面积，部分镇区建成区面积成倍增加，大幅提高了土地镇化指数，从而使新型"镇"化指标发生了较大的变动。从最大值与最小值的变化来看差距呈逐渐放大趋势，从图5-13中可以看出两条虚线之间的差距呈"喇叭"状，尤其是在2012年后差距更大，这说明"镇"化指标在不同镇域之间已出现两极分化趋势。

专业化分工指标：根据表5-17和图5-12右侧图可以判断专业化分工指标的发展趋势，图5-14根据年度均值、最大值与最小值的时序图进一步判断专业化分工的演化轨迹。2001~2017年，专业化分工指标均值最高是在2003年，达到15.59，最低出现在2006年，为8.94，整体发展表现为"W"形态，但是有稳步上升态势。从最大值与最小值的变化幅度来看，专业化分工指标要小于"镇"化指标，但也有放大趋势。由于专业分工指标主要是从产业分工广度与深度两个方面进行评价，尤其是二三产业发展受外围环境影响较大，因此在2008年与2017

年受外围经济环境的影响，专业化分工指标出现较为明显的下降。

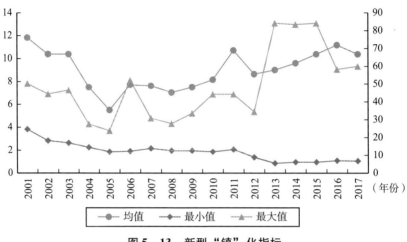

图 5-13　新型"镇"化指标

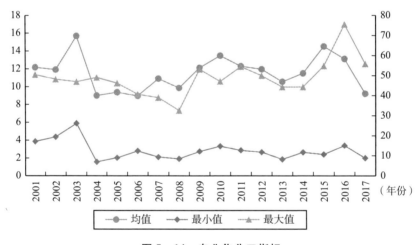

图 5-14　专业化分工指标

5.2.4.3　模型的构建

（1）理论说明。

面板数据模型通常有三种形式：混合估计模型（pooled regression

model)、固定效应模型（fixed effects regression model）、随机效应模型（random effects regression model）。在形式选择上一般是采用 F 检验决定选用混合模型还是固定效应模型，通过豪斯曼（Hausman）检验确定是建立固定效应模型还是随机效应模型。

F 检验：由于固定效应模型又可以分为个体固定、时刻固定、个体与时刻都固定的双效应模型，所以需要先确定是个体固定效应模型还是混合估计模型。对于混合估计模型而言，是否有必要建立个体固定效应模型可以通过 F 检验予以完成。F 检验基本假设：

假设 5 – 1：对于不同横截面模型的截距项相同。

假设 5 – 2：对于不同横截面模型的截距项不同。

基本公式：

$$F = \frac{\dfrac{RRSS - URSS}{N - 1}}{\dfrac{URSS}{NT - N - K + 1}} \sim F\left[N - 1,\ N(T - 1) - K + 1\right] \qquad (5 - 4)$$

式中，$RRSS$、$URSS$ 分别表示无约束模型（混合模型）和非约束模型（个体固定效应模型）的残差平方和。K 为模型的解释变量个数，N 为截面个体数量，T 为时间长度，分子的自由度为 $(N - 1)$，分母的自由度为 $(NT - N - K + 1)$。根据 F 值的计算结果查 F 值分布表，确认是否通过检验。若 $F > Fa\ (N - 1,\ NT - N - K + 1)$，$a = 0.01$，$0.05$，$0.1$ 时若拒绝原假设，则模型采用个体固定效应，反之应采用混合估计。

豪斯曼检验：根据 1978 年豪斯曼提出的有效估计量与非有效估计量的差的协方差为 0 这一基本结论，可以在固定效应与随机效应之间进行选择。该检验的原假设是随机效应与解释变量无关，即：

假设 5 – 1：$\hat{\beta}_{FE} = \hat{\beta}_{RE}$

$\hat{\beta}_{FE}$ 为固定效应的系数估计，$\hat{\beta}_{RE}$ 为随机效应的系数估计。如果随机效应与解释变量无关，则二者相等，所采用的统计量为：

$$\chi^2 = (\hat{\beta}_{FE} - \hat{\beta}_{RE}), \ V(\hat{\beta}_{FE} - \hat{\beta}_{RE})^{-1}(\hat{\beta}_{FE} - \hat{\beta}_{RE}) \xrightarrow{Asym} \chi^{2(k)}$$

式中，k 是自变量的个数，且有 $V(\hat{\beta}_{FE} - \hat{\beta}_{RE}) = V(\hat{\beta}_{FE}) - V(\hat{\beta}_{RE})$。如果原假设成立则应采用随时效应模型，如果拒绝原假设则应采用固定效应模型。

（2）基准模型。

模型 5 – 1：$nurb_{it} = a + a_i^* + \beta \times proind_{it} + \varepsilon_{it}$

模型 5 – 2：$nurb_{it} = a + a_i^* + \beta \times proind_{it} + \sum a_j \times control + \varepsilon_{it}$

模型 5 – 3：$\ln frev_{it} = a + a_i^* + \beta \times proind_{it} + \gamma_i + \varepsilon_{it}$

模型 5 – 4：$\ln frev_{it} = a + a_i^* + \beta \times proind_{it} + \sum a_j \times control + \varepsilon_{it}$

（$i = 1, 2, \cdots, 93, \ t = 2001, 2002, \cdots, 2017$）

式中，$nurb_{it}$ 为 i 镇域经济第 t 年新型镇化指数，$proind_{it}$ 为 i 镇域经济第 t 年的专业化分工指数，$\ln frev_{it}$ 为 i 镇域经济第 t 年的地方人均财政收入的对数，$a + a_i^*$（a 为平均镇化指数，a_i^* 为每一个体对平均镇化水平的偏离）为固定效应时每一个体不随时间变动的效应，在此主要是指 93 个镇域经济的初始镇化水平，可以反映不同镇域之间的新型镇化结构差异。β 为新型镇化边际倾向，即专业化分工指数的变化对新型镇化指数的影响程度。$control$ 为其他控制变量，主要包括公共设施、地方财政支出等，a_j 为控制变量的系数。

（3）模型构建。

模型构建的条件：为防止出现"伪回归"根据单位根检验的相关理论，对变量进行同质与异质单位根检验，除 $pubfac$ 存在单位根外其他变量都不存在，即都属于平稳性序列。$pubfac$ 在取自然对数后，在 90% 的置信区间通过检验，序列表现平稳。

模型的选择：从统计学分析角度，分别对基准模型进行 F 检验与豪斯曼检验，检验结果见表 5 – 18。

表 5-18   模型检验结果

模型编号	F 检验		豪斯曼检验		
	F	$F_{(a=0.05)}$	自由度	卡方	P 值
模型 5-1	6.08752	1.19175	184，1395	10.3315	0.0013
模型 5-2	1.73774	1.13540	460，1116	11.6660	0.0200
模型 5-3	7.39946	1.19175	184，1395	37.1396	0.0000
模型 5-4	4.07933	1.14530	368，1209	49.2902	0.0000

根据表 5-18 可以看出每一模型的检验结果，模型 5-1 的 F 检验值根据式（5-3）计算结果为 6.09。在 95% 的置信区间，自由度 =（184，1395）时 F 值为 1.19，由于 $F > F_{(a=0.05)} = 1.19$，所以拒绝原假设，应当采取个体固定效应模型。对于个体固定效应模型的截距项变动是否与解释变量相关，通过豪斯曼检验予以确定，经过检验卡方值为 10.33，在 95% 的置信区间拒绝原假设，即随机效应与解释变量无关，因此应该采用固定效应模型。同理模型 5-2、模型 5-3、模型 5-4 都选择采用固定效应模型。

从理论分析角度：由于镇域经济既存在初始发展条件的差异，同时也存在发展过程中主观与客观因素影响的差异，使镇域经济的镇化水平、基础设施、分工水平以及经济发展水平等方面都存在差异，因此采用变截距模型比较符合客观现实。变截距模型允许每个个体（每个镇）存在不同个体上的影响，用截距项表达出来。同时模型主要仅对 93 个镇域经济样本进行研究，对象明确具体，故选择固定效应模型具有合理性。

模型 5-1 与模型 5-2 是以专业化分工指标为核心解释变量对被解释变量新型镇化指标的影响，不同的是模型 5-2 增加了控制变量镇域基础设施与地方人均财政支出；模型 5-3 与模型 5-4 是以专业化分工指标为核心解释变量对被解释变量镇域财政收入（镇域经济发展水平）的影响。模型 5-3 进行了时期控制，以判断在时间固定的情形下专业化分工对镇域经济发展的影响。模型 5 - 4 是在模型 5 - 3 的基础上不进行时期控制但增加了镇域基础设施与地方财政收入作为控制变量，以判断专业化分工指标对镇域经济发展水平的影响是否会产生变化。

模型结果分析：由于 93 个镇域经济体的新型镇化水平及经济发展水平存在一定程度上的差异，为消除异方差，模型使用了广义最小二乘法（GLS），即以横截面模型残差的方差（cross-section weights）为权数对模型进行估计。四个固定效应模型的回归结果见表 5 - 19。

表 5 - 19　　　　　　　　　截面固定效应模型参数估计结果

解释变量	因变量：nurb		因变量：lnfrev	
	模型 5 - 1	模型 5 - 2	模型 5 - 3	模型 5 - 4
proind	0.116 *** (9.197)	0.116 *** (9.454)	0.028 *** (8.181)	0.011 *** (4.827)
lnpubfac		-0.169 *** (-5.118)		0.253 *** (26.478)
lnfexp		0.496 *** (6.814)		0.597 *** (32.436)
常数项	7.714 *** (50.680)	4.569 *** (8.525)	7.249 *** (166.739)	2.364 *** (18.922)
时期效应	none	none	fixed	none
观测值	1581	1580	1581	1580
F 统计量	34.753 ***	35.607 ***	47.935 ***	96.590 ***
Adj. R^2	0.665	0.676	0.764	0.852

注：（1）系数下方括号里的值是 t 统计量。（2）*** 表示在 1% 的统计水平上显著。

模型 5 - 1：是专业化分工指数对新型镇化指数的解释。

其方程形式为：

$$nurb_{it} = 7.714 + a_i^* + 0.116 \times proind_{it} \qquad (5-5)$$

根据式（5 - 5）可知专业化分工指数每变动 1 个单位，新型"镇"

化指数就可以提高 0.116 个单位，模型的拟合度为 66.5%，F 统计量为 34.75，各指标都通过了检验，具有统计学意义。模型的基准截距项，即平均"镇"化指标为 7.71，各镇域经济的镇化指标存在对于基准"镇"化指标的偏离。根据表 5-20 可以看出，虽然各镇域新型"镇"化发展方向都是相同的，但是"镇"化水平存在显著差异，新型"镇"化指标远高于基准水平的镇域经济包括东江镇（27.744）、夏邱镇（26.180）、南长山镇（24.979）、玲珑镇（24.049）、北马镇（21.876）、徐家店镇（21.492）等，相较于 93 个镇域经济体"镇"化指数远低于基准水平的镇域经济主要包括官道镇（2.039）、龙泉镇（2.066）、莒格庄镇（2.247）、王格庄镇（2.413）、玉林店镇（2.415）、姜格庄镇（2.813）等，根据镇域经济所在地的县级单位可以看出新型"镇"化水平较高的是龙口市和招远市，"镇"化水平较低的主要是牟平区与莱阳市。

表 5-20　　　　　　　　　　新型镇化指数的固定效应

个体变量 i	系数 a_i^*	个体变量 i	系数 a_i^*	个体变量 i	系数 a_i^*	个体变量 i	系数 a_i^*
高疃镇	3.183	七甲镇	3.811	驿道镇	3.949	唐家泊镇	2.825
张格庄镇	7.405	石良镇	11.419	柞村镇	10.618	桃村镇	13.872
回里镇	5.758	兰高镇	10.841	程郭镇	10.164	亭口镇	3.879
门楼镇	6.489	诸由观镇	16.744	夏邱镇	26.180	臧家庄镇	9.265
观水镇	3.222	沐浴店镇	3.942	金城镇	8.515	寺口镇	7.922
武宁镇	6.285	团旺镇	14.955	刘家沟镇	7.943	苏家店镇	4.441
大窑镇	5.783	穴坊镇	5.446	潮水镇	7.226	杨础镇	6.495
姜格庄镇	2.813	羊郡镇	6.650	大柳行镇	5.738	西城镇	2.809
龙泉镇	2.066	姜疃镇	6.238	小门家镇	2.952	官道镇	2.039
玉林店镇	2.415	万第镇	3.469	大辛店镇	5.852	庙后镇	2.920
水道镇	3.890	照旺庄镇	2.857	村里集镇	4.519	留格庄镇	3.918
莒格庄镇	2.247	谭格庄镇	3.071	北沟镇	10.058	盘石店镇	4.201
高陵镇	9.174	柏林庄镇	3.879	辛庄镇	14.591	郭城镇	4.214

续表

个体变量 i	系数 a_i^*	个体变量 i	系数 a_i^*	个体变量 i	系数 a_i^*	个体变量 i	系数 a_i^*
王格庄镇	2.413	河洛镇	3.190	蚕庄镇	11.779	徐家店镇	21.492
莱山镇	8.974	吕格庄镇	3.003	金岭镇	5.001	发城镇	3.784
解甲庄镇	17.315	高格庄镇	3.180	毕郭镇	6.068	小纪镇	4.169
南长山镇	24.979	大奇镇	4.003	玲珑镇	24.049	行村镇	4.980
砣矶镇	7.184	山前店镇	3.093	张星镇	7.741	辛安镇	4.298
徐福镇	12.831	沙河镇	9.430	大秦家镇	14.174	二十里店镇	6.261
黄山馆镇	13.087	朱桥镇	8.612	夏甸镇	5.109	大闫家镇	3.468
北马镇	21.876	郭家店镇	5.319	阜山镇	9.480	朱吴镇	2.716
芦头镇	12.788	土山镇	6.797	齐山镇	6.491	—	—
东江镇	27.744	虎头崖镇	6.391	观里镇	10.390	—	—
下丁家镇	7.996	平里店镇	7.026	蛇窝泊镇	7.568		

　　根据不同镇域"镇"化水平分析结果可知,经济社会水平越高的镇域经济体,其实际的"镇"化指标高于与其专业化分工指标大体相当的镇的平均水平。如东江镇、夏邱镇等都属于烟台市经济强镇,东江镇GDP在2014年就突破百亿元大关,依托辖区的南山集团大力发展第二产业,铝业、精纺、机械等行业都走在烟台市甚至全省前列,行业垂直分工细化,迂回生产的专业化分工程度高,所以新型"镇"化水平远高于其他镇域经济体。莱州市的夏邱镇依赖于天然的资源禀赋——石材,以此为核心大力发展石材产业链条,产业内部分工专业化程度很高,被誉为中国北方的"石材之乡"。而对于经济社会发展水平比较低的镇域经济体,其"镇"化水平也低于与其专业化分工指数相应的镇的平均水平。如栖霞市的官道镇属于农业大镇,种植业与养殖业是传统产业,第二、第三产业发展落后,尤其是第三产业。虽然官道镇盛产苹果,但是相应附加值较高的产业链条并没有获得充足的发展,同时农业集约化生产能力不强,产业专业化分工水平比较低下,导致新型"镇"化水平不高。

模型 5 - 2：在模型 5 - 1 的基础上加入了控制变量，加入控制变量后，模型的拟合值与 F 值都有所提高，分别达到了 67. 6% 与 35. 607，在 1% 的显著水平下通过检验，模型的拟合效果比较满意。对于加入控制变量后，专业化分工指数对于新型 "镇" 化指数的解释程度是否会受到影响，以及其他变量是否也会对新型 "镇" 化指数产生有效影响，需要进一步分析各解释变量的 t 值是否显著和稳健。模型 5 - 2 的表达式为：

$$nurb_{it} = 4. 569 + a_i^* + 0. 116 \times proind_{it} - 0. 169 \times \ln pubfac + 0. 496 \times \ln fexp$$

$$(5 - 6)$$

专业化分工指数：与模型 5 - 1 相比较，在加入控制变量后系数没有发生改变，但是 t 值有所增大，仍然在 1% 水平下显著。在其他条件不变的情况下，专业化分工指数每变动 1 个单位，则新型 "镇" 化指数会提高 0. 116 个单位，说明专业化分工指数对新型 "镇" 化指数的影响是稳健与显著的，这一指标是影响新型 "镇" 化指数的重要因素。

镇域基础设施在 1% 显著水平下通过了检验，系数为 - 0. 169，由于是对数形式，说明其他条件不变情况下，$\ln pubfac$ 每变动 1%，新型 "镇" 化指标的绝对量就会下降 0. 00169 个单位，影响并不大。但是对此的负向影响，可能的原因是：镇域基础设施是综合性指标，是以行政村为具体对象对镇域整体公共基础设施的评价，包括行政村的通电话、通自来水、垃圾集中处理等指标，一般而言综合指数越高，对人居环境的改善就越好。新型 "镇" 化指标是以镇区为具体对象，从人口、产业集聚、文化教育公共福利等方面进行评价，是基于镇区比行政村更好的人居环境、收入差距等优势形成聚合力。从这一角度考虑，镇域基础设施改善可能会降低农业人口镇区转移意愿，从而对新型 "镇" 化指标产生一定的负向影响。

地方财政支出：这一指标在 1% 水平下通过显著性检验，系数为 0. 496，由于是对数形式，说明在其他条件不变的情况下财政支出每增加 1%，则新型 "镇" 化指标会提高 0. 00496 个单位。区域经济发展由政府与市场进行资源配置，虽然市场化调整可以提高资源配置效率，但是由于目前市场发展得并不充分，政府在资源配置方面仍然发挥着重要作用，而通过财政支出比例的调整，是地方政府干预区域经济的主要方式。在国家新型城镇化与乡村振兴策略下，镇域经济作为区域经济的微观层面，政府干预对新型"镇"化指数的影响、对经济的影响更为直接与显著。

模型 5 - 3：模型 5 - 3 与模型 5 - 4 都是对影响镇域经济发展水平因素的判断。模型 5 - 3 考察的是专业化分工指数对于镇域经济发展的影响。根据模型可以看出专业化分工指标的影响系数为 0.028，即专业化分工指数每变动 1 个单位，镇域经济发展水平会提高 2.8%，在 1% 水平上具有显著性。可以看出专业化分工指数是影响镇域经济的重要因素。模型 5 - 3 中加入了时期固定效应，判断除专业化分工对镇域经济产生影响外，其他因素是否也会对镇域经济产生影响。模型 5 - 3 的方程表达式为：

$$\ln frev_{it} = 7.249 + a_i^* + 0.028 \times proind_{it} + \gamma_i \qquad (5-7)$$

模型的拟合优度为 76.4%，F 值为 47.935，在 1% 水平上通过显著性检验，模型的整体效果较好。模型 a 值代表镇域经济体的平均经济水平为 7.249，a_i^* 为每个镇域经济体对均值的偏离，由表 5 - 21 可以看出镇域专业化分工水平比较高的地区，其经济发展水平高于与其专业化分工指数相当的镇的平均水平，如东江镇（10.103）、诸由观镇（9.459）、辛庄镇（8.750）、土山镇（8.588）、解甲庄镇（8.494）、蚕庄镇（8.504）、玲珑镇（8.458）等。而对于专业化分工水平比较低的镇，其经济发展水平低于与其分工水平相当的镇的平均水平，如牟平区的莒格庄镇（4.529）、莱阳市的大夼镇（5.407）、高格庄镇（5.524）、谭格庄镇（5.651）等。从烟台市的县区来看，整体经济发展水平比较高的是招远市、龙口市与莱州市，而经济发展水平比较低的则是莱阳市与牟平区。从产业结构的角度来看，经济强镇的第二产业都相对比较发达，而弱镇则主要是以第一产业为主体，第三产业发展落后。

表 5 – 21　　　　　　　　　镇域经济的固定效应

个体变量 i	系数 a_i^*	个体变量 i	系数 a_i^*	个体变量 i	系数 a_i^*	个体变量 i	系数 a_i^*
高疃镇	7.406	七甲镇	6.994	驿道镇	6.905	唐家泊镇	6.513
张格庄镇	7.325	石良镇	8.094	柞村镇	8.016	桃村镇	8.251
回里镇	7.226	兰高镇	7.335	程郭镇	8.244	亭口镇	6.205
门楼镇	7.831	诸由观镇	9.458	夏邱镇	7.874	臧家庄镇	8.361
观水镇	6.746	沐浴店镇	6.912	金城镇	8.492	寺口镇	6.355
武宁镇	7.559	团旺镇	6.812	刘家沟镇	7.939	苏家店镇	6.586
大窑镇	7.696	穴坊镇	6.936	潮水镇	7.216	杨础镇	6.394
姜格庄镇	7.477	羊郡镇	6.409	大柳行镇	7.482	西城镇	6.686
龙泉镇	6.564	姜疃镇	7.605	小门家镇	7.343	官道镇	6.280
玉林店镇	6.900	万第镇	6.098	大辛店镇	7.619	庙后镇	6.660
水道镇	7.226	照旺庄镇	6.429	村里集镇	6.627	留格庄镇	7.345
莒格庄镇	4.529	谭格庄镇	5.651	北沟镇	8.216	盘石店镇	6.587
高陵镇	6.806	柏林庄镇	7.004	辛庄镇	8.750	郭城镇	6.923
王格庄镇	6.459	河洛镇	6.535	蚕庄镇	8.504	徐家店镇	7.272
莱山镇	8.075	吕格庄镇	6.155	金岭镇	8.080	发城镇	6.927
解甲庄镇	8.494	高格庄镇	5.524	毕郭镇	6.904	小纪镇	6.976
南长山镇	6.198	大奈镇	5.407	玲珑镇	8.458	行村镇	6.932
砣矶镇	5.378	山前店镇	6.037	张星镇	8.061	辛安镇	7.489
徐福镇	8.428	沙河镇	8.350	大秦家镇	8.002	二十里店镇	6.531
黄山馆镇	7.940	朱桥镇	8.001	夏甸镇	7.807	大闫家镇	6.926
北马镇	8.203	郭家店镇	6.695	阜山镇	8.326	朱吴镇	6.918
芦头镇	8.044	土山镇	8.588	齐山镇	6.843	—	—
东江镇	10.103	虎头崖镇	7.832	观里镇	6.431	—	—
下丁家镇	7.155	平里店镇	7.485	蛇窝泊镇	6.786	—	—

除专业化分工水平以外，其他因素在不同的年份也会对镇域经济发展产生影响。由表 5 – 22 模型 5 – 3 的时点固定效应可以看出，自 2001 年开始时点效应由 – 1.022 逐渐增加，到 2008 年实现由负到正，此后一直保持上升态势，2017 年时达到了 0.821。地方政府不同时期的政策干预、国际与国内市场环境的改变以及技术进步等因素都可以对镇域经济发展产生影响，尤其是政策性影响更为显著。2000 年前后是中国城镇化高速发展时期，强调优先发展大城市的城镇化策略，使大量农业剩余劳动力选择了城市转移。同时乡镇企业逐渐走向衰落，镇域经济发展缓慢甚至出现停滞不前的状态。此后在国家政策调整下开始注重城乡统筹发展，强调区域协调发展，尤其是新型城镇化与乡村振兴战略的实施对镇域经济发展起到了巨大的推动作用。从时点效应来看，2006 年取消农业税，说明国家初步具备了改善城乡二元结构的能力（陈锡文，2017），2007 年党的十七大报告明确提出了中国特色城镇化道路，2014 年新型城镇化规划、2016 年十项惠农政策的颁布等都对镇域经济发展产生了影响，但政策效应具有时滞性特点。

表 5 – 22　　　　　　　　　　时期固定效应

时期 t	系数 γ_i	时期 t	系数 γ_i
2001 – – C	– 1.022	2010 – – C	0.166
2002 – – C	– 0.930	2011 – – C	0.539
2003 – – C	– 0.867	2012 – – C	0.673
2004 – – C	– 0.185	2013 – – C	0.066
2005 – – C	– 0.150	2014 – – C	0.394
2006 – – C	– 0.628	2015 – – C	0.596
2007 – – C	– 0.288	2016 – – C	0.586
2008 – – C	0.184	2017 – – C	0.820
2009 – – C	0.048		

模型 5 - 4：在模型 5 - 3 的基础上加入了控制变量镇域基础设施与镇域财政支出。加入控制变量后专业化分工指数的系数有所下降，由 0.028 下降至 0.011，在 1% 水平上具有显著性，说明加入控制变量后交易效率对镇域经济发展水平的影响发生了一定的变化，影响效应降低。在增加控制变量后模型的拟合值有所增加，达到 85.2%，F 值为 96.590，在 1% 水平上通过了显著性检验，模型整体效果较好，说明加入控制变量是合理的。方程表达式为：

$$\ln frev_{it} = 2.364 + a_i^* + 0.011 \times proind_{it} + 0.253 \times \ln pubfac + 0.597 \times \ln fexp$$

$$(5-8)$$

由式（5 - 8）可以看出专业化分工水平仍然还是影响镇域经济发展的重要因素，专业化分工指标每变动 1 个单位，镇域经济发展水平就会提高 1.1%。而镇域基础设施作为控制变量与模型 5 - 2 相比系数有了很大的提高，由原来的负向效应转为正向效应。由于是双对数形式，说明镇域基础设施每变动 1%，则镇域经济水平会增长 0.253%，在 1% 水平上具有显著统计学意义。通过模型 5 - 2 与模型 5 - 4 镇域基础设施系数的变化可以看出，镇域基础设施对镇域经济的影响远高于对新型镇化指标的影响。究其原因主要有两点：一是镇域经济发展水平是就镇域整体而言的，镇域行政村基础设施的改善有利于信息和技术的传播、新生活方式的形成，在改善居住环境的同时也在改变着人们的价值观念，并且会在一定程度上影响人们的经济行为，提高劳动生产率；二是新型镇化指标是以镇区为核心，强调人口、产业、土地的集聚化发展，可以说集聚程度越高镇化指标就会越高。而镇域基础设施更加强调的是对行政村公共服务水平的提高，在一定程度上可能会影响人口、产业、土地等的聚合力。由此可以看出镇域基础设施对镇化水平是负向影响，但对镇域经济发展则是正向影响。镇域财政支出对镇域经济发展具有正向影响，财政支出每变动 1 个单位，镇域经济发展水平就会增加 0.597 个单位，在 1% 统计水平下具有显著性。与模型 5 - 2 相比，财政支出对镇域经济发展的影响大于对新型镇化指标的影响，说明地方政府的政策性干预对经济的影响更为明显。

通过控制变量的加入，可以看出专业化分工指标通过控制变量对因变量的影响有所不同。模型 5-2 与模型 5-1 相比专业化分工指数的影响基本相同，但是模型 5-4 与模型 5-3 相比就可看出专业化分工指数对镇域经济发展的影响受到了一定的冲击，说明控制变量使专业化指标对镇域经济发展的影响有所减小。

通过对专业化分工对镇化水平与镇域经济发展水平影响的实证分析可以看出，专业化分工对镇域经济镇化水平与镇域经济发展产生的都是正向影响，即使在加入相应的控制变量后，专业化分工的影响依然是稳健与显著的，因此提高专业化水平有利于镇域经济镇化水平的提高与镇域经济的发展。

5.3　本章小结

本章内容可以分为两部分。第一部分内容主要分析了镇域经济发展的镇化路径，分别从人口"镇"化、土地"镇"化、产业结构"镇"化三个角度分析了"镇"化水平对镇域经济发展的影响。

人口"镇"化是以就地"镇"化为主要表达方式。就地"镇"化是有效吸纳镇域农业剩余劳动力的有效方式，通过第一产业劳动力的镇区转移，提高镇域经济的人口"镇"化水平，从而推动镇域经济发展。在实证分析过程中，通过构建镇区常住人口与镇域总人口比值的人口"镇"化指标 TOWN，与第一产业从业人数比值指标 AGR 之间的 VAR（1）模型，并且通过脉冲响应函数、方差分析以及格兰杰因果检验等方式可以看出，烟台市镇域经济第一产业剩余劳动力数量的下降可以提高人口"镇"化水平。

土地"镇"化以建成区的发展为表达方式。建成区的发展不仅表现为面积的扩大，更重要的是质量的提高。建成区高质量的发展可以有效推进镇域经济的"镇"化水平。根据烟台市财政收入与建成区发展的VAR（3）模型可以看出，烟台市建成区的发展对于地方财政收入的依赖性很大，但是建成区面积的扩张在短期内对财政收入的影响并不显著，说明镇域经济建成区面积的扩张主要还是依赖于财政收入的支持，包括对建成区公共设施与基础设施的投入。目前建成区还没有完全发挥集聚人口与第二、第三产业的作用，对地方政府的财政收入也并没有产生实质的促进作用。但从长期来看，建成区在实现"量"的增长后，注重"质"的提升，发挥产业与人口的集聚作用，不仅有利于实现农业转移人口的空间转移，达到就地城镇化的目标，同时又可以促进镇域二三产业发展，实现镇域经济产业结构的优化升级。

产业结构"镇"化主要表现为产业集聚与结构优化。产业集聚程度与优化水平可以直接影响镇域经济发展水平，二者是正向关系。通过对烟台的实证分析可以看出烟台市镇域经济产业结构优化对镇域经济发展具有显著性影响，尤其是长期正向效应明显，但是短期波动幅度较大，具有不稳定性。说明镇域产业"镇"化后产业的集聚效应促进了镇域经济发展。但从经济发展对产业结构优化的影响作用来看，经济发展对产业结构优化的促进作用并不明显。

本章第二部分分析了专业化分工水平与镇化、经济发展水平之间的关系。人口"镇"化、土地"镇"化与产业"镇"化三种"镇"化途径具有内在逻辑关系：分工带来了非农产业的镇区集聚，而集聚产生的地方化经济效应，在其外部化作用下推动了镇区的发展。建成区面积扩大、非农产业链条延长，制造业、服务业等的镇区集聚，产生了大量的劳动力需求，吸引农业剩余劳动力的镇区转移。由此可知，粗放分工是"镇"化发展的初始原因，镇区面积扩大与人口就地"镇"化是产业集聚的直接结果，而在镇区地方化经济效应向城市化经济效应演变过程中，交易效率的提高又可以进一步推进高水平分工。新型"镇"化水平的度量标准在传统的人口"镇"化与土地"镇"化的基础上增加了新型"镇"化的发展指标,以构建新型"镇"化指标体系。专业化分工以产业"镇"化为基础,从产业分工广度与深度对第一、第二、第三产业的水平分工与垂直分工水平进行度量,通过构建专业化分工指标体系,反映镇域专业化分工水平。指标体系的构成主要运用熵值法,根据不同指标携带的信息熵计算权重,度量镇域城镇化与经济发展水平。

在实证分析中,2001~2017年烟台市镇域经济的"镇"化水平基本呈现出"U"型变动趋势。从"镇"化指标的最大值与最小值变化来看差距呈放大趋势,尤其是在2012年后差距更大,这说明不同镇域之间的"镇"化水平已出现两极分化态势。通过对烟台市93个镇域经济体的专业化分工指标的分析,可以看出专业化分工指标整体发展表现为"W"形态,但是有稳步上升态势。2008年与2017年受外围经济环境的影响,专业化分工指标出现较为明显的下降。

由于镇域经济并没有完整的GDP统计,为说明镇域经济发展水平,通过对33个镇域经济体的实证分析,论证了地方财政收入与GDP的可替代性,因此在最终理论模型中以财政收入作为镇域经济的替代性指标。为验证本书提出的理论假设一,通过对2001~2017年烟台市93个镇域经济体的面板数据进行实证分析,在对面板数据进行了相应处理与检验后,利用了广义最小二乘法构建了四个固定效应模型,分别验证了专业化分工对镇域经济镇化水平的影响、专业化分工对镇域经济发展的影响,同时为进一步解析变量之间的内在逻辑,在基准模型的基础上加入了控制变量与相应的时点控制。经过模型的验证,专业化分工水平对于镇化水平的解释性为66.5%,对经济发展水平的解释性为76.4%。而且作为核心解释变量的专业化分工的系数都非常稳健与显著。实证分析结果表明专业化分工对镇域经济镇化水平的正向影响在11.6%,对于镇域经济发展正向影响约为2.8%。这充分证明了理论假设一是成立的,即专业化分工可以影响镇域经济城镇化水平,且与城镇化水平正相关。

第 6 章

"市"化与镇域经济发展

  镇域经济是镇域与镇区两部分的组合体。以自然村为主体的镇域表现为分散式的生产方式与乡土气息的生活方式，而以非农业人口为主体与产业相对集中的镇区，则成为联结市与村的传送带。市场经济的发展在改变传统生产方式的同时也改变了人们的生活方式，以农村剩余劳动力转移为主轴带动了人口与产业的空间转移，这成为城镇化发展的重要方式。只要有工业与农业劳动力市场价值差异的存在，以工业化为代表的城镇就对农业剩余劳动力具有吸引力。镇区是镇域经济发展的中心与重心，镇域经济的发展水平在一定程度上取决于镇区的产业与人口的集聚程度。与镇域相比镇区拥有相对便利的交通条件、较好的公共设施、较多的非农就业岗位等，镇区可以引导镇域人口、产业与土地的相对集中，集聚经济效益的持续外溢，即地方化经济效应向城市化经济效应转型，使镇区由"镇"化阶段向"市"化阶段发展，小城镇向小城市演进。从地方化经济到城市化经济，从"镇"化到"市"化，镇区演进为分工与交易的网络市场（蒋志勇，2015），产业集聚带来的集中居住与集中交易都使交易效率得到了改进与提高，进一步推进高水平的专业化分工。由此可知，交易效率对镇区"市"化发展或者城市化经济效应的影响更为重要。"市"化过程中分工与交易网络的形成过程也是市场化培育过程，作为集中交易的物质平台，市场建设是城市化建设的组成部分，而相应交易制度与交易技术的发展等也是市场环境的组成部分。镇区建成区土地规划与基础设施保障、建成区产业与人口集聚、市场化培育等都是镇区"市"化发展的有效途径。在"镇"化发展基础上的"市"化发展路径如图 6 - 1 所示。

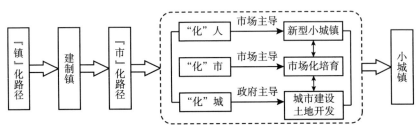

图 6 - 1　镇域经济"市"化路径

6.1　镇域经济的"市"化路径

镇域经济发展通过专业化分工方式促使人口、土地与产业逐步走向集中，镇区是集中的主要场域，这为镇区的"市"化发展创造了物质条件，有利于镇区"市"化水平的提高与"市"化进程的加快。人、地、城、市是城市发展的四大要素，城市体现出来的就是固定的集聚与交易（倪鹏飞，2016）。本书在学者研究的基础上，考虑镇域经济的微观特征，将"地"与"城"合为一体统称为"城"，从人、市、城三大要素出发分析镇区的"市"化路径。镇区的"市"化过程也是集聚经济效应外部化的城市化经济过程。

6.1.1　"化人"

城市化的发展首先是人的城市化，这里不仅是指集聚人口数量的增多，更重要的集聚后生活品质的提升。城市的工业化特征，可以制造产业收入差异，对低收入者具有天然吸引力，人口集聚"量"的增长成为城市化发展初期的主要特征。新型城镇化"以人为本"的主旨思想，意味着"市"化应注重对人口城市生活的品质追求，在经历了初始阶段人口"量"的增长后，城市化发展向提高人口城市文明"质"的方向演进，"半城市化"、新城市二元结构等初始发展存在的问题，在新型城镇化主旨下要体现出平等的市民化特质，这才是"化人"的最终目标。

镇区市化路径中对"化人"的理念的理解是建立在就地城镇化基础上的。由于农业转移人口的地缘、乡缘等比较优势，镇区成为就地城镇化的主要载体。镇区具有城市的部分外在表征，可以有效联结乡村文明与城市文明，在改变传统农业生产方式的同时也有助于农业转移人口生活方式的转变。镇区成为乡与市的"节点"，在镇区市化过程中其他因素的共同影响下，既可以有效实现转移人口就地城镇化，同时在经过产业培训与生活方式转变后可以破除转移人口的城市融入困境，发挥城与乡的"传送带"作用。但人口集聚能力低是影响镇区市化进程的重要障碍，无论是镇区的生产能力还是消费能力都会受制于常住人口的数量，由此可知人口的集聚程度可以影响镇域经济的整体发展水平。

为验证镇区人口集聚与经济发展水平的关系，在此通过实证分析予以说明。由于镇域财政收入可以作为测量镇域经济的替代指标[①]，可以通过镇区常住人口数与镇域财政收入来判断人口集聚程度与镇域经济发展二者的内在关联性。由于镇域财政收入与镇区常住人口都是绝对值，为消除异方差，在此都取自然对数，镇区常住人口记作 lncity，镇域财政收入记作 lnfrev。图 6 - 2 是烟台市 2017 年 lncity 与 lnfrev 的雷达图，通过观察 148 个镇域经济体的镇区常住人口数量与财政收入的关系，可

---

① 具体说明可以参见第 5 章第 5.2.3 节。

以较为清晰地看出二者的变动轨迹存在一致性趋势。由于镇级单位行政区域变动较为频繁、街道办事处辖区的变动幅度较大、常住人口与财政收入的统计时间存在差异等因素，部分镇域经济体偏离程度较高。图 6-3 是二者关系的散点图，可以从统计学的角度进一步说明二者的内在逻辑性。根据散点图可以看出以 lnfrev 为因变量，lncity 每提高 1%，lnfrev 就会增加 1.143%，调整 $R^2 = 0.345$，$F = 76.933$，在 1% 显著性水平下具有统计学意义。由此可见"化人"可以有效提高镇域经济发展水平，提高镇区人口的集聚程度是推动镇区"市"化进程的重要举措。

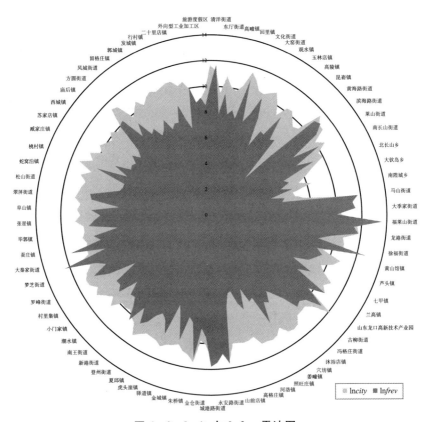

图 6-2　lncity 与 lnfrev 雷达图

资料来源：根据 2017 年烟台市《乡镇社会发展基本情况统计报表》计算并绘制。

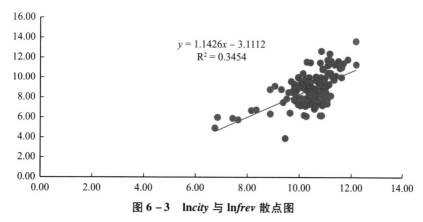

$$y = 1.1426x - 3.1112$$
$$R^2 = 0.3454$$

图 6 - 3 ln*city* 与 ln*frev* 散点图

资料来源：根据 2017 年烟台市《乡镇社会发展基本情况统计报表》计算并绘制。

6.1.2 "化市"

"化市"即市场化培育。城市人口与产业集聚是塑造市场的必要条件，城市本身就是"市场主体分享外部经济偏好在空间集聚的显示"（倪鹏飞，2016）。城市发展的"市"化过程不仅要为自由的市场主体提供交易、交流的物质平台，同时也要为提高交易效率推进市场培育进行城市基础设施的改造与投入。硬件设施的保障是提高交易效率的前提，而软件制度上的保障与技术性投入则是交易效率深化发展的根本。市场化资源配置可以降低交易成本提高交易效率，城市"市"化过程中市场的培育与发展，在带动经济繁荣的同时也在提高城市居民的生活水平。

镇区"市"化路径的市场化培育主要以交易效率的提高为核心。镇区相对于镇域的自然村落有更为便捷的交通条件与设施，有人口相对集中的商业场所与加工制造业。同时由于大多镇区深入镇域腹地，可以吸引更多的自然村落农产品在镇区集中交易，而镇区相对丰富的生活消费品也为乡村居民的镇区交易提供了便利。提高镇区交易效率的硬件设施主要体现在交易市场的设立与基础设施的保障，村村通公路、宽带入村与入户，提供更多的物流交易载体，创造信息畅通与新技术外溢条件，提高民众的文化水平与加强教育投资等方式，都可以直接或者间接降低交易成本提高交易效率，从而促进镇域经济发展与推进镇区城市化进程。镇区市场化培育是镇区向城市化发展的重要内容，镇区企业数量，第二、第三产业从业人员数量，批发零售品的销售额，金融机构的数量，人口密度等因素都可以影响镇区的市场交易水平，而镇区的公共服务能力、市政投入水平则是培育良好市场的必要保障。市场化程度是提高交易效率的保障，可以直接影响镇域经济发展水平。

以烟台市 2017 年 140 个镇域经济体（由于长岛 8 个镇域经济体数据缺失，在此并未将其统计在内）说明市场化水平与镇域经济发展之间的内在关联性。根据相关的统计数据，能够反映出烟台市 2017 年镇区市场化水平（指标的相关描述见表 6-1），从标准差可以看出烟台市镇区市场化指标的离散程度比较高，说明镇区市场化水平差异性明显。利用熵值法根据不同指标携带的信息熵确定指标的权重值，通过权重值的大小可以初步判断不同信息对市场化水平的影响程度。由表中可以看出批发与零售企业销售额权重值最高（0.24），而外来人口占比权重值最低，只有 0.08，其他指标权重值大体相当。根据指标权重计算出不同镇

表 6-1　　　　　　　　　　市场化指标变量描述

变量	单位	均值	最大值	最小值	标准差	权重
万人拥有企业个数	个	41.22	334.04	1.17	44.08	0.17
企业从业人员与总从业人员之比	%	25.96	166.65	1.23	25.41	0.12
人均工业产值	万元	42.20	476.72	0	65.07	0.16
人均企业销售额	万元	3.58	53.64	0	6.50	0.24
每万人拥有金融机构网点数	个	1.76	11.48	0.30	1.54	0.11
建成区人口密度	人	4393	92311	172	10508	0.12
外来人口比	%	9	61	0	12	0.08

资料来源：根据烟台市统计局历年《乡镇社会经济基本情况统计报表》相关数据计算所得。

区的市场化水平，为消除异方差在此全部表达为对数方式，记作 ln*mark*。同时财政收入作为镇域经济发展的替代指标，取对数形式记作 ln*frev*。

根据计算结果，市场化水平超过 2 的镇区共有 26 个，占比 18.57%，但是在 2017 年其财政收入占比为全部镇区的 22.54%。为进一步说明市场化水平与镇域经济发展的内在逻辑，通过构建二者之间的回归方程予以说明，根据图 6-4 的散点图，回归方程表达为（括号中为 t 统计量）：

$$\text{ln}frev = 7.92 + 0.98\,\text{ln}mark \qquad R^2 = 0.51，F = 142.35 \qquad (6-1)$$
$$(64.03) \qquad (11.93)$$

由式（6-1）可以看出 ln*mark* 每增加 1%，则 ln*frev* 就会增加约 0.98%，系数与 F 值在 1% 统计水平下具有显著性。由此可知提高镇区的市场化水平可以带动镇域经济的整体发展。

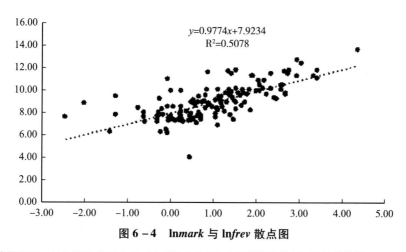

图 6-4　ln*mark* 与 ln*frev* 散点图

资料来源：根据 2017 年烟台市《乡镇社会发展基本情况统计报表》计算并绘制。

6.1.3　"化城"

"化城"即城市建设与土地开发。城市环境的塑造依赖于城市建设的发展，城市对人口、产业的集聚效应需要城市建设的建筑设施、生产设施、交通设施、邮电设施、通信设施、医疗设施、教育文化设施等相应部门的物质载体。城市景观可以体现城市历史与城市未来，是城市文明的重要表达方式，也是城市化发展过程中市民工作、休闲、生活等的物质载体，城市建设依赖于城市发展规划，优秀的城市发展规划可以避免出现鬼城、空城、可以避免高房价、交通难等城市病。"化城"是城市对人口、产业产生集聚吸引力的重要因素，从一定的程度上可以说城市建设决定城市品质，影响城市未来，不同的城市定位理应有不同的城市建设与城市规划。

镇区的"化城"路径主要体现在建成区的发展与建设方面。如果说镇化过程是镇域产业与人口向镇区集中的过程，那么建成区的发展是镇区市化的关键。建成区是承接转移人口与产业集聚的场域，提高建成区土地利用率是目前镇区发展面临的主要问题，根据 2016 年国家住房和城乡建设部公布的统计数据，可以计算出我国镇区建成区的人口密度为 4902 人，县域建成区的人口密度为 7948 人，城市建成区人口密度为 8785 人。从市到县再到镇，城镇化规模梯度下降，城市化发展的规模经济效益也呈梯次下降，而镇区建成区的人口密度远低于县域与市域建成区，因此镇域建成区产生规模经济效益的能力也极其有限。

通过计算烟台市 2016 年建成区人口密度（见图 6 - 5），判断镇域经济体市化过程中建成区发展存在的问题。2016 年烟台市镇域经济体统计单位共有 148 个，平均人口密度为 4508 人，与全国平均水平大体相当。山东省作为全国的经济大省与人口大省，平均人口密度高于全国水平，烟台市作为地级市 2016 年 GDP 达到 6926 亿元，居全国第 20 位、山东省第 2 位，烟台市镇域经济发展水平高于全省平均水平，部分经济强镇已具有一定的规模经济能力。但是烟台市镇域建成区发展并不平衡，甚至出现较为严重的极端分化。图 6 - 5 分别从规模、镇域数量、占比三个方面对建成区人口密度进行度量，可以看出烟台市建成区人口密度只有约 24% 的建制镇高于全国平均水平，但是平均人口密度却与全国水平大体相当，说明人口的镇区分布具有两极分化趋势。烟台市建成区人口密度较为集中，在 1000 到 3000 人之间，占比约为 36%，而仍有

26%的建成区人口密度在 1000 人以下。人口密度最高的建制镇是莱阳市的穴坊镇，建成区人口密度为 18559 人，而最低的是莱阳市的谭格庄镇，人口密度只有 173 人，两者相差 107 倍。

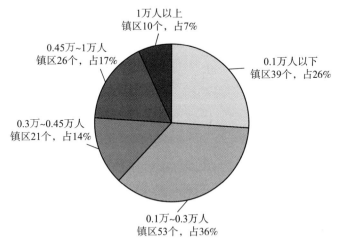

图 6 – 5　烟台市建制镇人口密度梯度分布

资料来源：根据 2016 年烟台市《乡镇社会发展基本情况统计报表》计算并绘制。

建成区的人口密度与经济发展水平之间存在对应关系，2016 年人口密度超过 1 万人的 10 个建成区占全部建成区总量的 7%，但其财政收入占比为全市的 8.74%，企业实交税金占比为全市的 4.89%。而人口密度超过全国平均水平的 36 个建成区财政收入占全市的 47.42%，企业实交税金占比为 35.79%。人口密度不足 1000 人的 39 个建成区财政收入只占全市的 16.3%，企业实交税金占比为 26.37%。根据烟台市建成区的发展状况可以看出，两极化的状态对集聚性产生了不同的影响。人口密度高的建成区集聚能力会越来越强，反之则很难形成集聚性。地广人稀的建成区的存在不仅造成了土地资源的浪费，而且根据第 5 章的分析结果，建成区的发展依赖于地方政府的财政收入水平，人口密度低的镇财政收入水平也低，建成区的基础设施投入、市场建设等受到限制，产业与人口的集聚力下降，镇区发展由此进入恶性生态循环，直接阻碍了人口密度低的镇区"市"化发展进程。

6.1.4　小结

从镇区市化路径的三大要素，即人、市、城三个角度分析了镇区人口、市场化水平与建成区发展对镇域经济发展水平的影响。三大要素中"化人"是目标，"化市"是关键，"化城"是保障，推动镇区市化发展应当三大要素相互协同而不能失之偏颇。由于不同镇区发展的初始条件差异，三大要素的市化发展在时间上可以有先后，但是应当规避单一要素的过度追求。从烟台市镇区"市"化路径可以看出三大要素都存在不同镇区之间的显著差异，而且差异呈现出固化状态，即镇区常住人口越多市场化水平就越高，而建成区的规模经济效益就越明显①，反之亦然。这种"市"化发展的路径犹如特殊的生态链，在外界环境不变的情况下进入了优化生态链的镇区，就会因为自我累积使其向更优化的等级进化，反之则会使相应镇区步入恶性循环，只有通过外界强大的干预才可能避免被市场淘汰。镇域经济并不是成熟的市场化经济，在市场失灵的情形下只能依赖于政府调控，协助落后镇区进入优化生态链，确定自身市场定位，发挥比较优势，突破困境才能有效实现市化目标。通过对烟台市镇域经济的实证分析可以看出市场化培育是实现镇区"市"化的关键，而市场化水平也直接影响交易效率。

6.2　"市"化与镇域经济发展

6.2.1　交易效率与"市"化的发展逻辑

"镇"化过程由于非农产业镇区的相对集聚，在地方化经济外部化

---

① 在此对建成区仅从人口密度的角度进行了分析，第6.2节通过对交易效率的分析进一步结合建成区的交通通信、公共基础设施、教育金融等指标进行规模经济效益分析。

过程中对农村剩余劳动力形成"吸"力，而人口、产业镇区的相对集聚，对镇区的"市"化发展提出了要求。镇区的市场化培育、镇区建设与土地规划等都是在集聚经济效应的作用下由地方化经济向城市化经济转型的过程。交易平台、交易制度、契约精神等市场化培育方式，与镇区建设中的交通、通信、金融服务、教育投资等，以及土地规划过程中工业园、开发区等土地利用率的提升都为提高镇区交易效率提供了硬件与软件保障。基于交易效率与专业化分工的内在逻辑，交易效率的提升在扩大市场规模的同时可以推进专业化分工的深度演化，并且以此为基点促进镇域经济发展。

6.2.2　交易效率

已有的研究成果，对交易效率的度量指标主要有：交通运输、基础设施、信息通信、教育环境、金融环境、制度环境六项内容（赵红军、尹伯成、孙楚仁，2006）；有学者认为度量维度包括基础设施、贸易环境、市场化水平、技术条件、教育体系、政府公共品供给组成的六个维度的综合性反映（颜冬，2017）。本书以现有研究为基础结合镇域经济实际情况，构建镇域经济交易效率指标体系（见表6－2）。

表6－2　　　　　　　　　交易效率的不同维度及衡量指标

维度	分类指标	单位
交通运输	公路密度（公路里程与行政面积比）	公里/公顷
	镇区到县城的距离	公里
基础设施	每万人拥有集贸市场的数量	个
	每万人拥有剧场影剧院的数量	个
信息通信	通电话、宽带自然村的比例	%
	通有线电视自然村的比例	%

续表

维度	分类指标	单位
教育环境	小学生师生比	%
	每万人拥有图书馆、文化站的数量	个
金融环境	每万人拥有金融网点的数量	个
制度环境	人均财政支出	元

根据相关研究理论，交易效率的一般分析框架包括硬件与软件，将软硬件融合于对镇域经济综合交易效率的度量指标中，可以包括六个维度。交通运输、基础设施与信息通信三个维度属于硬条件，主要体现在镇域经济的公共基础设施水平上，对交易效率的影响是直接与有效的。教育环境、金融环境与制度环境属于软条件，主要是从镇域经济现有与未来人力资源水平、金融信贷政策以及相应的政府制度化建设等方面进行分析，对交易效率的影响具有持久性与长期性。结合镇域经济实际情况，考虑到数据的质量与可得性，六个维度的具体分类指标包括以下六方面：

一是交通运输的分类指标是本镇公路密度（公路里程数与镇域行政面积的比值）与镇区到县城的距离。本镇公路密度说明了镇域整体的交通情况，公路作为一种主要运输手段与方式，在生产资料流转、产品销售等方面发挥着重要作用，公路密度与交易效率应当具有正向关系，密度越大说明交易场域越宽，交易成本就越低。县城是县域经济发展中心，对镇域经济发挥引领与带动作用，由于县城城市建设与市政设施水平高于镇区，县城周边的镇域经济可以借助区位优势共享县城的小城市文明。基于区域经济学的增长极理论，县城对镇区的辐射作用往往与距离成反比，即距离越近辐射带动力作用越大，交易效率也就越高。

二是基础设施的分类指标是每万人拥有的集贸市场的数量与剧场、影剧院的数量。镇域集贸市场是进行交易的物质载体，通常情形下集贸市场数量越多，成交量就会越大，说明更高的交易效率。由于镇区集聚能力不足是阻碍镇区市化发展的主要障碍,农业转移人口就地城镇化的美好期望,意味着镇区生活方式不同于传统的乡土情怀。环境优美、生活便利、休闲娱乐等,是镇区民众对美好生活的共同追求,而这也是镇区对人口集聚的原始引力。剧场、影剧院能够体现居民对生活的品质需求,需求会带动消费,而消费又会集聚人口与产业,借以提高交易效率。

三是信息通信的分类指标是通电话、宽带村的比例与通有线电视村的比例。现代通信方式具有便捷、高效的特征,电话、电视及网络传输可以随时获得信息与资源,同时也提供了有效传递新技术的方式。无线网络、大数据平台的交互作用,在缩短物理空间的同时,也提供了更多的交易手段与方式,成为影响交易效率的重要因素。

四是教育环境的分类指标是小学生师生比与每万人拥有图书馆、文化站的数量。由于镇域经济承载教育资源以小学教育为主,而小学生的数量可以反映区域未来劳动力存量,小学生师生比可以判断教育资源的配置水平。图书馆、文化站可以实现对镇域人口日常人文教育、生活理念、正确价值观等的培养,是提高公民素质、培养规范意识尤其是契约精神的有效方式。教育环境作为影响交易效率的软条件,其影响作用往往是长期的、持久的。

五是金融环境的分类指标是万人拥有金融网点的数量。交易效率以金融机构的信贷资金支持与方便地存取为要件,金融机构数量越多,对资金业务处理的便捷程度就越高,对交易效率的推动作用也就越显著。

六是制度环境的分类指标是人均财政支出。镇域经济作为微观区域经济,政府干预对经济的影响较为明显。由于镇域经济初始条件差异,对经济发展产生极大影响,而现代经济社会"理性经济人"的市场化行为往往使市场失灵,政府依赖于财政支出可以发挥有效的干预作用,如建成区建设水平、镇域基础设施、公共福利保障等既可以为交易效率提供设施保障,同时也可以通过制度化构建创造良好的市场环境,保障交易行为的有序进行。

6.3 指标与数据说明

交易效率决定专业化分工水平以及影响产业结构变迁（胡春林，2013），镇区作为镇域经济产业与人口的相对集聚区，交易效率影响镇区"市"化水平，对镇域经济发展具有重要影响，尤其是对企业发展的影响更为直接。但是由于区域经济发展的非协调性，交易效率在不同的地区发挥的作用也有所不同。通过对烟台市镇域经济体镇区"市"化水平的分析，解析交易效率对镇域经济的影响程度，同时为度量交易效率对不同地区的影响水平，以县区为基本单位，将烟台市 93 个镇域经济体划分为东中西三部分，通过相同的变量判断交易效率影响的差异性。对镇域经济体的划分依据主要有两点：一是考虑区域地理位置，分为东、中、西部；二是考虑经济发展水平，主要以 2016 年各区县的 GDP总量为依据，产业结构与 GDP 总量相近为同一区域。结合两大原则最终确定的区域划分如表 6 - 3 所示。

表 6 - 3 　　　　　　　　烟台市东、中、西部镇域划分

地区	区（市）	镇
东部地区	莱山区	莱山镇、解甲庄镇
	牟平区	观水镇、武宁镇、大窑镇、姜格庄镇、龙泉镇、玉林店镇、水道镇、莒格庄镇、高陵镇、王格庄镇
	福山区	高疃镇、张格庄镇、回里镇、门楼镇
	长岛县	南长山镇、砣矶镇
中部地区	莱阳市	沐浴店镇、团旺镇、穴坊镇、羊郡镇、姜疃镇、万第镇、照旺庄镇、谭格庄镇、柏林庄镇、河洛镇、吕格庄镇、高格庄镇、大夼镇、山前店镇
	栖霞市	观里镇、蛇窝泊镇、唐家泊镇、桃村镇、亭口镇、臧家庄镇、寺口镇、苏家店镇、杨础镇、西城镇、官道镇、庙后镇

续表

地区	区（市）	镇
中部地区	海阳市	留格庄镇、盘石店镇、郭城镇、徐家店镇、发城镇、小纪镇、行村镇、辛安镇、二十里店镇、大闫家镇、朱吴镇
西部地区	龙口市	徐福镇、黄山馆镇、北马镇、芦头镇、东江镇、下丁家镇、七甲镇、石良镇、兰高镇、诸由观镇
	莱州市	沙河镇、朱桥镇、郭家店镇、土山镇、虎头崖镇、平里店镇、驿道镇、柞村镇、程郭镇、夏邱镇、金城镇
	招远市	北沟镇、辛庄镇、蚕庄镇、金岭镇、毕郭镇、玲珑镇、张星镇、大秦家镇、夏甸镇、阜山镇、齐山镇
	蓬莱市	刘家沟镇、潮水镇、大柳行镇、小门家镇、大辛店镇、村里集镇

东部地区包括 18 个镇域经济体，中部地区包括 37 个镇域经济体，西部地区包括 38 个镇域经济体。

6.3.1　指标说明

综合交易效率：依据第 6.2.2 节的分析，综合交易效率由六个维度十个分类指标组成，依据已有的研究方法（刘文超、白永秀，2011），在此首先对分类指标进行标准化处理，标准化处理方式为原始值与该组数据的算术平均值的比，然后计算六个维度的算术平均值作为综合交易效率指数，记作 $teff$。综合交易效率是模型的核心解释变量。

综合交易效率的平方项：为进一步判断综合交易效率是否对被解释变量存在递增或递减的边际效应，在此也纳入了综合交易效率平方项，根据相关理论分析，可能存在倒"U"型趋势。该变量在此记作 $teff^2$。

"市"化指数："市"化路径中的"化人"与"化城"分析了镇区常住人口与建成区发展对镇区"市"化水平的影响，以人口与土地度量城镇化水平是较为普遍的度量方法。由于镇区"市"化水平的指标受限于历年乡镇社会经济发展基本统计数据的变动，镇区的相关统计指标在2016 年之前没有单独统计，2016 年、2017 年镇区统计指标相对完整，因此在"市"化路径中的分析主要对这两年镇区的截面数据进行横向对比。但考虑到交易效率对镇域经济的影响、对镇区"市"化程度的影响具有动态性，因此为最大限度利用面板数据的优势，对镇区的"市"化指数选取了统计具有连续性的镇区常住人口与镇区建成区绿化面积两个指标，通过对指标进行处理（以镇区人口密度即常住人口与建成区面积比，以及建成区人均绿地面积替代），在进行标准化处理后取算术平均值为镇区的"市"化指数，记作 city。

企业人均实交税金：即企业实交税金与第二、第三产业就业人数的比值（后文所称企业实交税金都为人均实交税金）。企业实交税金可以判断企业的盈利水平与企业规模，同时企业税金也是地方财政收入的重要组成部分，可以度量镇域的经济发展水平。由于镇域企业主要集聚于镇区，在此以企业税金作为镇域经济发展水平的替代指标。相对于以财政收入作为镇域经济发展的替代指标，企业税金更能代表镇区经济发展对镇域的影响。由于交易效率可以影响镇域"迂回经济"的发展程度，进而影响专业化分工水平，同时交易效率对企业的利润也有直接影响，因此，为判断交易效率对企业利润的影响程度，将企业利润作为模型的被解释变量之一，在此记作 tax。

产业结构优化指数：产业结构反映了经济系统中的产业构成及产业间的相互关系（张洪潮、王丹，2016）。不同产业之间存在收入差距，从而引起劳动力就业结构的变动，配第对此进行了较为详细的论述。此后英国的经济学家克拉克进一步提出了农业依次向工业与服务业转移的规律，即产业结构的"高级化"（夏建红、矫卫红，2018）。产业结构优化是产业集聚与专业化分工的直接结果，集聚程度与专业化分工水平都会影响镇区的"市"化水平与镇域经济发展水平。产业结构优化程度通常对城镇化与经济发展产生正向影响，即优化水平越高城镇化率就会越高，经济发展速度就会越快。为说明产业结构优化指数在此以第二、第三产业劳动力就业人数与镇域全部从业人员的比值作为替代指标，记作 *stru*。

6.3.2 数据与模型说明

（1）数据说明。

本章所使用数据为烟台市 2007～2017 年 93 个镇域经济体的面板数据，数据来源于烟台市统计局的乡镇社会经济发展基本情况统计报表、烟台市历年统计年鉴、烟台年鉴、烟台市各区县政府工作报告以及相关的县域统计年鉴。由于部分镇域个别年份数据存在缺失，对于缺失数据采取前后两年的均值进行了补充，同时由于统计口径在 2013 年发生了较大的变动，为保持数据的连续性与同质性，以 2007 年为标准进行了相应的调整。通过对相应指标的计算，为消除异方差所有变量都取自然对数。对变量的描述性分析结果见表 6－4。

由表 6－4 可以看出指标具有地区性差异。产业结构优化指标，西部地区最高，中部地区低于全市平均水平，说明西部地区第二、第三产业发展水平要高于全市平均水平，也意味着企业盈利水平包括实交税金也会比其他地区更强一些。交易效率也是西部地区最高，说明通车里程、基础设施、市场数量等比其他地区要好。中部地区交易效率最低，甚至远低于全市平均水平，说明中部地区交易效率的提升空间最大，同时加强基础设施投资、信息通信设施改善、加强教育与金融等环境建设是提高交易效率的有效方式。西部地区的镇区"市"化水平也是最高，而中部地区仍然最低，且中部与东部都低于全市平均水平。企业实交税金，西部地区远高于其他地区，中部地区最低，这一指标的变动与产业结构指标的判断相一致。从变量的离散程度来看四个变量中企业实交税金最高，说明区域差异较大，由于企业实交税金可以反映出镇区经济发展水平，所以从一定的程度上也可以说镇区经济发展水平的整体差异性较为

表6-4

相关变量描述性分析结果

分类	全市				东部地区				中部地区				西部地区			
	lnstru	lneff	lncity	lntax	lnstru	lneff	lncity	lntax	lnstru	lneff	lncity	lntax	lnstru	lneff	lncity	lntax
平均值	3.68	-0.09	-0.38	7.70	3.76	0.00	-0.66	7.33	3.46	-0.28	-0.76	6.89	3.87	0.05	0.11	8.65
最大值	4.60	2.14	1.88	12.85	4.58	2.14	1.06	11.61	4.60	0.94	1.46	10.68	4.60	1.74	1.88	12.85
最小值	-0.01	-0.88	-2.50	0.00	2.08	-0.75	-2.50	0.00	0.72	-0.88	-1.66	3.00	-0.01	-0.70	-1.98	4.48
标准差	0.56	0.38	0.85	1.61	0.47	0.46	0.79	1.75	0.61	0.26	0.60	1.33	0.45	0.37	0.83	1.26
计数	1023	1023	1023	1023	198	198	198	198	407	407	407	407	418	418	418	418

资料来源：根据烟台市历年《乡镇社会发展基本情况统计报表》计算所得。

显著，这与前文的分析结果相一致。从区域划分来看中部与西部地区变量的离散程度较小，但东部地区相比较大，说明镇域经济东部地区的差异性程度要高于其他地区。

（2）模型说明。

基于镇区的"市"化路径，无论是"化人"、"化市"还是"化城"都会影响镇域经济发展，而最终能对镇区市化进程与镇域经济发展起到关键影响作用的则是交易效率，结合烟台市镇域经济发展状况，在此设计了四个实证模型如下：

模型 6 – 1：$\ln city_{it} = \alpha_i + \beta_1 \ln teff_{it} + \beta_2 \left(\ln teff_{it} \right)^2 + \mu_{it}$

模型 6 – 2：$\ln city_{it} = \alpha_i + \beta_1 \ln teff_{it} + \beta_2 \left(\ln teff_{it} \right)^2 + \beta_3 \ln stru_{it} + \mu_{it}$

模型 6 – 3：$\ln tax_{it} = \alpha_i + \beta_1 \ln teff_{it} + \beta_2 \left(\ln teff_{it} \right)^2 + \mu_{it}$

模型 6 – 4：$\ln tax_{it} = \alpha_i + \beta_1 \ln teff_{it} + \beta_2 \left(\ln teff_{it} \right)^2 + \beta_5 \ln stru_{it} + \mu_{it}$

在此模型中，i 分别代表全市与东、中、西部不同的区域，t 代表不同的时间，α 为截距项，β 为不同指标的系数，μ 为随机干扰项，由于属于固定样本，且不同的镇域经济体具有不同的个性化特征，基于初始条件的不同相应镇区发展水平与镇域企业税金也都存在差异，故适合固定效应变截距模型。从统计学的角度来看，对模型进行了 F 检验与豪斯曼检验证明了模型适合固定效应变截距模型。在分析过程中对全市及不同地区的模型都采用了广义最小二乘法进行估计，考虑到是短面板数据所以进行了横截面加权，所有数据都是通过 EViews10.0 进行计算。

6.4 交易效率与"市"化发展的实证分析

6.4.1 对镇区市化水平的影响

表 6 – 5 是包括模型 6 – 1 与模型 6 – 2 共 8 个方程的回归结果，考察的

是综合交易效率对镇区市化水平的影响。根据结果可以看到8个方程中除西部地区调整 R^2 较低外其他的都比较高，尤其是中部地区达到了0.947，可以看出方程的解释性比较高，F 值在1%置信水平下具有统计学意义。

表6-5   镇区市化水平的回归结果

解释变量	因变量：ln*city*							
	全市		东部地区		中部地区		西部地区	
ln*teff*	0.581 *** (17.922)	0.576 *** (17.820)	0.423 *** (6.462)	0.440 *** (6.727)	0.441 *** (8.423)	0.440 *** (8.296)	1.360 *** (13.852)	1.330 *** (13.514)
(ln*teff*)^2	-0.169 *** (-5.780)	-0.170 *** (-6.002)	-0.090 ** (-1.980)	-0.102 ** (-2.430)	0.218 *** (2.597)	0.211 ** (2.508)	-0.717 *** (-9.513)	-0.715 *** (-9.425)
ln*stru*		0.039 ** (2.277)		0.065 ** (1.853)		-0.002 (-0.158)		0.169 ** (2.504)
常数项	-0.306 *** (-33.213)	-0.451 *** (-7.009)	-0.647 *** (-42.716)	-0.891 *** (-6.707)	-0.668 *** (-73.217)	-0.660 *** (-12.197)	0.144 *** (6.076)	(-0.508) * (-1.944)
观测值	1023	1023	198	198	407	407	418	418
F 统计量	75.254 ***	75.391 ***	63.482 ***	68.591 ***	190.932 ***	186.579 ***	13.209 ***	13.315 ***
Adj. R^2	0.872	0.873	0.858	0.873	0.947	0.947	0.533	0.542
备注	固定效应	固定效应	固定效应	固定效应	固定效应	固定效应	固定效应	固定效应

注：括号内为 t 值，***、**、* 分别表示在1%、5%、10%统计指标下具有显著性。

具体而言，交易效率对镇区"市"化水平的影响系数在1%统计水平下具有显著性，在全市与不同地区都表现稳定，尤其是西部地区影响最大。中部与东部地区交易效率影响水平大体相当，但低于全市平均水平。由此可以看出交易效率无论是对全市还是不同地区都是影响镇区"市"化水平的重要因素。交易效率平方项的影响在所有模型中都具有显著性，其中全市、东部与西部是负值，中部地区是正值，说明交易效率对中部地区的影响是"U"型，对于其他地区的影响则是倒"U"型。为方便说明在此以"U"型、倒"U"型底端抑或顶端为转折点，转折点左边为第一阶段，右边为第二阶段。由于采取的是对数形式，要判断镇区市化水平对交易效率的弹性影响，可以根据公式进行计算：

$$\% \Delta city \approx (\beta_1 + 2\beta_2 \ln teff) \% \Delta teff \tag{6-2}$$

对于不同"U"形转折点（$\ln teff^*$）的计算公式是：

$$\ln teff^* = (-\beta_1)/2\beta_2 \tag{6-3}$$

根据式（6-2）与式（6-3）计算结果如下：

根据表6-6可以看出，全市与东部、西部地区交易效率对"市"化水平的弹性在加入产业结构指标之前分别是0.243、0.243、0.877与-0.074，可以看出只有西部地区是负值，说明西部地区镇区"市"化水平对交易效率的影响已经经过了交易效率倒"U"型的顶点，进入到第二阶段呈现出负向影响，虽然系数很小，但是也足以说明西部地区交易成本已经有超过交易效益的趋势。根据倒"U"型的顶点值可知$\ln teff$为0.948，说明只有交易效率大于0.948的镇区才具有负向影响，西部地区有12个观察值大于0.948，占比不到3%，包括东江镇、大柳行镇、玲珑镇、夏甸镇等经济强镇。据此可知约97%的镇域都处于第一阶段，即交易效率对于镇区"市"化水平的正向推进阶段。由于西部地区是烟台市镇域经济发展水平最高的地区，东部地区与全市的整体水平都要低于西部地区，由表6-6转折点的计算可以看出全市与东部地区交易效率的值都要高于西部地区，结合表6-4可以判断出都处于第一阶段，即交易效率对"市"化水平的正向推进阶段。对于中部地区由于是"U"型趋势，根据表6-6可以看出"市"化水平对交易效率的弹性影响达到0.877，根据顶点值可以判断出中部地区交易效率小于-1.011的镇域经济体位于第一阶段，大于-1.011即处于第二阶段，根据表6-4的分析结果可知（最小值为-0.88）93个镇域经济体的交易效率都大于-1.011，说明所有中部地区镇域经济体都位于第二阶段，即中部地区交易效率对于"市"化水平的影响已进入第二阶段增长期。由于中部地区交易效率的弹性系数远高于其他地区，故提高交易效率对于中部地区提升镇区的"市"化水平效果比其他地区都要显著。

表6-6 交易效率对"市"化水平的弹性影响

ln*eff*	全市		东部地区		中部地区		西部地区	
弹性	0.243	0.236	0.243	0.236	0.877	0.862	-0.074	-0.100
转折点	1.719	1.694	2.350	2.157	-1.011	-1.043	0.948	0.930

在加入产业结构指标作为控制变量后，模型的拟合优度除中部地区变化很小外其他地区都有所提高，东部地区由 0.858 提高到 0.873，西部地区由 0.533 提高到 0.542。这说明产业结构指标对镇区"市"化水平是具有积极作用的，尤其是西部地区，产业结构指标系数为 0.169，说明产业结构指标每变动 1 个百分点，镇区"市"化水平会增加 0.169%。东部地区产业结构的影响幅度不及西部地区，产业结构指标每变动 1 个百分点，会使镇区"市"化水平提高 0.065%，而中部地区产业结构的影响不具有显著性，但是从系数符号来看是负向影响，说明中部地区产业结构优化程度比较低，在研究期限内对镇区"市"化水平产生负向影响。中部地区是烟台市经济发展水平偏低的地区，镇域经济体的第一产业占比远高于其他地区，产业结构处于低级阶段，因此对"市"化水平起到了抑制作用。由于交易效率是综合性指标，西部地区交易效率系数高于全市平均水平，也远远高于其他地区，说明西部地区的交通运输、基础设施、教育环境、通信通讯等水平都要好于其他地区，那么交易效率对镇域经济发展水平的影响又如何呢？对西部地区经济发展的影响是否也会高于其他地区？

6.4.2 对镇域经济发展的影响

企业作为市场主体，在镇区"市"化过程中发挥重要作用，同时交易效率由于直接影响企业成本，理应对企业盈利水平产生比较显著的影响，而企业实交税金是企业营利能力的一种具体化，对于镇域经济而言，镇区是企业的主要集聚区，以企业实交税金作为镇域经济发展水平的替代指标，可以更好地说明镇区经济发展对镇域经济发展的影响。通过回归分析 2001~2017 年财政收入与企业实交税金二者的回归系数为 0.2759，即人均企业税金每增加 1 元，人均财政收入就会增加 0.2759 元。方程拟合值为 0.7448，在 1% 置信区间具有显著性，说明企业实交税金与财政收入具有可替代性，根据前文的分析（5.2.3 节）可知，财政收入可以作为镇域经济发展的替代指标，因此企业实交税金也可以作为镇域经济发展的替代指标。企业实交税金与财政收入作为替代指标的不同之处主要体现在财政收入是从镇域的角度，而企业实交税金是从镇区经济发展的角度。由于"市"化水平是分析镇区发展对镇域的影响，所以在此以企业实交税金作为替代指标更能说明镇区经济发展对镇域经济发展的影响。

表 6 - 7 是模型 6 - 3 与模型 6 - 4 共 8 个方程的回归结果，主要分析交易效率以及在加入产业结构的控制变量后对企业实交税金的影响。根据回归结果可知 8 个方程的拟合优度都比较高，尤其是全市整体水平与中部地区，调整 R^2 都超过了 90%，且都在 1% 置信水平下具有统计学意义。

表 6 - 7　　　　　　　　　　企业实交税金的回归结果

解释变量	因变量：lntax							
	全市		东部地区		中部地区		西部地区	
lneff	0.817 ***	0.787 ***	0.847 ***	0.851 ***	0.632 ***	0.546 ***	0.974 ***	0.958 ***
	(17.711)	(15.886)	(7.075)	(6.327)	(7.216)	(5.748)	(12.046)	(11.793)
$(lneff)^2$	− 0.103 *	− 0.106 *	0.266 **	0.273 **	− 0.297 **	− 0.355 **	− 0.338 ***	− 0.345 ***
	(− 1.820)	(− 1.813)	(2.213)	(2.086)	(− 1.999)	(− 2.282)	(− 4.100)	(− 4.176)

解释变量	因变量：ln*tax*							
	全市		东部地区		中部地区		西部地区	
ln*stru*		0.194 *** （5.095）		0.140 （1.550）		0.242 *** （4.315）		0.140 ** （2.082）
常数项	7.787 *** （540.139）	7.070 *** （49.592）	7.270 *** （230.457）	6.743 *** （19.678）	7.115 *** （296.154）	6.261 *** （30.875）	8.650 *** （393.563）	8.110 *** （31.154）
观测值	1023	1023	198	198	407	407	418	418
F 统计量	207.717 ***	168.119 ***	52.961 ***	53.209 ***	180.997 ***	110.133 ***	59.922 ***	64.056 ***
Adj. R^2	0.950	0.940	0.834	0.841	0.944	0.913	0.846	0.858
备注	固定效应	固定效应	固定效应	固定效应	固定效应	固定效应	固定效应	固定效应

注：括号内为 t 值，***、**、* 分别表示在 1%、5%、10% 统计指标下具有显著性。

交易效率对企业税金的影响程度西部地区最高，中部地区最低，所有系数在 1% 置信水平下都具有显著性。即使在加入控制变量后，系数的变动幅度也并不大，说明交易效率对企业税金的影响是稳定的。从交易效率的平方项可以看出所有方程的系数在 1% 水平上都具有统计学意义，但是系数符号存在地区上的不同，东部地区的影响是正向，而其他地区都是负向，说明交易效率对企业实交税金的影响具有区域性差异，其中全市、中部与西部都呈现出倒 "U" 型形态而东部则是 "U" 型形态。根据式（6-1）与式（6-2）的计算结果可以判断出不同区域交易效率的阶段性影响。

根据表 6-8，交易效率弹性影响最大的是东部地区，最低的是中部地区。除中部地区在加入产业结构指标后变为负值，其他地区都为正值，说明交易效率能够提高企业的盈利能力。具体而言，根据表 6-4 的 ln*eff* 均值、最大值与最小值可以判断，中部地区、西部地区以及全市交易效率对企业税金的影响都处于第一阶段，即上升时期，尚未到达顶点，说明交易效率的提高增加了镇域企业的盈利能力，提高了纳税水平。对于

东部地区，由于交易效率平方项系数为正，说明是"U"型趋势，由表
6-8 可以看出转折点在加入控制变量前后分别是 -1.592 和 -1.559，
而根据表 6-4 描述性分析结果，东部地区 lneff 的最小值是 -0.75，大
于转折点值，因此可知东部地区交易效率都已超过"U"型底端值（转
折点），处于第二阶段，即增长期，说明交易效率水平越高，镇域企业
的营利能力就越强，交易效率发挥了加倍增速作用。

表 6-8 交易效率对企业税金的弹性影响

lneff	全市		东部地区		中部地区		西部地区	
弹性	0.611	0.575	1.379	1.397	0.038	-0.164	0.298	0.268
转折点	3.966	3.712	-1.592	-1.559	1.064	0.769	1.441	1.388

在加入产业结构指标后方程的拟合优度发生了一定程度上的改变，
但却存在区域差异。东部地区与西部地区调整 R^2 都有一定程度上的提
高，而全市与中部地区却有所下降，尤其是中部地区下降幅度达到了
3.1 个百分点。据此可以看出交易效率通过产业结构变量的控制对企业税
金的影响有所下降，产业结构指标对于东部与西部地区企业税金的解释力
度比其他地区要好一些。从系数来看，产业结构对企业税金的影响中部地
区最大，达到了 0.242，即产业结构每变动 1%，企业税金就会增加
0.242%。东部地区产业结构对企业税金的影响没有通过显著性检验，
但符号是正值，说明产业结构的优化程度对于镇域企业的影响是正向推
动作用，但作用并不明显。

通过交易效率对镇区"市"化水平与镇域企业发展的回归模型分析
可以看出，提高交易效率可以推进镇区"市"化进程，增加企业的纳税
能力，也即提高镇域经济发展水平。而且交易效率对全市镇域经济的影
响呈现倒"U"型，这与本书的第 2 个理论假设一致。但是交易效率
的影响具有区域差异性，对中部镇区市化水平的影响并非呈现倒"U"

型，而是"U"型，对镇域企业发展的影响在东部地区的变动趋势也是"U"型。加入产业结构优化指标后，增加了镇区"市"化水平的解释力，但是对镇域企业税金的解释力却略有下降。交易效率系数西部地区仍然最大，说明交易效率可以提高镇域经济发展水平，而且对西部地区经济发展的影响高于其他地区。

6.4.3 对交易效率的实践检验

从模型6-1~模型6-4的分析结果可以看出，指标的影响与前文表6-4的描述性分析结果相一致，结合烟台市的实际情况具体说明如下：

烟台市区域经济发展并不平衡，西部地区整体发展水平高于东部与中部。西部地区的龙口市是烟台市制造业发展基地，以南山集团为主体的镇域经济发展非常迅速，从精品铝业到纺织品加工企业，龙口市镇域经济非农产业发展呈现出高级化态势，第二产业具有绝对优势，2017年三大产业比例为3.3∶57∶39.7，非农产业发展占据绝对优势，2018年龙口市入选全国新型城镇化质量百强县，为烟台市经济发展做出很大贡献。招远市以黄金闻名，汽车、轮胎、食品加工业等发展水平较高，黄金特色小镇与粉丝特色小镇入选国家级与省级特色小镇，镇域经济的非农化水平较高，2016年三大产业结构比为6.1∶51.5∶42.4，镇域经济发展整体实力较强。莱州市镇域经济以石材、加工制造业为主，2016年产业结构比为9.28∶50.88∶39.84，虽然不及龙口与招远，但是非农占比仍然超过了90%。蓬莱市葡萄酒产业已成为地域特色，葡萄种植产业化程度较高，同时大力发展海洋装备制造业与旅游业，发展后劲较足，尤其是加强了第三产业的发展，与"十二五"时期相比，"十三五"时期将第三产业占比由31.4%增加到41.3%，产业结构已呈现出高级化发展趋势，目前来看产业布局具有一定的前瞻性。总体而言，西部地区是烟台市经济发展的主体,产业结构布局第二产业都占有绝对优势,自然资源较为丰富,区域交通便利,机场、港口码头、铁路、公路等为区域交易的便捷性提供了保障,传统产业基础优良等都为推动镇区市化发展创造了条件。

中部地区自然条件与传统产业基础不及西部,栖霞市、海阳市、莱阳市都属于经济发展相对落后的地区,第一产业占比都超过了10%,产业结构转型升级难度较大。栖霞市以盛产烟台苹果而享有盛誉,但也是烟台市贫困人口占比较大的县级市,镇域经济产业结构中第一产业占比在2017年达到了18.5%[①],除传统苹果种植业与相关加工企业外,镇域经济企业数量少、利税能力低。海阳市在2017年第一产业占比超过了21.7%[②],农业耕地面积占比较高,是烟台农产品的主要集中地,海阳市注重工业园区的发展,同时注重生态农业的发展与镇域公共设施的建设,对产业结构的优化与交易效率的提高具有一定的积极作用。莱阳市产业结构与栖霞、海阳具有一定的相似性,农业占比较高。镇域经济发展主要以食品加工业为主,但是由于产业迂回能力弱,专业化分工水平并不高。基础设施受限于地方财政,农业人口占比较高,产业结构升级与转型压力都较大。

东部地区除长岛县外都为烟台市主城区的外围,长岛县是烟台市唯一的海岛县,主导产业是渔业与旅游业,区位优势与特色产业非常显著,但是从交易效率的角度来看镇区人口少、交通不便等因素限制了镇区经济的发展。福山区临近烟台市开发区,与汽车制造相关的辅助性产业发展势头良好,苹果、大樱桃等几乎遍及镇域经济的农业产区,但镇域经济之间差距较大,产业结构中过于偏重第二产业,第三产业发展不足。莱山区与芝罘区相接,主要承接城市人口与产业的梯度转移,第三

---

① 《栖霞统计年鉴》(2018)。
② 资料来源:海阳市政府网站,根据海阳市经济运行情况进行的相关统计。

产业发展较好。牟平区虽然具有较好的地理位置，但是产业定位不明确，传统食品加工、机械制造等产业由于新技术投入不足导致后继乏力，农业产区占比较大，有丰富的劳动力资源，镇域基础设施投入不足，镇域经济发展差异较大，产业结构升级难度较高，经济发展相对落后。

镇域经济由于区域发展的差异性使镇区"市"化水平、企业盈利能力、产业结构、交易效率也呈现出差异性状态。从烟台市整体发展来看，西部地区无论是镇区发展水平，还是镇域的产业结构、交易效率等都要高于其他地区；中部地区发展相对滞后，尤其是产业结构优化程度低，第一产业占比过高，第三产业发展不足，镇域基础设施投入不足；东部地区由于区域位置优势，主要承接城市梯度转移产业，主要镇域经济发展水平居中。总体而言，交易效率是影响镇域经济发展水平的重要因素，无论是对镇区"市"化水平的提高，还是对镇域企业税金的增加都会产生积极作用，但是交易效率的影响因区域不同而有所差异，总体呈现西、东、中部的梯度分布特征。

由于镇区"市"化水平与交易效率都是综合性指标，对镇域发展的测量具有多维性，而镇域经济自身就具有综合性特征，从初始发展条件、历史传统、人文特征等因素直接或间接影响经济发展方式，以及烟台市镇域经济发展的实际情况可以看出交易效率是影响镇区"市"化进程的重要因素，但是产业结构则并非如此，其在西部地区具有明显的推进作用，但是在中东部则推动作用明显不足。

6.5 本章小结

本章通过对镇区"市"化路径的分析，阐释了三种市化方式："化人""化市""化城"。三大要素中"化人"是目标，"化市"是关键，

"化城"是保障，推动镇区市化进程应当三大要素协同发展而不能失之偏颇。"化人"与"化城"分别从镇区的人口与建成区发展等方面分析了镇区的"市"化水平对镇域经济的影响，人口集聚程度与建成区发展质量是度量镇区"市"化水平的主要指标。"化市"强调的是市场化培育，通过市场建设等硬件设施与交易制度、交易技术等软件设施建设为交易效率提供保障。镇区的"市"化过程是集聚经济效应的城市化过程，集中居住与集中交易都有利于交易效率的提高，而交易效率的"市"化过程中又可以推进专业化分工水平的深化，以镇区经济"点"状发展带动镇域经济"面"状的整体性发展。

结合烟台市镇区发展的实际情况，分别以 2016 年与 2017 年镇区发展的截面数据从三个方面分析了烟台市镇区发展状况。在实际分析中证明人口集聚程度与镇域经济发展水平有相关性，人口集聚程度每变动 1%，镇域经济发展水平就会提高 1.143%，由此可知，提高镇区人口集聚性对镇域经济发展具有积极意义；在市场化分析中针对镇区市场化发展水平从七个方面利用熵值法计算了镇区的市场化指数，通过构建回归模型证明了市场化指数每变动 1%，镇域经济发展水平就会增加 0.98%；建成区是镇区人口与产业的物质载体，通过与全国市域、县域建成区的人口密度相对比，烟台市镇区建成区人口密度呈现出两极分化现象，且人口密度越高的镇区，财政收入水平也越高。同时高人口密度、高财政收入的镇区在镇域经济发展过程中具有了自然的"引力"，产业、人口集聚程度就会越强，镇区"市"化水平发展就会进入良性"生态圈"，反之镇区的发展就会困难重重，很大程度上需要政府干预才能推动镇区发展。

专业分工水平与交易效率的内在逻辑对镇域经济发展具有重要意义，有利于推进镇区"市"化进程。市场化培育的"市"化过程带动镇区的基础设施、通信设施及金融、制度等环境建设的发展，这既是提高交易效率的保障，也是交易效率发展的结果，交易效率在促进高水平分工的同时也在不断扩大市场规模。通过交通运输、基础设施、信息通信、教育环境、金融环境、制度环境六个维度十个指标构建了综合交易效率指数。以 2007~2017 年烟台市 93 个镇域的面板数据构建了以综合交易效率指数为核心变量,以产业结构优化指标为控制变量,以镇区"市"化水平与镇域企业实交税金为因变量的变截距固定效应模型进行了镇域经济发展的实证分析。在对"市"化水平的分析中,交易效率对烟台市以及东、中、西部的影响具有区域差异性,对中部的影响呈现"U"型趋势,而对于其他地区则是倒"U"型,以"U"型或者倒"U"型转折点为分界线,将交易效率分为第一阶段与第二阶段。从全市来看,目前仍然处于交易效率第一阶段,即增长期。中部地区是正"U"型,且交易效率原值与平方项系数都是正值,说明对镇区"市"化水平发挥的是增倍作用,弹性系数达到 0.877,且处于交易效率第二阶段,即快速增长期。在加入控制变量产业结构优化指标后并没有太大改变,但是模型的拟合值得到了不同程度的提高,说明这一指标的纳入是合理的。

由于镇域企业纳税水平是企业盈利能力的一种体现,同时也是地方财政收入的重要来源,所以企业实交税金的多少可以反映镇域经济的发展水平。通过构建交易效率与企业实交税金的固定效应模型,发现交易效率对企业实交税金的影响(或者说对镇域经济发展水平的影响)呈倒"U"型,但对于不同地区并不一致,其中东部地区呈现"U"型。通过对交易效率弹性程度与转折点的计算,可以看出烟台市及东、中、西部都处于增长期,东部地区处于第二阶段增长期,其他地区都处于第一阶段增长期。在纳入产业结构优化指标后,模型拟合值的变动具有区域差异性,东部与西部有所上升,而中部地区与全市则略有下降。

通过本节的分析论证了第二个理论假设:城乡交易效率可以影响镇域经济发展水平,尤其是镇区的"市"化水平,而且随着交易效率的提高对镇域经济、镇区"市"化水平的影响将呈现倒"U"型的变动趋势。

第7章

镇域城镇化与城乡一体化

　　现阶段，我国社会的主要矛盾已经转化为人民群众对美好生活的需要与不平衡不充分的发展之间的矛盾，区域发展的不平衡就是最大的不平衡，农村发展的不充分就是最大的不充分。新型城镇化与乡村振兴都要放在城乡融合发展、城乡一体化发展的系统之中，而镇域经济就是这个大系统的关键枢纽。镇域经济在经历了"镇"化与"市"化阶段的充分发展后，进入了最后一个阶段即城乡一体化。党的十九大报告提出了城乡融合发展的战略思路，而城乡一体化是城乡融合发展的主要内容。

　　著名经济学家厉以宁指出，改革开放前 30 年，重点是国有企业改制，目前已经取得显著成就。改革开放后 30 年，重点将是城乡二元体制，以及通过城乡二元体制改革而实现城乡一体化（厉以宁，2010）。城乡一体化的提出是以消除城乡二元结构为出发点。由于城乡存在专业化分工、交易效率的差异，在发展过程中逐渐形成二元结构是社会发展的正常过程与阶段。但城乡二元结构的存在具有阶段性，也必然会随着社会的发展最终走向消亡。在我国城乡二元结构形成与发展中除了生产力原因之外，还有固有的社会制度问题存在于其中，即制度化的原因放大了城乡二元结构的差距，割裂了城乡的共生发展，且使这种二元结构以制度的形式固化了（陈锡文，2017）。当前，应该扭转单向城镇化，实现城乡双向生产要素的自由流动，尤其是人口流动。过去强调以城市为中心的发展思路，使城市成为人才、资金、信息、资源等的"抽水机"，后果就是乡村价值的"失位"（朱启臻，2018）。新型城镇化发展规划及党的十九大报告提出的乡村振兴，就是要建立新型城乡关系，强调城乡发展的平等性、融合性，而不仅仅是强调工业反哺农业、城市带动农村的发展模式。通过镇域城镇化建设，以镇域经济的市场化演变为内生发展动力，以分工带动产业集聚，以产业集聚联动人口与土地的镇区转移，实现地方化经济效应向城市化经济效应演变，"镇"化向"市"化演变。镇域城镇化发展促进了镇域经济发展，在新型城镇化与乡村振兴战略的制度保障下有助于消除城乡二元结构，实现城乡一体化。

7.1 城乡一体化含义与发展的阶段性

7.1.1 城乡一体化含义

城乡一体化概念的提出最早是在 1983 年，苏南地区由于乡镇企业快速发展，城乡收入差距不断缩小，形成了城乡一体化发展趋势。学术上的研究在 20 世纪 90 年代时关注的是城市边缘地区的发展，使这一概念的内容具有特定性。此后随着学术研究的深入，这一概念的理论体系逐渐形成，有了一体化发展目标、战略特征、发展方向、动力机制等方面的研究。在国家层面，这一理论思想的提出最早可以追溯到 2002 年党的十六大报告，该报告第一次提出了"统筹城乡经济社会发展"的理念，并且提出了全面建设小康社会的目标（彭国昌，2014）。这是我国在经历了长期的发展之后，在目标要求上从"总体上达到小康社会"转向"全面实现小康社会",这就需要协调城乡关系,大力发展农村。2006 年农业税费的取消意味着我国已经具备调整城乡经济关系的能力了(陈锡文,2017)。党的十七届三中全会提出到 2020 年基本建立起城乡发展一体化的目标任务,使城乡一体化的政治目标更为明确。此后党的十八大报告提出了城乡一体化是解决"三农"问题的关键,党的十九大报告进一步提出了乡村振兴战略。自此,以城乡融合发展为主要内容、以城乡一体化为最终目标的社会发展格局已经成形。

单向式的城市支持农村、工业反哺农业,或者从农村提取工业化与城镇化发展所需要资本的时代业以被新形势下的城乡融合发展所取代。从理论与实践两个方面综合考虑,现有研究对城乡一体化概念的界定可以总结为四种类型:一是以制度要求一体化为重点,强调户籍制度、公共服务、规划布局等城乡均等(应雄,2002);二是以经济一体化为重点,重视城乡收入差距、产业结构、基础设施等的协调发展(倪鹏飞、蔡书凯、王雨飞,2016);三是以硬件设施一体化为重点,强调交通体系、基础设施体系等城乡共同发展;四是多元发展一体化,包含经济、社会、人口、资源与生态等形成城乡融合(高波、孔令池,2017)。学者对概念的界定更多考虑的是学科背景与研究目的,结合现阶段乡村振兴战略与新型城镇化规划,对城乡一体化发展应赋予融合发展与和谐发展的内容,强调以人为本的价值主旨,因此多元发展一体化较为符合现阶段社会需求。随着城乡融合发展程度的深化,城乡一体化概念的界定也必然会增加更多新的内容,因此这一概念应当具有足够弹性,既能体现城市文明对乡村情怀的延展,也能表达绵绵乡愁对城市文明的洗礼。本书对城乡一体化内容的界定主要是考虑到镇域经济发展的现实情况及阶段性特征,分别从社会发展一体化、经济发展一体化与空间发展一体化三个维度进行度量,属于多元发展一体化概念。

7.1.2 城乡一体化发展的阶段性

（1）城乡一体化发展的双向性。

2010 年，经济学家厉以宁在文章《城乡一体化》中首次提出了双向城乡一体化发展。2014 年，学者罗来军在对北京怀柔地区城乡一体化发展的调研报告中，对双向城乡一体化有了较为充分的实践论证。双向一体化就是指劳动力、生产资料与社会资源在城乡之间的双向流动，从而实现城乡之间的良性互动、协调发展、实现一体化目标（罗来军，2014）。所谓双向，是指：方向一由农村到城市的一体化，劳动力、资金、生产资料等由农村流入城市，强调与重视城市的发展；方向二由城市到农村的一体化，以资金下乡、技术下乡与人才下乡为代表，发展的重点在农村，以解决"三农"问题为重心，实现农业现代化（罗来军、罗雨泽和罗涛，2014）。双向城乡一体化方向的选择往往具有时间上的差异性，从而使城乡一体化的发展呈现出阶段性特征。罗来军对此也指出对于不同地区的城乡一体化，具体要求应该具有差异性，要根据经济发展实际情况，结合社情民意，政府适当引导，进行科学评价，以确定一体化方向，而不能所有地方统一要求，违背社会发展的阶段性规律而引发社会矛盾。

（2）城乡一体化发展的阶段性。

对于城乡一体化发展的阶段性学者也从不同的角度进行了分析：一是将城乡一体化与城市化紧密联系，以城市化水平度量城乡一体化阶段。以 30% 的城市化率为标准，低于该标准时体现的是城乡文明的分离，高于该标准则体现城市文明向农村进行渗透，而达到 50% 时，说明城乡融合程度较高，城乡差距缩小，达到 70% 时代表城市文明在乡村普及，城乡一体化目标基本实现（应雄，2002）。二是将城乡一体化发展阶段与经济收入紧密联系，当人均 GDP 达到约 5000 美元、城市化水平约达到 40% 时，城市经济中心外移至郊区，而当 GDP 超过 10000 美元、城市化水平达到约 70% 时，城乡一体化基本实现（姚小飞，2016）。

（3）城乡一体化发展的差异性。

对于实现城乡一体化发展阶段性的理解应当注意两点差异性：一是区域性差异。基于我国区域经济的非协调性发展，城镇化水平参差不齐，城乡分离程度强弱不均，一体化发展的实施方式应体现地域特色；二是时间性差异。无论是双向城乡一体化还是单向城乡一体化，主要是根据城镇化发展水平，即城镇化水平越高，城乡一体化发展速度就越快。基于城镇化发展程度不同，城乡一体化发展必然具有时间上的差异。区域性差异体现个性化，时间性差异体现阶段化。随着国家经济发展水平的提高，政治体制改革的加快，犹如取消农业税一样应逐渐破除城乡生产要素自由流动的制度化"枷锁"，通过市场化体制的构建，充分发挥市场在资源配置中的有效作用，自觉完成城乡资源的空间配置。同时借助政策性引导，扶持"弱势"市场主体，通过加大农业投入，调动社会力量加快对农村的改造，培养农村"内生"的创新与改革力量，切实解决"三农"问题，使农村获得充分的发展，最终实现城乡协调融合发展。

7.2 镇域城镇化与城乡一体化

7.2.1 "镇"化与城乡一体化

依据国家新型城镇化发展规划目标，到 2020 年我国常住人口城镇化率要达到 60%，户籍人口城镇化率为 45%。2018 年底我国总人口为

139538 万人（不包含港澳台），常住人口城镇化率为 59.58%，户籍人口城镇化率为 43.37%①。可以看出新型城镇化目标几近实现，依据现有城镇化水平可知在我国仍然约有 5.6 亿人口生活在农村。城镇化与工业化是推动经济发展的重要支柱，城镇化的本质就是加快农业人口市民化速度，通过减少农民而富裕农民，在实现城镇化发展的同时带动农村的发展。但是目前 5.6 亿农村人口仍然生活在农村，即使至 2030 年我国城镇化率达到 70%，依据目前人口总量，也仍然有 4 亿多人口在农村，仅依靠大中小城市对农业人口的吸纳很难推动城镇化的实质性发展。而镇域经济的中心镇、重点镇、特色小城镇等可以成为承载就地镇化的主要平台，加快镇化进程，提高镇区产业集聚与人口集聚，加大建成区建设，既可以有效回避大城市中的半城市化现象与新城市二元结构的形成，也可以使转移人口在小城镇发展中找到自身的价值，体现出新型城镇化的价值主旨。在"镇"化发展阶段，分工是产生集聚的前提，而提高镇区的集聚能力是根本，地方化集聚经济效应向城市化集聚经济效应演变是镇区发展的持续动力。

7.2.2 "市"化与城乡一体化

对于城乡一体化的发展如果说将双向流动划分阶段，那么以生产要素由农村流向城市为主是发展的第一阶段，而以从城市流向农村为主是发展的第二阶段。在第一阶段，农业人口与生产资料的城市化转移推动了我国城镇化的高速发展，带动了经济的快速增长，但同时也加剧了城乡二元分化程度。镇域成为农业人口与生产资料城市化转移的"资源库"。城乡一体化发展的第二阶段即城市资本、技术、人才流向农村，

---

① 2018 年国民经济统计公报：户籍人口城镇化率 43.37% ［EB/OL］．［2019 - 02 - 28］．https：//baijiahao. baidu. com/s? id = 1626675847532951841&wfr = spider&for = pc.

实现乡村振兴、城乡共荣，镇域则成为承接城市资源与返乡农民的"创业园"。我国正处于经济结构转型期，这既是调整也是机会，以此为契机调动农村市场，通过农业农村的发展来激发国内潜在的农村消费市场，以消费带动生产，实现整体经济发展。近两年由于国际经济大环境的影响，原本经济发达地区在"去工业化"背景下，大批中小企业为降低市场风险，缩小生产规模、裁员节流。于是大量早期外出打工的农村流动人口，尤其是其中的"能人"，在积累一定资金与经验后大量返乡，步入城乡一体化发展的第二阶段。由于适应了长期的劳动力外部定价机制，返乡后很难再继续从事效益低下的农业生产，返乡创业成为流动人口中"能人"的主要生存之道（温铁军、高俊，2016）。在国家宏观层面的制度设计下，比如税收、金融、技术服务等方面的支持，返乡创业者大多选择人口较为集中、基础设施比较齐全的镇区作为创业地，通过创业吸纳更多的农业劳动力，在带动镇域经济发展的同时，推进了城乡一体化发展。这一阶段的发展实现了劳动力要素从城到乡的自由流动。"市"化发展是镇区实现小城镇向小城市转型的关键。

城市在发展过程中，经历了快速的膨胀期后，高房价、高消费、交通难、上学难等城市问题几乎遍及大中小城市，由于快速上扬的交易成本、不断增加的用工成本以及环境治理成本等，企业的利润空间不断被挤压，劳动力密集型企业与加工制造业等纷纷选择外迁，城市郊区、人口相对集中的镇区成为"下乡"企业、资本与技术、人才的首选，以镇区为核心的镇域经济在人才下乡、技术下乡、资本下乡的依托下，增加了人口与产业的集聚能力。镇区在城乡生产要素的双向流动中，产业、人口集聚程度不断强化，联动建成区建设速度加快，交易效率不断提高，市场规模不断扩大，分工更加专业化。城市化集聚效应在提高镇域经济"市"化水平的同时，推进了城乡一体化的发展。

7.3 镇域城镇化与城乡一体化的实证分析

7.3.1 指标说明

要解构镇域城镇化与城乡一体化的内在逻辑，首先要构建新型城镇化背景下镇域城镇化综合指标体系与城乡一体化指标体系。本章以烟台市 2001~2017 年镇域经济发展与城乡一体化指标的相关数据进行实证分析，所有数据来源于烟台市统计局的烟台市乡镇社会经济发展基本情况统计报表、烟台市历年统计年鉴、烟台市国民经济和社会发展统计公报以及烟台市各县市区的政府网站。由于镇级行政区划变动较为频繁，为保证数据的稳定性与连续性，与第 4 章的镇域经济选取对象一致，所有年度数据都来源于 93 个建制镇，依照不同的年度汇总为年度数据进行分析。在分析年度范围内由于统计口径发生了两次大的调整，2006 年与 2016 年的数据变动较大，采用平滑法对这两个年度数据进行了相应调整。

镇域城镇化综合指标：共分为三级指标。受限于数据的可得性，二级指标包含四个维度：经济发展、公共服务、市场环境与基础设施。经济发展又包括六个具体分类指标即三级指标，分别是人均财政收入、人均财政支出、企业人均实交税金、非农就业比、镇区常住人口与镇域常住人口比、万人拥有工业企业数量。分类指标的选择以能够具体量化镇域经济发展的实际情况为条件，从人口、产业、财政水平等角度进行度量。公共服务包含四个具体分类指标，分别是万人拥有图书馆与文化站的数量、小学与幼儿园的数量、福利院与养老院的数量以及医疗机构的病床数等，都是复合性指标，从镇域经济的文化教育设施、社会保障与医疗服务等方面对镇域经济以人为本的服务宗旨进行考量。市场环境包括两个分类指标，分别是万人拥有银行与信用社的数量、集贸市场的数量两个方面，主要是对镇域交易环境的度量。基础设施包括三个具体分类指标，分别是镇域每万人拥有垃圾处理站的数量、建成区人均占地面积、建成区人均绿化面积。所有指标运用熵值法分别计算权重，最终形成镇域城镇化综合指标。指标说明与权重具体见表7－1。

表7－1 　　　　　　　　　　镇域城镇化指标体系与权重说明

一级	二级指标	三级指标	说明	单位	权重
镇域城镇化指标 *b*	经济发展 *b1* (0.442)	人均财政收入	政府财政收入与镇域总人口的比值	元	0.100
		人均财政支出	政府财政支出与镇域总人口的比值	元	0.115
		企业人均实交税金	企业实交税金与二、三产业就业人数比	元	0.118
		非农就业比	非农从业人员与农业从业人员比值	%	0.156
		人口镇化率	镇区常住人口与镇域常住人口比值	%	0.125
		万人拥有工业企业数量	万人拥有镇域工业企业数量	个	0.387
	公共服务 *b2* (0.339)	万人拥有图书馆与文化站数量	每万人所拥有图书馆与文化站的数量	个	0.218
		万人拥有敬老院与福利院数量	镇域每万人所拥有养老院与福利院的数量	个	0.245
		万人拥有医疗机构病床数	镇域每万人所拥有医疗机构病床数量	张	0.147
		万人拥有小学与幼儿园数量	每万人所拥有镇域小学学校与幼儿园的数量	所	0.387
	市场发展 *b3* (0.09)	万人拥有银行与信用社的数量	镇域每万人所拥有的银行、信用社的总量	个	0.464
		万人拥有集贸市场数量	镇域每万人所拥有不同类型市场的数量	个	0.533
	基础设施 *b4* (0.125)	建成区人均绿化面积	建成区绿化面积与常住人口比	人/公顷	0.428
		建成区人均占地面积	建成区面积与常住人口比	人/公顷	0.299
		万人所拥有垃圾处理站	镇域每万人所拥有垃圾处理站的数量	个	0.291

由于熵值法指标权重是根据所携带的信息熵来计算的，指标权重值越高，说明该项指标差异性就越大，对最终结果的影响就越大。对比表7-1的指标权重可以看出，对镇域经济城镇化发展水平影响最大的是经济发展指标（0.442），其次是公共服务指标（0.339），而市场环境影响最小（0.09）。在经济发展指标中万人拥有工业企业数量的指标权重最高，说明其对镇域经济发展的贡献是最大的，这一指标主要能够反映镇域经济的工业化发展水平，直接影响镇域经济城镇化进程。对公共服务指标影响最大的是万人拥有小学与幼儿园的数量，由于镇域经济很少有职业教育与较高阶段的教育，小学与幼儿园数量能够反映镇域未来人口存量与人口质量。对市场环境影响较大的是万人拥有集贸市场的数量，可以反映出镇域商业发展与人口消费能力。而对基础设施指标影响最大的是镇区绿化面积，绿化既可以改善环境同时也是人们对生活品质的要求，能够反映出"以人为本"的新型城镇化理念。

图7-1展示了烟台市2001~2017年镇域城镇化指标及经济发展、公共服务、市场发展与基础设施四个维度的动态变化过程。从总体上来看，沿着时间轴各个指标呈梯度上升趋势。镇域城镇化指标在2011年以前属于稳步增长阶段，从2012年开始发展速度明显加快，最高出现在2016年，整体上升趋势较为显著，但在2017年也有一定程度上的回落。四个维度中市场环境与基础设施的变动与综合性指标变动大体相当，三者比较起来市场环境的变动幅度要更大一些。公共服务在四个维度中的变动幅度最小，增长速度也是最慢的，由于公共服务主要依赖于政府财政支出，说明2001~2017年烟台市公共服务水平政府财政投入有限，增长速度不快，改善程度不高①。

---

① 由于本章数据全部来自建制镇，并未包括街道办事处等镇级单位，四个维度的统计数据比镇级单位的实际数据要低，尤其是基础设施与公共服务水平年度数据比实际情况低。

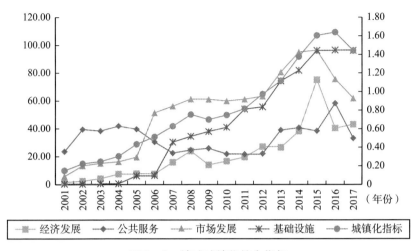

图7-1 镇域城镇化综合指标

资料来源：根据烟台市历年《乡镇社会发展基本情况统计报表》计算所得。

城乡一体化指标：以2001～2017年烟台地区城乡指标分析城乡一体化发展水平。通过前文的分析，考虑烟台区域经济发展的差异性，对城乡一体化水平从三个方面进行度量：社会一体化、经济一体化与空间一体化。每一方面又包括不同的分类指标，共包括十三个具体指标。对于社会一体化主要是从城镇化率、城乡居民人均收入比、人均消费比与恩格尔系数比（Engel's Coefficient）四个方面进行评价，除城镇化率是正向指标外其他都是负向指标。对经济一体化的度量通过人均生产总值、二元对比系数、非农业产值与农业产值比、非农业从业人员与农业从业人员比四个指标进行评价，除二元对比系数是负向指标外其他都是正向指标。对空间一体化的测量是通过城乡的物流与信息能力等方面进行度量，包括行政区域范围内的人均邮电业务量、移动电话普及率、人均货运周转量、人均客运周转量、公路密度五个指标，所有指标都是正向指标。考虑烟台区域特征，虽然正常物流也有其他运输途径，如海运、铁路运输等，但是城乡之间主要以公路运输为主，所以对货运、客运周转量的统计数据都是以公路为统计对象。所有指标通过熵值法计算权重，对负向指标进行正向化调整，最终形成城乡一体化指数。指标说明及相应权重见表 7 - 2。

表 7 - 2　　　　　　　　城乡一体化指标体系及权重说明

一级指标	二级指标	三级指标	说明	含义	属性	权重
城乡一体化指标 a	社会一体化 $a1$ (0.277)	城镇化率	城镇常住人口占总人口的比值	空间结构变化	正	0.185
		城乡居民人均收入比	城市居民人均纯收入与农村居民人均纯收入的比值	城乡居民收入水平差异	负	0.172
		城乡居民人均消费比	城市居民人均消费支出与农村居民人口消费支出的比值	城乡居民消费水平差异	负	0.420
		恩格尔系数比	城市居民食品消费比与农村居民食品消费比	城乡居民富裕程度差异	负	0.223
	经济一体化 $a2$ (0.286)	人均生产总值	地区生产总值与年末总人口的比值	地区经济发展水平	正	0.190
		二元对比系数	(第一产业 GDP/第一产业从业人员)/(二三产业 GDP/二三产业人员)	城乡比较劳动生产率差异	负	0.296
		非农业与农业就业比	非农业从业人员与农业从业人员的比值	城乡就业结构差异	正	0.237
		非农业与农业产值比	非农业产值与农业产值的比值	城乡经济产值差距	正	0.277
	空间一体化 $a3$ (0.436)	人均邮电业务总量	邮电通信服务总量与总人口的比值	城乡信息传输水平	正	0.103
		移动电话普及率	进入移动电话网且占用号码的用户与总人口的比值	城乡信息传输能力	正	0.203
		人均货运周转量	运送的货物与运输距离乘积的总和与总人口的比值	城乡货物流通能力	正	0.179
		人均客运周转量	运送的旅客与运输距离乘积的总和与总人口的比值	城乡人员运输能力	正	0.101
		公路密度	包括公路里程和桥梁、渡口的长度与行政区域的比值	城乡物流基础设施	正	0.414

　　通过二级指标权重可以看出空间一体化对总体指标影响最大（0.463），社会一体化（0.277）与经济一体化（0.286）二级指标权重比较接近。对于社会一体化指标影响最大的是城乡居民人均消费比，由图 7 - 2 可以看出 2001～2017 年城乡居民的消费水平差距呈现喇叭状，二者之间的分离程度逐渐放大，这种趋势加大了城乡二元分化程度。由此也可推知通过激发农村消费水平的有效增长，使城乡居民消费差距逐渐收敛，可以推进城乡一体化发展。对经济一体化影响最大的是城乡二元对比系数（0.296），说明这一指标差异最大。由于这一指标是对比较劳动生产率的测量，指标差异说明了烟台市镇域经济第一产业比较劳动生产率远低于第二、第三产业的比较劳动生产率，提高第一产业劳动生产率是缩小城乡差距的有效方式。对空间一体化指标影响最大的是公路密度，同样也说明了这一指标的年度差异性，由于公路运输是城乡生产要素流通的主要方式，这一指标对城乡一体化具有重要影响作用。

图 7 - 2　城乡居民人均消费支出

资料来源：根据历年《烟台统计年鉴》计算并绘制。

　　图 7 - 3 是对城乡一体化指标及其不同维度的变动说明，由图可

知，经济一体化、空间一体化与城乡一体化的总体变化基本一致，都呈稳步上升趋势。但是社会一体化指标变动幅度比较大，在 2005 年以前与 2015 年之后维持着上升趋势，但 2006～2014 年呈现比较明显的"U"变动趋势，导致这一变化的主要原因在于城乡居民消费水平差异程度的放大，由图 7－2 可知，城乡居民消费差距快速拉大的区间就发生在 2006～2014 年，由于这一指标在社会一体化指标中权重值最高，势必影响社会一体化指标的演进轨迹。城乡一体化指标最高值出现在 2017 年，达到了 69.57，最低值是在 2001 年，为 7.41，可以看出整体上升趋势比较显著，年均增长 15.02%。

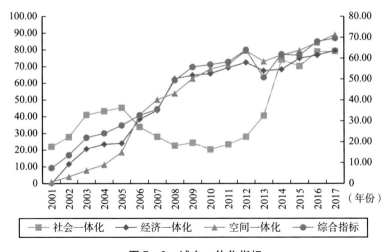

图 7－3　城乡一体化指标

资料来源：根据历年《烟台统计年鉴》计算并绘制。

7.3.2　实证分析

基于以上分析，通过构建向量自回归模型（VAR）以及协整方程分析等方法来验证镇域城镇化综合指标与城乡一体化的内在逻辑，同时运用格兰杰因果检验方法与脉冲响应函数等来分析具体变量的动态变化。

数据来源于前文分析的 2001～2017 年烟台市镇域城镇化及相关指标与城乡一体化及相关指标的时间序列数据。所有指标的描述性分析结果见表 7 – 3，模型及相关统计分析通过 EViews10.0 完成。

表 7 – 3　　　　　　　　　　指标描述性分析结果

指标	城镇化指标 b	经济发展 b1	公共服务 b2	市场环境 b3	基础设施 b4	综合指标 a	社会一体化 a1	经济一体化 a2	空间一体化 a3
均值	8.85	22.44	33.10	52.65	43.44	44.65	41.38	50.86	51.35
最大值	17.76	75.74	58.31	96.39	98.68	69.57	79.24	79.61	89.03
最小值	1.65	1.57	21.73	5.89	0.30	7.41	20.36	0.00	0.90
标准差	5.26	18.54	9.86	27.71	35.96	20.07	21.13	25.93	31.15

对于 VAR 模型要求变量具有平稳性，而经济变量大多具有非平稳性特征。对于非平稳性变量虽然可以进行协整分析，但要求变量应当是同阶单整序列，因此对于所有模型变量进行平稳性检验是必要的。在此运用增强迪基 – 福勒（Augment Dickey – Fuller，ADF）检验方法，对所有变量进行单位根检验，检验结果见表 7 – 4。

表 7 – 4　　　　　　　　　　ADF 单位根检验结果

变量	检验类型 (c, t, k)	ADF 检验结果	检验水平			检验结论
			1%	5%	10%	
b	(0, 1, 3)	– 2.7093	– 4.8864	– 3.8290	– 3.3630	不平稳
lnb	(1, 0, 0)	– 3.2009	– 3.9204	– 3.0656	– 2.6735	平稳
b1	(0, 1, 0)	– 3.3983	– 4.6679	– 3.7332	– 3.3103	不平稳
b2	(1, 0, 0)	– 2.4228	– 3.9204	– 3.0656	– 2.6735	不平稳
b3	(1, 0, 0)	– 1.7079	– 3.9204	– 3.0656	– 2.6735	不平稳
b4	(0, 1, 0)	– 2.9619	– 4.6679	– 3.7332	– 3.3103	不平稳
Δb1	(0, 1, 1)	– 4.6823	– 4.8001	– 3.7912	– 3.3423	平稳

续表

变量	检验类型 （c，t，k）	ADF 检验 结果	检验水平			检验结论
			1%	5%	10%	
$\Delta b2$	(0, 0, 0)	−4.9017	−2.7283	−1.9663	−1.6050	平稳
$\Delta b3$	(0, 0, 0)	−2.3166	−2.7283	−1.9663	−1.6050	平稳
$\Delta b4$	(1, 0, 0)	−4.2935	−3.9591	−3.0810	−2.6813	平稳
a	(0, 1, 0)	−2.0293	−4.6679	−3.7332	−3.3103	不平稳
$\ln a$	(0, 1, 0)	−3.8303	−4.6679	−3.7332	−3.3103	平稳
$a1$	(1, 0, 0)	1.071115	−2.7175	−1.9644	−1.6056	不平稳
$a2$	(1, 0, 0)	−2.3110	−3.9204	−3.0656	−2.6735	不平稳
$a3$	(1, 0, 0)	−1.2644	−3.9204	−3.0656	−2.6735	不平稳
Δa	(1, 0, 0)	−5.2807	−3.9591	−3.0810	−2.6813	平稳
$\ln a1$	(1, 0, 2)	−2.6740	−4.8001	−3.7912	−3.3423	不平稳
$\ln a2$	(1, 0, 3)	−6.4425	−4.0579	−3.1199	−2.7011	平稳
$\ln a3$	(1, 0, 0)	−9.3452	−3.9204	−3.0656	−2.6735	平稳

注：表中检验类型（c，t，k）分别代表检验方程的截距项、时间趋势项与滞后阶数，Δ 代表差分。

由表7-4可以看出变量 b 在10%显著性水平下接受原假设属于非平稳变量，$\ln b$ 在5%显著水平下拒绝了原假设，皆为平稳变量。而 $b1$、$b2$、$b3$、$b4$ 在10%显著水平下都没有通过检验，属于非平稳性变量，在对其进行一阶差分后 $b1$、$b3$ 在5%显著水平下拒绝原假设，$b2$、$b4$ 在1%显著水平下拒绝原假设，都是平稳性变量。a 在10%显著性水平下接受原假设属于非平稳变量，在取自然对数后在5%显著性水平下拒绝原假设是平稳性变量。$a1$、$a2$、$a3$ 在10%显著水平下都接受原假设是非平稳性变量，在取自然对数后 $a1$ 在10%显著水平下仍然是非平稳性变量，但 $a2$、$a3$ 在取自然对数后在1%显著性水平下拒绝原假设是平稳性变量。

7.3.2.1 镇域城镇化（$\ln b$）与城乡一体化（$\ln a$）实证分析

镇域经济在经过"镇"化与"市"化的阶段性发展后，城镇化带动镇域经济发展，以缩小城乡差距，实现城乡一体化。对于镇域城镇化（lnb）与城乡一体化（lna）发展的内在关联性，通过向量自回归（VAR）模型进行分析。

最优滞后阶数：根据表7-4单位根检验结果可以看出 lnb 与 lna 序列都具有平稳性，符合构建 VAR 模型的基本条件。由于模型对滞后阶数反应敏感，所以首先要选择最优滞后阶数。对最优滞后阶数的选择，根据赤池（AIC）信息准则与施瓦茨（SC）等准则，检验结果见表7-5，根据结果确定最佳滞后阶数为2，因此建立 VAR（2）模型。

表7-5 最优滞后阶数的选择标准

Lag	LogL	LR	FPE	AIC	SC	HQ
0	-3.053712	NA	0.007060	0.721959	0.813253	0.713508
1	27.39734	47.85166*	0.000163	-3.0568	-2.7829	-3.082116
2	33.09597	7.326801	0.000135*	-3.299424*	-2.842954*	-3.341678*
3	35.17390	2.077932	0.000203	-3.0248	-2.3858	-3.083999

注：*为根据相应的准则选择出来的滞后阶数。

模型检验：模型的稳定性是进一步分析的前提，通过 VAR（2）模型结果可知，两个模型的拟合优度分别为 0.922 与 0.979，整体解释效果很好。为判断模型的稳定性，在此根据 AR 特征根多项式的倒数进行检验，即如果所有根的模的倒数都小于1，也就是都在单位圆内，模型就是稳定的。根据图7-4的 AR 特征根图可以看出模型所有模的倒数都在单位圆内，说明所建立的 VAR（2）模型是稳定的。

因果关系检验是判断变量关系的重要方式，为判断两个变量之间是否具有内在因果关系，在此需要进行格兰杰因果关系检验，即可以判断现在一个变量能够在多大程度上被过去的另一变量解释，在加入滞后项后是否可以提高解释程度（高铁梅，2011）。检验结果见表7-6。

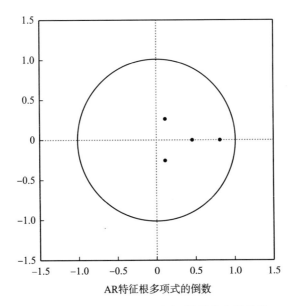

AR特征根多项式的倒数

图 7 - 4   ln$a$、ln$b$ VAR（2）模型稳定性检验

表 7 - 6   ln$b$、ln$a$ 格兰杰因果关系检验结果

滞后期	原假设	变量	F 统计量	P 值	检测结果
1	ln$b$ 不是 ln$a$ 的格兰杰原因	16	5.66925	0.033	拒绝
	ln$a$ 不是 ln$b$ 的格兰杰原因		0.22219	0.645	接受
2	ln$b$ 不是 ln$a$ 的格兰杰原因	15	2.19812	0.162	接受
	ln$a$ 不是 ln$b$ 的格兰杰原因		3.56547	0.068	拒绝
3	ln$b$ 不是 ln$a$ 的格兰杰原因	14	0.39101	0.763	接受
	ln$a$ 不是 ln$b$ 的格兰杰原因		1.30831	0.345	接受

　　根据表 7 - 6 格兰杰检验结果可以看出在滞后 1 期时，镇域城镇化（ln$b$）是城乡一体化（ln$a$）的格兰杰原因，但城乡一体化（ln$a$）不是镇域城镇化（ln$b$）的格兰杰原因。说明在这一阶段，镇域城镇化对城乡一体化的促进作用比较显著，但是城乡一体化对镇域城镇化的作用则并不明显。在滞后 2 期时双方的因果关系与滞后 1 期是相反的，即镇域

城镇化综合指标（ln*b*）不是城乡一体化（ln*a*）的格兰杰原因，但城乡一体化（ln*a*）却是镇域城镇化综合指标（ln*a*）的格兰杰原因。在滞后3 期以后，双方不再具有因果关系。因此可以看出二者的因果关系主要体现在滞后 1 期与滞后 2 期时，根据这一结果可以阶段性地制定烟台市城乡一体化发展与镇域城镇化综合发展的具体规划，充分利用各自的滞后效应取得城乡一体化与镇域城镇化发展的显著性成效。

　　脉冲响应函数分析：基于稳定的 VAR（2）模型及其因果关系分析，很难判断一个变量对另一变量的动态反应特征，而通过脉冲响应函数分析，可以有效解决这一问题。ln*a* 与 ln*b* 的脉冲响应函数见图 7 - 5。横轴表示冲击作用的滞后期间数，纵轴表示变量受到一个标准差新息冲击时的响应程度，以下未做特殊说明时横轴与纵轴意义相同。

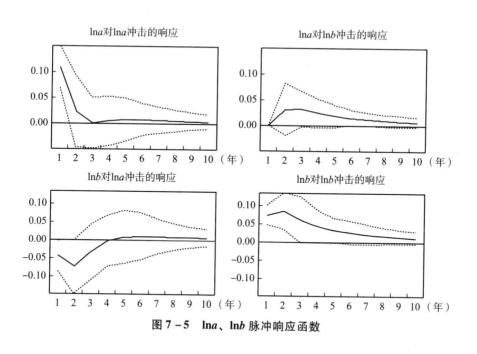

图 7 - 5　ln*a*、ln*b* 脉冲响应函数

　　根据 ln*a* 与 ln*b* 的脉冲响应可以看出，当 ln*a* 受到来自它自身一个单位标准差的新息冲击时，在第 1 期即上升到 0.011，但此后开始下降，到第 3 期时接近于 0，此后维持在 0 值以上趋于稳定；当受到 $\ln b$ 的冲击后在第 1 期没有变化，在第 3 期上升至最高值 0.032，此后开始回落，在第 7 期以后趋于稳定。当 $\ln b$ 在受到来自 $\ln a$ 与其自身一个单位标准差的新息冲击后，对来自 $\ln a$ 的冲击在前 4 期都是负向响应，自第 5 期开始正向响应，呈上升趋势但是幅度不大，在第 9 期以后趋于稳定；对来自自身的冲击，$\ln b$ 在前 5 期正向响应明显，第 6 期以后趋于稳定。根据分析结果可以看出镇域城镇化对于城乡一体化的影响在前 5 个周期比较明显，即具有短期效应，但长期效应不足。而城乡一体化对镇域城镇化的影响在短期内不仅不能推进镇域城镇化的提高，反而会产生负向响应，从长期来看城乡一体化对镇域城镇化发展具有正向效应。由于镇域城镇化与城乡一体化都对自身的短期正向影响比较敏感，因此提高镇域城镇化与城乡一体化自身发展质量，短期效果会比较显著。

方差分解分析：方差可以度量每一个结构冲击对内生变量的贡献度，从而判断不同结构冲击的重要性。对 $\ln a$ 与 $\ln b$ 的方差分解结果见图 7 – 6 与表 7 – 7（a）、表 7 – 7（b）。

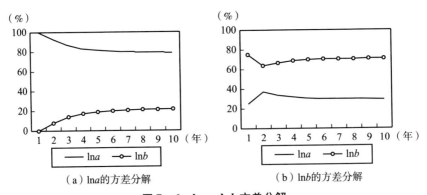

（a）$\ln a$ 的方差分解　　　　（b）$\ln b$ 的方差分解

图 7 – 6　$\ln a$、$\ln b$ 方差分解

表7-7（a）　　　　　　　　ln*a* 方差贡献度

期（Period）	S. E.	ln*a*	ln*b*
1	0. 109480	100. 0000	0. 000000
2	0. 116366	92. 72067	7. 279331
3	0. 120602	86. 34749	13. 65251
4	0. 123128	83. 05676	16. 94324
5	0. 124813	81. 28435	18. 71565
6	0. 125971	80. 20690	19. 79310
7	0. 126754	79. 51237	20. 48763
8	0. 127282	79. 05788	20. 94212
9	0. 127637	78. 75846	21. 24154
10	0. 127876	78. 55991	21. 4400964

表7-7（b）　　　　　　　　ln*b* 方差贡献度

期（Period）	S. E.	ln*a*	ln*b*
1	0. 086278	25. 38765	74. 61235
2	0. 141032	36. 44116	63. 55884
3	0. 157270	33. 63662	66. 36338
4	0. 163201	31. 25920	68. 74080
5	0. 166761	30. 19343	69. 80657
6	0. 169190	29. 72577	70. 27423
7	0. 170851	29. 50887	70. 49113
8	0. 171982	29. 40504	70. 59496
9	0. 172748	29. 35289	70. 64711
10	0. 173266	29. 32472	70. 67528

在对 ln*a* 的方差分解中可以看出，在第 1 期 ln*b* 对其的贡献度为 0，从第 2 期开始逐渐上升，到第 7 期时贡献度超过了 20%，第 10 期以后比较稳定；而 ln*a* 自身的贡献度呈缓慢下降趋势，但是幅度不大，到第 9 期以后稳定在 78% 左右。ln*b* 的方差分解在第 1 期时来自 ln*a* 的贡献度就达到了 25% 以上，在第 2 期贡献度达到了最大值 36%，在第 6 期后稳

定在 29% 左右；lnb 对于自身的贡献度呈下降趋势，在 6 期以后稳定在 70% 左右。根据方差分解结果可以看出镇域城镇化对城乡一体化的影响具有长期的稳定性，但在初期并不明显。而城乡一体化对镇域城镇化指标在前 2 期影响最大，结合脉冲响应可知是冲击产生的负向响应，为什么城乡一体化会对镇域城镇化短期会产生负向响应？而镇域城镇化对城乡一体化产生的又是正向响应？这需要进一步解析每一变量的内在因素的影响。

7.3.2.2　城乡一体化（a）与镇域经济发展水平（$b1$）、公共服务水平（$b2$）的实证分析

镇域城镇化指标从四个维度进行测量，城乡一体化与四个不同维度之间必然也存在一定的动态关系，为解析镇域城镇化对城乡一体化产生的正向响应，从镇域城镇化不同维度对城乡一体化的影响可以诠释变量间动态演变的内在机制。受限于样本容量，在此选择对镇域城镇化影响权重最大的两个维度即经济发展水平与公共服务水平，通过分析这两个维度与城乡一体化的互动影响，判断镇域城镇化对城乡一体化的作用机制。构建城乡一体化指标与经济发展、公共服务三者的向量自回归模型与协整方程，以此来判断变量间的内在演变逻辑。

最优滞后阶数：由表 7 - 4 可知三个序列都是非平稳序列，在一阶差分后平稳，即都属于单整序列。由于 VAR 模型的非限制性，在此首先建立 a、$b1$、$b2$ 的 VAR 模型，根据 AIC、SC 等原则及考虑到样本容量，首先要选择最优滞后阶数，根据表 7 - 8 可知，滞后 2 阶为最优滞后阶数，因此建立 VAR（2）模型。

模型检验：通过构建 VAR（2）模型，三个方程的拟合优度分别达到了 0.950、0.716、0.825，除 $b1$ 解释性稍低外，其他两个模型解释程度较高。对模型稳定性的检验通过计算特征多项式，可以看出所有模型的根的倒数都在单位圆内（见图 7 - 7），说明 VAR（2）模型具有稳定

性。为进一步说明城乡一体化与镇域经济发展、公共服务水平之间的动态关系，在此进行协整检验，建立协整方程。由于三个变量都是一阶单整变量，为防止出现伪回归，以此为基础对变量进行约翰森（Johansen）协整关系检验，以判断三个变量之间是否存在长期均衡关系，协整检验结果见表7-9。

表7-8   a、b1、b2 最优滞后阶数选择

Lag	LogL	LR	FPE	AIC	SC	HQ
0	-176.4988	NA	4975992.0	23.93317	24.07478	23.93166
1	-147.2312	42.92579*	346912.5	21.23083	21.79727	21.22479
2	-132.0131	16.23263	184042.2*	20.40175*	21.39302*	20.39119*

注：*为根据相应的准则选择出来的滞后阶数。

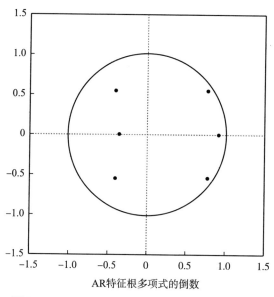

AR特征根多项式的倒数

图7-7　a、b1、b2 VAR（2）模型稳定性检验

表 7 - 9　　　　　　　　　　　　*a*、*b1*、*b2* 协整检验结果

方程数量假定	特征值	迹统计量	最大特征根统计量
无	0. 445694	10. 98543 (0. 0125) *	23. 72298 (0. 0211) *
至多 1 个	0. 445694	10. 98543 (0. 2124)	8. 850570 (0. 2988)
至多 2 个	0. 132660	2. 134857 (0. 1440)	2. 134857 (0. 1440)

注：＊表示在 5% 显著水平下拒绝原假设，括号内数字为 P 值。

协整方程：根据表 7 - 9 的检验结果可以看出迹统计量与最大特征值在 90% 的置信水平下，*a*、*b1*、*b2* 之间存在一个协整关系，表明变量之间存在长期均衡关系。三个变量的时间序列标准化协整方程如下：

$$a = 65. 37 + 1. 039 \times b1 - 1. 280 \times b2 \qquad (7 - 1)$$
$$(- 15. 379) \quad (9. 473)$$

协整方程的似然比统计量为 - 133. 081，各变量在 95% 置信区间具有统计学意义。根据协整方程（7 - 1）可以看出 *b1* 每变动 1 个单位，*a* 就会增加 1. 039 个单位，*b2* 每变动 1 个单位，*a* 就会下降 1. 280 个单位。即镇域经济发展水平对城乡一体化具有正向作用，但对公共服务水平则是负向作用。对正向作用的解释主要是因为镇域经济发展水平越高，产业结构优化的经济效益就会增加越快，第二、第三产业发展水平得以提升，镇域人均收入增加、消费水平提高，城乡一体化进程加快。对于公共服务水平与城乡一体化的负向作用，则主要与公共服务水平经济产出与收益的时滞性质相关。根据图 7 - 1 从烟台市镇域经济发展的实际情况来看，2001 ~ 2017 年公共服务水平波动较大，且上升幅度是四个维度中最低的，年均增长率约为 2. 14%。公共服务的分类指标包括万人拥有图书馆与文化站的数量、小学与幼儿园的数量、福利院与养老院的数量以及医疗机构的病床数，四项指标的改善几乎都要依赖于政府的财政支出，而财政支出能力又受制于政府财政收入水平。公共服务水平体现的

是新型城镇化以人为本的价值主旨，可以提高民众生活品质，但短期很难产生经济效益。同时提高公共服务水平又需要地方财政支出的不断投入，最终降低地方财政支出的其他支出收益，因此从短期来看公共服务水平的提高，不仅不能产生经济效益，反而增加了财政支出从而使财政收入相对减少，加剧城乡二元分化，影响城乡一体化进程。但从长期来看，公共服务必然会推进城乡一体化发展。

根据协整检验结果可知 a、$b1$、$b2$ 三者之间存在长期均衡关系，据此可以对变量进行格兰杰因果关系检验，检验结果见表 7-10。根据结果可以看出在 95% 显著水平下，滞后 1 期时变量之间不存在格兰杰因果关系。在 99% 显著性水平下，滞后 2 期时镇域经济发展水平（$b1$）与公共服务（$b2$）之间存在单向因果关系。在 95% 显著性水平下，滞后 3 期时，城乡一体化（a）与镇域经济发展水平（$b1$）之间存在单向因果关系，同时镇域经济发展水平（$b1$）与公共服务（$b2$）之间也仍然存在单向因果关系，变量之间因果关系表现稳定。

表 7-10　　　　　　　　a、$b1$、$b2$ 格兰杰因果关系检验

滞后期	原假设	变量	F 统计量	P 值	检测结果
2	$b1$ 不是 $\ln a$ 的格兰杰原因	15	0.57738	0.5790	接受
	$\ln a$ 不是 $b1$ 的格兰杰原因		0.61890	0.5579	接受
	$b2$ 不是 $\ln a$ 的格兰杰原因		0.02138	0.9789	接受
	$\ln a$ 不是 $b2$ 的格兰杰原因		0.34418	0.7169	接受
	$b2$ 不是 $b1$ 的格兰杰原因		0.00740	0.9926	接受
	$b1$ 不是 $b2$ 的格兰杰原因		15.8561	0.0008	拒绝
3	$b1$ 不是 $\ln a$ 的格兰杰原因	14	0.26032	0.8519	接受
	$\ln a$ 不是 $b1$ 的格兰杰原因		4.54126	0.0455	拒绝
	$b2$ 不是 $\ln a$ 的格兰杰原因		0.43796	0.7329	接受
	$\ln a$ 不是 $b2$ 的格兰杰原因		0.62488	0.6213	接受
	$b2$ 不是 $b1$ 的格兰杰原因		0.67661	0.5934	接受
	$b1$ 不是 $b2$ 的格兰杰原因		9.71700	0.0069	拒绝

脉冲响应函数分析：由于 a、$b1$、$b2$ 三者之间存在长期均衡关系，通过误差修正模型来准确分析变量之间的变动情况。以误差修正模型为基础进行广义脉冲响应函数分析有助于判断每一变量受到新息冲击时的响应程度，具体分析结果如下：

根据图 7-8，当 a 受到来自一个标准差新息冲击时的响应如下：对来自自身的冲击在前 4 个周期有波动，自第 5 个周期进入稳定期；对来自 $b1$ 新息的冲击在前 4 个周期有所波动，其中第 3 期达到最大值 3.69，自第 5 期后基本保持稳定；对来自 $b2$ 新息的冲击 $\ln a$ 一直都是负向响应，自第 3 期以后保持稳定。$b1$ 对不同新息的冲击反应要更明显一些：对于 a 的冲击，第 1 期即达到最高值 5.17，前 2 期表现为正向响应，此后波动幅度有所减缓，在第 7 期后一直是接近于 0 的负向响应；对来自自身新息冲击的影响前 4 期波动较大，自 5 期后保持稳定；对 $b2$ 新息

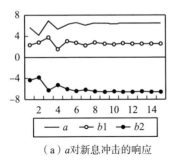

（a）a 对新息冲击的响应

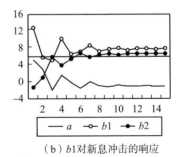

（b）$b1$ 对新息冲击的响应

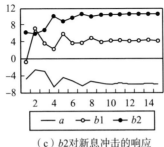

（c）$b2$ 对新息冲击的响应

图 7-8　a、$b1$、$b2$ 脉冲响应函数

的冲击，在第 1 期表现为负向响应，但从第 2 期开始转为正向响应，且上升幅度较大，在第 5 期以后保持稳定。$b2$ 对于不同新息冲击的影响响应如下：对于三个变量的冲击在前 3 期的响应波动幅度都比较明显，$b1$ 与自身新息基本都是正向响应，在第 5 期以后基本进入稳定期；对来自 a 的新息则是负向响应，自第 4 期以后进入稳定期。根据脉冲响应函数的分析结果可以看出，无论是来自哪一变量新息的冲击，主要是在前 3 期波动较大，即响应具有短期性，而且来自城乡一体化与公共服务的新息对对方产生的都是负向响应，这与前文分析结果具有一致性。

方差分解分析：根据表 7 - 11（a）~ 表 7 - 11(c)，从 a 的方差变动来看，自身的影响最大，$b1$ 的贡献度在第 2 期最大，但也只有 2.8%，之后呈下降趋势。而 $b2$ 的贡献度呈现上升态势，在第 10 期之后达到稳定状态，贡献度维持在 12% ~ 13%；从 $b1$ 的方差变动来看，在第 1 期时 a 的贡献度就达到了 16.17%，第 2 期时最大贡献度为 16.79%，此后逐渐下降，第 12 期以后进入稳定状态。保持在 3% 以上；$b2$ 的贡献度上升速度很快，第 12 期进入稳定期，贡献度超过了 29%。$b1$ 自身的贡献度在第 1 期是 83.8%，此后逐渐收敛，在第 8 期以后保持在 70% 左右，进入稳定状态；从 $b2$ 的方差变动来看，贡献度最大的是 $b1$，在第 1 期时 a 的贡献度最大，从第 2 期开始 $b1$ 的贡献度就达到了 59.6%，从第 7 期开始进入稳定期，贡献度维持在 40% 左右，而 a 的贡献度在第 7 期稳定状态后保持在 23% 左右，$b2$ 自身的贡献度在第 7 期后基本保持在 35% 左右。根据方差分析结果来看，除自身的影响之外对城乡一体化影响最大的是镇域公共服务水平，但从脉冲响应分析来看影响是负向的；对镇域经济发展贡献最大的也是镇域公共服务水平，而对镇域公共服务贡献度最大的是镇域经济发展水平，但城乡一体化贡献度超过了 20%。所有变量贡献度变动较大的主要都在前 4 期，这与脉冲响应分析结果基本是一致的，说明城乡一体化、镇域经济发展水平与公共服务的变动都具有短期效应。方差分析与脉冲响应可以看出镇域城镇化对城乡一体化的短期正向响应主要来自镇域经济发展水平的贡献。

表 7 – 11 （a）　　　　　　　　　　*a* 方差分解

期（Period）	S. E.	*a*	*b*1	*b*2
1	5. 634077	100. 0000	0. 000000	0. 000000
2	7. 268557	92. 48750	2. 804280	4. 708221
3	10. 26232	91. 56458	2. 370237	6. 065178
4	11. 72376	90. 39482	2. 145479	7. 459702
5	13. 47389	89. 05999	1. 854641	9. 085368
6	15. 18552	88. 61024	1. 463219	9. 926544
7	16. 53255	88. 01952	1. 263164	10. 71732
8	17. 92987	87. 51415	1. 087360	11. 39849
9	19. 24323	87. 21154	0. 945831	11. 84263
10	20. 41760	86. 89379	0. 844768	12. 26144

表 7 – 11 （b）　　　　　　　　　　*b*1 方差分解

期（Period）	S. E.	*a*	*b*1	*b*2
1	12. 85951	16. 16770	83. 83230	0. 000000
2	14. 62432	16. 79186	76. 67582	6. 532322
3	16. 79856	14. 13336	72. 85059	13. 01605
4	20. 36324	10. 12014	75. 80001	14. 07985
5	22. 41995	8. 369073	72. 94548	18. 68545
6	24. 77072	7. 228467	71. 50814	21. 26339
7	27. 20391	5. 997281	71. 48055	22. 52217
8	29. 17236	5. 346776	70. 15296	24. 50026
9	31. 20329	4. 835337	69. 53742	25. 62725
10	33. 14504	4. 340962	69. 19780	26. 46124

表 7 – 11（c）   **b2 方差分解**

期（Period）	S. E.	a	b1	b2
1	6.326760	60.10169	4.629963	35.26835
2	11.92795	21.92417	59.60211	18.47372
3	14.54971	18.78107	53.44250	27.77644
4	18.09876	25.63484	43.54064	30.82453
5	21.37745	22.68613	46.53314	30.78073
6	23.99637	22.85603	43.95290	33.19107
7	26.73133	23.88422	42.10272	34.01306
8	29.22246	23.33816	42.23590	34.42594
9	31.47651	23.54765	41.21625	35.23610
10	33.68965	23.77357	40.64324	35.58320

7.3.2.3 镇域城镇化（lnb）与经济一体化（lna2）、空间一体化（lna3）的实证分析

由于城乡一体化指标是由社会一体化、经济一体化与空间一体化三个二级指标组成，为进一步判断镇域城镇化综合指标与二级指标的动态关系，在此对镇域城镇化综合指标与经济一体化、空间一体化进行实证分析。根据表 7 – 2 可知城乡一体化指标体系中二级指标经济一体化与空间一体化权重值较高，另根据表 7 – 4 可知 lnb、lna2 与 lna3 通过 ADF 检验都具有平稳性，在此构建 VAR 模型，并通过格兰杰因果关系检验、脉冲响应等方法解析三个变量之间的内在动态关系。

最优滞后阶数：根据 LR、AIC、SC 等原则，同时考虑样本量，最大限度减少自由度损耗，选择滞后 2 期为最优滞后阶数。建立 VAR（2）模型，3 个模型的拟合优度分别达到了 0.976、0.982 与 0.982，拟合优度很高，对模型解释度很好。

模型检验：为判断模型是否具有稳定性，在此仍然采用 AR 根图

进行检验，根据图 7 - 9 可知，所有模型根的倒数都在单位圆内，所构建的 VAR（2）模型具有稳定性。为进一步判断三个变量之间是否存在因果关系，对于平稳性变量进行格兰杰因果关系分析，分析结果如表 7 - 12 所示。

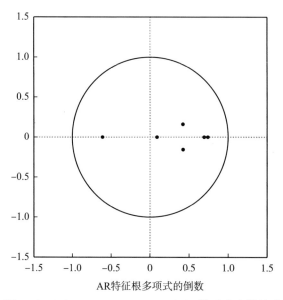

AR特征根多项式的倒数

图 7 - 9　ln*b*、ln*a*2、ln*a*3 VAR（2）模型稳定性检验

表 7 - 12　　　　　　　ln*b*、ln*a*2、ln*a*3 格兰杰因果关系检验结果

滞后期	原假设	变量	F 统计量	P 值	检测结果
1	ln*a*2 不是 ln*b* 的格兰杰原因	16	1.69800	0.215	接受
	ln*b* 不是 ln*a*2 的格兰杰原因		51.3049	7E - 06	拒绝
	ln*a*3 不是 ln*b* 的格兰杰原因		0.00898	0.926	接受
	ln*b* 不是 ln*a*3 的格兰杰原因		0.45436	0.512	接受
	ln*a*3 不是 ln*a*2 的格兰杰原因		190.370	4E - 09	拒绝
	ln*a*2 不是 ln*a*3 的格兰杰原因		5.85757	0.031	拒绝

续表

滞后期	原假设	变量	F 统计量	P 值	检测结果
2	lna2 不是 lnb 的格兰杰原因	15	2.22231	0.159	接受
	lnb 不是 lna2 的格兰杰原因		0.48874	0.627	接受
	lna3 不是 lnb 的格兰杰原因		1.55343	0.259	接受
	lnb 不是 lna3 的格兰杰原因		0.04792	0.953	接受
	lna3 不是 lna2 的格兰杰原因		10.7561	0.003	拒绝
	lna2 不是 lna3 的格兰杰原因		2.41959	0.139	接受
3	lna2 不是 lnb 的格兰杰原因	14	0.77105	0.546	接受
	lnb 不是 lna2 的格兰杰原因		0.42453	0.742	接受
	lna3 不是 lnb 的格兰杰原因		0.27091	0.845	接受
	lnb 不是 lna3 的格兰杰原因		0.15602	0.923	接受
	lna3 不是 lna2 的格兰杰原因		8.27981	0.011	拒绝
	lna2 不是 lna3 的格兰杰原因		3.33795	0.086	拒绝

在不同的滞后期下，三个变量之间并不完全存在格兰杰因果关系。由于表 7-12 滞后 1 期时 lnb 与 lna2 之间存在单向因果关系，lna2 与 lna3 之间存在双向因果关系；在 95% 显著性水平下，滞后 2 期时只有 lna3 与 lna2 之间存在单向因果关系；在滞后 3 期时 lna2 与 lna3 之间存在双向因果关系。根据检验结果可知，镇域城镇化对经济一体化影响作用较大，但对空间一体化并无显著性影响。同时城乡经济一体化与空间一体化二者之间的相互作用比较显著。

脉冲响应函数分析：由于三个变量都具有平稳性，符合脉冲响应分析的基本条件，在此通过变量受到一个标准差新息冲击时的响应，分析变量之间的内在逻辑。根据图 7-10，lnb 受到来自三个变量新息冲击时的响应，对来自自身的新息冲击，在第 2 期时达到最高，第 9 期以后趋于稳定；对来自 lna2 的新息冲击产生的是负向响应，第 4 期最低，在第 7 期以后趋于稳定；对来自 lna3 的新息冲击，产生的是正向冲击，在第

4 期时达到最高，在第 9 期以后趋近于 0。lna2 对来自 lnb 冲击的响应，在前 4 期是负向响应，第 2 期时达到最低，但从第 5 期开始转向正向响应，第 7 期以后逐渐稳定；对来自 lna3 的冲击都是正向响应，在第 3 期时达到最大，第 9 期时趋近于 0；对来自自身的冲击除第 1 期外都是负向响应，在第 4 期时最低，第 9 期以后趋近于 0。lna3 对来自 lnb 新息冲击的响应，前 3 期是负向响应，此后转为正向响应，第 7 期最高，在第 14 期时趋近于 0，进入稳定状态；对来自 lna2 的冲击除第 1 期外都是负向响应，第 4 期时最低，第 9 期以后趋近于 0，进入稳定状态；对来自 lna3 的冲击都是正向响应，前 3 期影响比较大，第 1 期最高，第 9 期后趋于稳定。

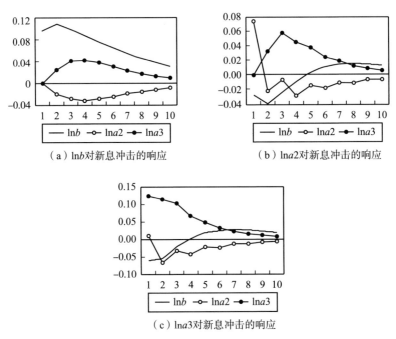

（a）lnb对新息冲击的响应

（b）lna2对新息冲击的响应

（c）lna3对新息冲击的响应

图 7 - 10　lnb、lna2、lna3 脉冲响应分析

　　总体而言，从脉冲响应来看，对镇域城镇化影响最大的是来自空间一体化的冲击，产生的是正向响应且短期影响较为显著，而经济一体化产生的是负向响应；对经济一体化短期影响最大的是空间一体化的正向响应，第 7 期以后镇域城镇化的冲击最大，且由负向响应转为正向响应；对空间一体化影响最大的是镇域城镇化，短期为负向响应，长期为正向响应。

方差分解分析：在不考虑自身的贡献度情形下，从 lnb 的方差来看，lna2 的贡献度（6.9%）要小于 lna3 的贡献度（11%），二者的贡献度都不高［见表 7 - 13（a）］；从 lna2 的方差分解来看，如果不考虑自身的影响，lna3 对 lna2 变动的贡献度最高，最高值达到 45.91%，lnb 的贡献度达到 19% 左右［见表 7 - 13（b）］；从 lna3 方差的分解可以看出，lnb 的贡献度要稍大于 lna2 的贡献度，分别达到了 15.3% 与 13.6% 左右［见表 7 - 13（c）］。通过方差分解可以看出，三个变量的变动作用机制并不相同，在不考虑自身的影响下，对镇域城镇化贡献最大的是城乡空间一体化，而对于经济一体化贡献最大的也是空间一体化，其贡献度甚至超过了自身的贡献度，说明要加快城乡经济一体化发展，通过提高空间一体化水平在短期内即可取得成效，同时也可以推进镇域城镇化综合发展进程；对空间一体化发展变动影响最大的是镇域城镇化。三个变量之间的内在关联性与格兰杰因果检验与脉冲响应分析相一致。

表 7 - 13（a）　　　　　　　　　lnb 方差分解

期（Period）	S. E.	lnb	lna2	lna3
1	0.095546	100.0000	0.000000	0.000000
2	0.147558	95.24840	1.959275	2.792325
3	0.184340	89.73634	3.725114	6.538550
4	0.210204	85.79247	5.213407	8.994122
5	0.227876	83.64821	6.043364	10.30843
6	0.239722	82.62514	6.529670	10.84519
7	0.247531	82.22936	6.762410	11.00823
8	0.252621	82.11745	6.877928	11.00463
9	0.255897	82.12412	6.925525	10.95035
10	0.257979	82.16533	6.944927	10.88974

表 7 – 13（b）　　　　　　　　　lna2 方差分解

期（Period）	S. E.	ln$b$	ln$a2$	ln$a3$
1	0.079181	12.07388	87.92612	0.000000
2	0.096528	24.31525	64.32076	11.36399
3	0.115127	21.10194	45.48942	33.40864
4	0.127077	17.82850	42.36145	39.81005
5	0.133488	16.27524	39.50513	44.21963
6	0.137510	16.03589	38.91151	45.05260
7	0.140064	16.67781	38.03085	45.29134
8	0.141903	17.51945	37.56504	44.91550
9	0.143180	18.35263	37.10146	44.54591
10	0.144080	19.01156	36.80337	44.18506

表 7 – 13（c）　　　　　　　　　lna3 方差分解

期（Period）	S. E.	ln$b$	ln$a2$	ln$a3$
1	0.137000	19.13543	0.429850	80.43472
2	0.198616	16.58206	11.67279	71.74515
3	0.226819	13.62521	11.06864	75.30615
4	0.240370	12.13645	13.10172	74.76184
5	0.246976	12.03857	13.25814	74.70330
6	0.251153	12.61165	13.66042	73.72794
7	0.253923	13.46288	13.65331	72.88381
8	0.255906	14.23632	13.68580	72.07788
9	0.257267	14.86568	13.64588	71.48844
10	0.258197	15.31965	13.62622	71.05413

总体而言，镇域城镇化对经济一体化与空间一体化都具有长期的正效应，但短期为负效应。空间一体化对镇域城镇化具有正效应，短期效应大于长期效应。经济一体化对镇域城镇化与空间一体化产生的都是负

效应，尤其是对镇域城镇化的负向效应更大，导致城乡一体化总体指标在初期对镇域城镇化都产生了负效应。理论上经济一体化应当对镇域城镇化发展具有正效应，经济一体化水平越高说明城乡间非农就业比、产值比等就越大，就会推动镇域城镇化水平的提高，即二者是正向影响。但为什么烟台市的实证分析是负向影响呢？主要原因是镇域城镇化的统计对象全部都是建制镇，并未包含同是镇级单位的街道办事处。而城乡经济一体化的统计范围包含全部的建制镇、街道办事处，即经济一体化水平越高建制镇与街道办事处的非农就业比、非农产值等就越大。街道办事处与建制镇虽都是镇级单位，但是二者发展并不协调。街道办事处城镇化水平普遍高于建制镇，产业与人口集聚程度、建成区发展水平都比较高，而且街道办事处在镇级单位占比增加速度非常快，由 2001 年的 31.29% 增加到 2017 年 42.86%。街道办事处的经济发展水平远高于建制镇，且对建制镇的非农人口与产业产生"虹吸"效应，对建制镇的城市化发展产生了抑制作用，尤其对经济发展水平比较落后的镇区影响更大，这也是烟台市建制镇镇域城镇化与经济发展产生两极分化的重要原因。从一定程度上可以认为经济一体化对镇级单位街道办事处的城市化发展产生的是正向作用，而对建制镇的城市化发展产生的是负向作用。

7.4 本章小结

镇域经济在经历镇化与市化两个阶段的充分发展之后，进入第三阶段，即通过镇域城镇化发展来缩小城乡差距最终实现城乡一体化。党的十九大报告提出乡村振兴战略，提出了城乡融合发展的目标，而城乡一体化是城乡融合发展的主要内容。对于城乡一体化概念的界定主要有制度一体化、经济一体化、硬件设施一体化与多元一体化四种观点，基于新型城镇化及乡村振兴战略要求，本书认为多元一体化符合时代要求，即城乡一体化应该是弹性多维概念，包含经济、文化、制度、基础设施、公共服务等多维度的一体化，而且随着社会的发展必然会被赋予更多的内容。根据镇域经济发展特点本书对城乡一体化的概念界定为社会一体化、经济一体化与空间一体化三个维度。

城乡一体化发展具有阶段性，无论是双向城乡一体化还是单向城乡一体化都应该体现差异性，具体表现为区域性差异与时间性差异。区域性差异体现个性化，时间性差异体现阶段化。在城乡一体化发展中，镇域既是第一阶段发展的"资源库"又是第二阶段发展的"创业园"。镇域城镇化与经济发展对城乡一体化具有重要意义。

以烟台市 2001~2017 年镇域 93 个建制镇数据为年度数据构建镇域城镇化指标体系，分别从经济发展、公共服务、市场环境与基础设施四个维度进行了分析，运用熵值法计算每一指标权重。在镇域发展中四个维度总体上升趋势比较明显，公共服务水平上升幅度最小，而经济发展水平上升幅度最大。通过指标权重的计算，经济发展与公共服务对镇域城镇化指标影响显著。在对烟台市城乡一体化指标体系的构建中，经济一体化与空间一体化的发展基本呈梯度上升趋势，但是社会一体化却呈"U"型发展态势，这一变化趋势主要是由城乡居民消费比差距过大引起的。城乡一体化发展综合指标最低值出现在 2001 年（7.413），最高值是 2017 年（69.568），年均增长率为 15.02%。

在实证部分主要通过构建 VAR 模型，运用格兰杰因果关系检验、脉冲响应函数与方差分析等方法验证了相关变量的内在逻辑：

（1）镇域城镇化（lnb）与城乡一体化（lna）。通过实证分析发现二者在不同的滞后期具有单向因果关系，在滞后 1 期时镇域城镇化是城乡一体化的格兰杰因原因，在滞后 2 期时，城乡一体化是镇域城镇化的格兰杰原因。通过脉冲响应与方差分析可以看出镇域城镇化对城乡一体化新息的冲击短期是负向响应，但是中期以后转为正向响应，且城乡一体化对镇域城镇化指标变动的贡献率保持在30%左右。而城乡一体化对来自城镇化新息的冲击产生的都是正向响应，短期效应比较明显，对城乡一体化变动的贡献率维持在21%左右。由此也可看出城乡一体化对镇域城镇化综合指标的推进作用要大于后者对前者的作用，短期效应明显。从长期来看，不断提升镇域城镇化发展质量是实现城乡一体化目标的根本。

（2）城乡一体化（a）与镇域经济发展水平（$b1$）、公共服务水平（$b2$）。由于三个变量都具有非平稳性，在一阶差分后平稳，经过协整检验，变量间具有长期均衡关系。通过协整方程可以看出镇域经济发展水平对城乡一体化具有正向推进作用，但是镇域公共服务水平则是负向作用。产生负向作用的主要原因在于公共服务依赖于地方财政支出，而又不具有短期经济效益，地方财政支出的增加影响地方经济发展，从而在短期内导致城乡二元分化加剧。从格兰杰因果关系分析中可以看出，在滞后2期与滞后3期时镇域经济发展都是公共服务的格兰杰原因，而只有在滞后2期时城乡一体化才是镇域经济发展水平的格兰杰原因。通过脉冲响应函数与方差分析可以看出，在不考虑自身的影响下，对城乡一体化影响最大的是镇域经济发展水平，但镇域经济发展水平对其方差变动的贡献度并不高。对镇域经济发展水平影响最大的公共服务水平，方差贡献度达到26%。对公共服务影响最大的是镇域经济发展水平，方差贡献度超过了40%。

（3）镇域城镇化（$\ln b$）与经济一体化（$\ln a2$）、空间一体化（$\ln a3$）。三个变量都是平稳性变量，符合构建VAR模型的条件，最优滞后阶数是2，建立VAR（2）模型。在格兰杰因果关系检验中，城乡经济一体化与空间一体化具有比较稳定的双向因果关系，在滞后1期时镇域城镇化是城乡经济一体化的格兰杰原因。从脉冲响应函数与方差分析中可知，在不考虑自身的影响下，对镇域城镇化影响最大的是空间一体化，其方差的贡献度约为10%；对经济一体化影响最大的变量，短期是空间一体化，但中期以后镇域城镇化的影响更大，空间一体化对方差的贡献度达到44%，经济发展水平的方差贡献度约为19%；对空间一体化影响最大的是镇域城镇化，方差贡献度约为15%。分析结果充分说明了提高空间一体化水平在加快城乡经济一体化发展的同时，也可以推进镇域城镇化发展。

综上所述，镇域城镇化对城乡一体化发展具有正向推动作用，且短期效应大于长期效应；从长期来看城乡一体化对镇域城镇化具有较为稳定的正向影响。

第8章

结论与政策建议

广义上对城镇化的理解应当包含两部分：狭义城镇化与城市化。狭义城镇化与城市化也可以看作是城市发展的不同阶段。城市化是城镇化发展的高级阶段，对大中小城市品质的提升是城市化发展过程，而从小城镇到小城市的发展过程则是城镇化发展的初级阶段，称为狭义的城镇化。本书研究的出发点就是以建制镇（镇域经济）为基础的小城镇向城市发展的演化过程，即狭义城镇化过程。在这一背景下通过对微观视域下的镇域城镇化发展过程的分析，探析镇域经济发展的内在逻辑。全书主要讨论和分析了以下四个问题：一是分析了以建制镇为核心的镇域经济发展状况。总结归纳了全国、山东省、烟台市建制镇的阶段性发展特点，分析了不同阶段建制镇的发展水平。二是考察了镇域的"镇"化过程与镇域经济发展。分析了镇域"镇"化的发展路径，阐释了分工水平对"镇"化水平与镇域经济发展的影响程度。三是考察了镇域的"市"化过程与镇域经济发展。具体分析了镇区"市"化发展路径，阐释了交易效率在镇区"市"化水平与镇域经济发展中的作用机理。四是考察了镇域城镇化与城乡一体化的内在关联性，分析了二者之间相互演化的作用机制。

镇域城镇化与经济发展基于 2014 年国家新型城镇化发展规划出台以及 2017 年乡村振兴战略规划的提出，为镇域城镇化与经济发展提供了重要契机。乡村振兴的制度性"推"力与新型城镇化发展形成的"拉"力，二者形成的合力成为镇域城镇化与经济发展的重要动力。本书从学术研究与政策性推动两个角度系统分析了新型城镇化发展与演进历程，提出了镇域城镇化发展的必要性。由于镇域经济属于区域经济的微观单位，理论与实践方面的相关研究并不丰富，对现有关于镇域经济的研究存在制度性研究不足、全局性和整体性研究较少的问题。缺少对镇域城镇化与经济发展的制度化设计，没有系统阐述镇域城镇化发展水平与城乡一体化的内在关联性等问题。本书尝试突破现有镇域经济的"横向"研究与"范式"研究的局限性，对镇域经济的"纵向"演化进行制度式设计，以新型城镇化"以人为本"的主旨思想为基轴，设计镇域城镇化与经济发展的演进路径："镇"化→"市"化→城乡一体化。在理论方面主要应用区域经济学集聚经济理论与专业化分工理论分析了城市的产生、城乡二元结构的形成，推演了专业化分工理论与交易效率对镇域经济发展、镇域城镇化发展的理论框架与理论假设。

8.1　主　要　结　论

8.1.1　对镇域经济发展状况的分析结论

在对镇域经济发展状况的分析中，指出现阶段以建制镇为核心的镇域经济发展进入稳定期，这一阶段镇域经济发展从关注建制镇"量"的增长到重视建制镇"质"的提升，说明镇域经济发展已进入转型期。从实证分析可以看出，烟台市镇域经济整体发展高于山东省与全国平均水平，2001~2017年镇域人口规模、经济发展、产业结构及基础设施等方面有了长足的发展。从人口规模来看，镇域常住人口呈下降态势，而镇区常住人口则呈上升态势，常住人口变动与烟台市城镇化发展速度直接相关。对于镇区而言，常住人口的增长速度远远低于建成区的扩张速度；从经济发展来看，企业实交税金的快速增长可以看出镇域经济发展水平的提高，同时也带动了地方政府财政收入水平的增长。而随着镇域基础设施的投入的增加，财政支出的比例也逐渐上升，但是烟台市镇域政府并未出现财政"赤字"；产业结构主要通过就业结构体现出来，镇域产业发展仍然处于"一二三"发展阶段，农业仍然是镇域经济的主导产业，因此推动产业结构优化是发展镇域经济的主要方向，尤其是附加值较高的第三产业；镇域基础设施水平有了很大的改善，但仍不足以满足人们对城镇化生活的品质需求，因此地方政府对于公共服务与社会福利设施的投入可以从根本上推进"以人为本"的新型城镇化发展。

8.1.2　对镇域"镇"化发展的分析结论

镇域城镇化发展过程就是镇域经济发展过程，镇域经济发展具有阶段性，整体发展路径是遵循"镇"化到"市"化到城乡一体化的发展过程。在对镇域"镇"化路径的分析过程中，分析了实现镇域"镇"化发展的主要途径：以就地"镇"化为主要表达方式的人口"镇"化途径；以建成区发展为重点的土地"镇"化途径；以产业集聚与结构优化为重点的产业"镇"化途径。在对烟台市的实证分析中，就地"镇"化体现的是镇区人口集聚性对农业剩余劳动力的"吸"力，以镇区常住人口比为镇区人口集聚程度的测量指标，以第一产业就业人口与总就业人口的比值作为农业比较劳动生产率的测量指标，在对烟台市人口"镇"化分析过程中可以看出第一产业就业人口占比是人口"镇"化的格兰杰原因，而且二者是负向影响，说明镇域第一产业剩余劳动力的城镇化转移可以有效提高镇域的人口"镇"化水平。以镇域建成区面积为土地"镇"化的主要测量指标，以镇域财政收入水平作为镇域经济发展的测量指标，通过实证分析可以看出，烟台市建成区的发展对于地方财政收入的依赖性很大，但是建成区面积的扩张在短期内对财政收入的影响并不显著，说明镇域建成区面积的扩张主要还是通过财政收入的支持，包括对建成区公共设施与基础设施的投入，但是建成区还没有完全发挥集聚人口与第二、第三产业的作用，地方政府的财政收入也并没有带来实质的推进作用。从长期来看，建成区在实现"量"的增长后，注重"质"的提升，发挥产业与人口的集聚作用，不仅有利于实现农业人口的空间转移，达到就地城镇化的目标，同时又可以促进镇域第二、第三产业发展，实现镇域经济产业结构的优化升级。以镇域企业实交税金为镇域产业发展水平的测量指标，以第二、第三产业就业人口与总就业人口的比值为产业结构优化指标，通过动态分析二者的内在关系，可以看出烟台市镇域经济产业结构优化程度不高，第二、第三产业就业占比仍然偏低，尤其是第三产业虽然对于第一产业剩余劳动力的"吸纳"力高于第二产业，但目前并没有发挥出明显的吸引力。虽然产业结构内部有优化的需求，但是明显动力不足。企业税金是产业结构优化的格兰杰原因，因此可以通过企业税金的调整激发产业结构优化的动力。推动镇域经济发展实现产业"镇"化，实质是通过产业结构优化，实现就业资源的市场化配置达到效益最大，而通过企业税金的调整可以有效推动镇域经济产业结构的优化。

分工水平直接影响镇域经济发展水平，也即影响镇域"镇"化水平。运用熵值法构建专业化分工指标体系与镇域新型"镇"化水平的综合评价指标体系，对镇域经济专业化分工水平与新型"镇"化水平进行较为客观的评价。通过对 2001~2017 年烟台市 93 个镇域的面板数据进行分析，解析专业化分工水平与新型"镇"化水平之间的内在关系。利用了广义最小二乘法构建了四个固定效应模型，分别验证了专业化分工对"镇"化水平的影响、专业化分工对镇域经济发展的影响，同时为进一步解析变量之间的内在逻辑，在基准模型的基础上加入了控制变量与相应的时点控制，经过模型的验证，专业化分工水平对于镇域城镇化以及经济发展水平的解释性都在 70% 左右。作为核心解释变量的专业化分工系数都非常稳健与显著。其中对新型"镇化"水平的影响保持在 12% 左右，对于镇域经济的影响弹性保持在 2.8% 左右。这充分证明了理论假设一是成立的，即专业化分工可以影响镇域城镇化水平，且与城镇化水平正相关。

8.1.3　对镇域"市"化发展的分析结论

推进镇区市化水平以"化人""化市""化城"为主要实现路径，从提高镇区人口集聚程度到镇区市场化水平的培育，再到镇区建成区的发展。三大要素中"化人"是目标，"化市"是关键，"化城"是保障，推动镇区市化发展应当三大要素协同发展而不能失之偏颇。结合烟台市镇区发展的实际情况，分别以 2016 年与 2017 年镇区发展的截面数据从三个方面分析了烟台市镇区发展的状况。在实际分析中证明人口集聚程度与镇域经济发展水平有相关性，人口集聚程度每变动 1%，镇域经济发展水平就会增加 1.143%，提高镇区人口集聚性对镇域经济发展具有积极意义；在市场化分析中针对镇区市场化发展水平从七个方面利用熵值法计算了镇区的市场化指数，通过构建回归模型证明了市场化指数每变动 1%，镇域经济发展水平就会增加 0.977%；建成区是镇区人口与产业的物质载体，通过与全国市域、县域建成区的人口密度相对比，烟台市镇区建成区人口密度呈现出两极分化现象，且人口密度越高的镇区，财政收入水平也越高。同时高人口密度、高财政收入的镇区在镇域经济发展过程中具有了自然的"引力"，产业、人口集聚程度就会越强，镇区"市"化水平发展就会进入良性"生态圈"，反之镇区的发展就会困难重重，很大程度上需要政府干预才能推动镇区发展。

交易效率决定高水平分工，高水平分工推动经济发展。分工水平与交易效率的内在逻辑对镇域经济发展具有重要意义。通过交通运输、基础设施、信息通信、教育环境、金融环境、制度环境六个维度十个指标构建了综合交易效率指标。以 2007～2017 年烟台市 93 个镇域的面板数据构建了以综合交易效率指标为核心变量，以产业结构优化指标为控制变量，以镇区"市"化水平与镇域企业实交税金为因变量的变截距固定效应模型。在对"市"化水平的分析中，交易效率对烟台市以及东、中、西部的影响具有差异性，对中部的影响呈现"U"型趋势，而对于其他地区则是倒"U"型，以"U"型或者倒"U"型转折点为分界线，将交易效率分为第一阶段与第二阶段。从全市来看，目前仍然处于交易效率第一阶段，即增长期。中部地区是正"U"型，且交易效率原值与平方项系数都是正值，说明对镇区"市"化水平发挥的是增倍作用，弹性系数达到 0.877，且处于交易效率第二阶段，即快速增长期。

由于镇域企业纳税水平是企业营利能力的一种体现，同时也是地方财政收入的重要来源，所以企业实交税金的多少可以反映镇域经济的发展水平。通过构建交易效率与企业实交税金的固定效应模型可以发现交易效率对企业实交税金的影响（或者说对镇域经济发展水平的影响）呈倒"U"型，但不同地区并不一致，其中东部地区呈现"U"型。通过对交易效率弹性程度与转换点的计算，可以看出烟台市及东、中、西部都处于增长期，东部地区处于第二阶段增长期，其他地区都处于第一阶段增长期。在纳入产业结构优化指标后，模型拟合值的变动具有区域差异性，东部与西部有所上升，而中部地区与全市则略有下降。

通过对交易效率与镇区市化水平的分析论证了本书的第二个理论假设：城乡交易效率可以影响镇域经济发展程度，尤其是镇区的"市"化水平，而且随着交易效率的提高对镇域经济、镇区"市"化水平的影响将呈现倒"U"型的变动趋势。

8.1.4 对镇域城镇化与城乡一体化关系的分析结论

城乡一体化发展具有阶段性，无论是双向城乡一体化还是单向城乡一体化都应该体现差异性，具体表现为区域性差异与时间性差异。区域性差异体现个性化，时间性差异体现阶段化。在城乡一体化发展中，镇域经济既是第一阶段发展的"资源库"又是第二阶段发展的"创业园"。镇域经济发展对城乡一体化发展具有重要意义。镇域城镇化指标是通过构建经济发展、公共服务、市场环境与基础设施四个维度十五个具体分类指标的指标体系进行度量。运用熵值法计算权重，对镇域城镇化进行客观评价。从实证分析中可知：四个维度总体上升趋势比较明显，公共服务水平上升幅度最小，而经济发展水平上升幅度最大。对城乡一体化的度量是从社会一体化、经济一体化与空间一体化三个方面构建了指标体系。2001~2007年烟台市经济一体化与空间一体化的发展基本都呈梯度上升趋势，但是社会一体化却呈"U"型发展态势，这一变化趋势主要是由于城乡居民消费比差距过大产生的。城乡一体化发展综合指标最低值出现在2001年（7.413），最高值是2017年（69.568），年均增长率为15.02%。

为进一步辨析镇域城镇化综合指标与城乡一体化动态演变逻辑，通过构建VAR模型，运用格兰杰因果关系检验、脉冲响应函数与方差分析等方法进行了相关分析。

通过对镇域城镇化与城乡一体化的模型分析可以看出，镇域城镇化与城乡一体化在短期内具有单向因果关系，而通过脉冲响应与方差分析都可以看出二者的短期效应较为显著。但是短期效应中城乡一体化对镇域城镇化产生的是负向影响，中期以后才转为正向影响。镇域城镇化对城乡一体化产生的是正向影响。从长期来看，不断提升城乡一体化与镇域城镇化发展质量是获得持续发展的根本。在对城乡一体化与镇域经济发展、公共服务的分析中，通过协整检验，证明三个变量之间存在长期均衡关系。通过协整方程可以看出镇域经济发展水平对城乡一体化具有正向推进作用，但是镇域公共服务水平则是负向作用。产生负向作用的主要原因在于公共服务依赖于地方财政支出，而又不具有短期经济效益，地方财政支出的增加影响地方经济发展，从而在短期内导致城乡二元分化加剧。从格兰杰因果关系分析中可以看出，在滞后 2 期与 3 期时镇域经济发展都是公共服务的格兰杰原因，而只有在滞后 2 期时城乡一体化才是镇域经济发展水平的格兰杰原因。通过脉冲响应函数与方差分析可以看出，在不考虑自身的影响下，对城乡一体化影响最大的是镇域经济发展水平，但镇域经济发展水平对其方差变动的贡献度并不高。对镇域经济发展水平影响最大的公共服务水平，方差贡献度达到 26%。对公共服务影响最大的是镇域经济发展水平，方差贡献度超过了 40%。在对镇域城镇化综合指标与经济一体化、空间一体化的分析中，通过构建 VAR（2）模型及相关分析可知：城乡经济一体化与空间一体化具有比较稳定的双向因果关系，在滞后 1 期时镇域城镇化是城乡经济一体化的格兰杰原因。在不考虑自身的影响下，对镇域城镇化影响最大的是空间一体化，对经济一体化影响最大的变量，短期是空间一体化，但中期以后镇域城镇化的影响更大，对空间一体化影响最大的是镇域城镇化。分析结果充分说明了要加快城乡经济一体化发展，通过提高空间一体化水平可以加快城乡经济一体化发展，同时也可以推进镇域城镇化发展进程。

8.2 研究价值

8.2.1 理论价值

本书是从微观视域下尝试性分析镇域城镇化发展方式，通过城镇化发展推动镇域经济发展。镇域经济作为微观区域经济，是对区域经济学"微观问题"导向的进一步发展。区别于传统学科理论以宏观或接近于宏观区域问题为主的思路，镇域城镇化发展研究更加关注镇域经济发展中的微观问题，丰富与发展了应用区域经济学的相关理论。以新型城镇化理论为基础，以乡村振兴战略为制度背景对烟台市镇域经济发展进行研究，是从微观视角对区域经济理论的再分析，以建制镇的"个性化问题"为导向，形成镇域城镇化与经济发展的微观理论，得以提高区域经济学的应用价值。

运用集聚经济理论与新兴古典经济学框架下的专业化分工理论分析镇域城镇化发展路径，从"镇"化到"市"化再到城乡一体化，通过专业化分工理论诠释镇域经济的"镇"化过程，提出了人口、土地、产业的"镇"化发展，通过专业化分工对镇域经济三大产业的解构，分析了分工广度与深度对镇域经济"镇"化发展的推进作用。

运用交易效率解析镇域经济发展的"市"化发展路径。古典经济学理论运用超边际分析理论论证了市场运行机制的有效性，而交易效率可以影响市场运行机制，可以反映市场交易活动成本与快捷程度。由于镇域村落的分散居住模式，产品流通与交换效率低下，而镇区大多是镇域经济发展中心，相对集中的人口与产业布局，不仅使专业化分工水平高于镇域自然村落，而且空间上的集聚性也使交易效率有了很大的提高。以镇区为中心促进城乡生产要素的自由流动，通过交易效率的提升推进镇区的城市化发展。经过镇域的"镇"化发展与镇区的"市"化发展，最终带动镇域经济整体水平发展，实现城乡一体化。

8.2.2　实践价值

理论研究的意义与价值在于对实践问题的分析与解决，对镇域城镇化与经济发展理论的研究对烟台市镇域经济发展具有一定的积极意义。通过对镇域经济"镇"化水平与"市"化水平的分析，结合镇域经济发展水平，以烟台市区县为分类单位，以区域地理位置为划分依据，对镇域城镇化与经济发展的具体情况（发展优势或劣势）进行实践检验。

8.2.2.1 东部地区

东部地区包括四个区县：莱山区、牟平区、福山区与长岛县。

莱山区统计中包括莱山镇与解家庄镇，首先，区位优势是其获得发展的首位因素。莱山区与烟台市中心区芝罘区紧密相接。烟台市近几年城市人口、产业增长速度快，中心城区产业与人口呈现梯度转移趋势，助推了莱山区的经济发展。其次，马山街道、莱山街道等区域集中了大量的工业园区，产业集聚性带动了周边服务业的发展，而烟台市政府外迁至莱山区也为整个区域发展带来了契机。最后，烟台市大中院校主要集中于莱山区，高校的智力与人才储备为莱山区未来发展高智能、新技术产业提供了保障。莱山区共有6个镇级单位，目前全部改为街道办事处，说明莱山区镇域城镇化水平较高，已具备由小城镇向小城市转型的条件。

长岛县具有得天独厚的自然条件，渤海与黄海的交界使长岛的海洋资源与旅游资源闻名遐迩。作为烟台市唯一的县，辖区拥有1个街道1个镇与6个乡，主导产业就是水产养殖业与旅游业，区位优势与特色产业非常显著。从长远发展来看，长岛县镇域经济应注重提高旅游质量、深度开发海洋产品高附加值加工产业，延长产业链条提高专业化分工程度，实现镇域经济的整体均衡发展。长岛县由于特殊的地理位置，除南长山街道镇域城镇化水平较高、处于"市"化阶段外，其他乡镇普遍较低，主要还停留在"镇"化阶段。

福山区临近烟台市开发区，与汽车制造相关的辅助性产业发展势头良好，苹果、大樱桃等几乎遍及镇域经济的农业产区，鲁菜文化等地域特色使镇域经济发展稳中有升。但镇域经济产业结构过于偏重第二产业，且镇域经济之间差距较大（如人均财政收入福莱山街道将近是回里镇的96倍），导致持续增长动力不足成为限制经济发展的主要障碍。福山区的发展定位应以承接城市转移产业为主，发挥劳动力资源丰富的优势，发展高端服务业等方式推进产业结构的优化与调整，以强镇带动弱镇的方式平衡区域内镇域经济发展差异。2017 年福山区共有 7 个镇级单位，其中清洋街道、福新街道、东厅街道与门楼街道发展水平较高，由于主要承接城市转移产业与烟台开发区形成产业集群，已具备向小城市转型的条件。而高疃镇、回里镇与张格庄镇城镇化发展水平不高，目前主要处于镇化阶段。

牟平区的传统产业以食品加工、机械制造为主，但是规模化程度不高。打造机械制造、食品加工、电子信息、黄金及有色金属加工业是牟平实现经济增长的主要方式。牟平区发展的主要障碍在于产业规模化程度低、主导产业优势不明显，镇域经济发展偏差大，既有大窑镇、龙泉镇等全国千强镇，也有较多落后的镇。牟平区发展的重点在于明确不同镇域经济发展定位，避免镇域经济产业结构同质化与低端化，通过发挥镇域经济的资源优势，重点发展以有色金属、海洋产品与生态农业为三角支撑的产业体系。牟平区目前共有 13 个镇级单位，包括 5 个街道办事处、8 个建制镇。宁海街道与文化街道已经是主城区，武宁、大窑与姜格庄街道办事处以及龙泉镇城镇化水平高于其他建制镇，处于"市"化阶段，而其他建制镇发展较为落后，处于"镇"化阶段。

8.2.2.2 中部地区

中部地区包括三个县级市：莱阳市、栖霞市与海阳市。

近几年莱阳市镇域经济有了一定程度的发展：大力发展食品加工业，引入了新材料、新能源、电子信息等新兴产业；发展旅游，推动农业集约化生产，打造农产品品牌；引进金融服务业、农村淘宝、电商物流平台等第三产业。但镇经济发展存在的问题也比较明显：食品制造业产业链条短，专业化分工程度低；新兴产业处于发展初期，难以形成新的产业支撑；现代服务业、高新技术产业专业技术人才不足；镇域经济发展差异大，如姜疃镇、照旺庄镇、龙旺庄街道等经济指标、市场化指标都很高，但谭格庄镇、高格庄镇等发展严重滞后，规模以上工业企业不足6家；地方财政困难，公共服务与基础设施水平低下。加快产业结构转型，尤其是第一产业规模化与集约化、扶持龙头产业、加大电商物流平台建设等措施是发展镇域经济的有效方式。2017年莱阳市共有18个镇级单位，包括5个街道与13个建制镇。城厢等5个街道为县级市辖区，现已成为县级小城市，姜疃镇、照旺庄镇、龙旺庄镇镇域城镇化发展水平较高，处于市化阶段，其他建制镇则处于镇化阶段。

海阳市的工业园区发展非常迅速，以核电为中心的大型项目为海阳的发展注入了活力；农业生态化、产业化发展快、质量好，粮食作物、特色果品等为海阳市镇域经济产业结构转型积蓄了能量；徐家店镇、辛安镇是全国千强镇，重视公共设施投入、实现市镇村三级公路全覆盖、加强港口建设等措施都使海阳市镇域经济充满活力。但海阳镇域经济发展中存在高技术产业承接能力不足、专业化技术人才缺乏等问题成为发展瓶颈。海阳市共有18个镇级单位，4个辖区街道、10个镇，还有4个加工区。方圆、东村、凤山与龙山街道已是海阳县级市，其他4个加工区与徐家店镇、辛安镇城镇化发展非常迅速，主要处于市化阶段，而其他建制镇发展较为落后，主要处于镇化阶段。海阳市的两极分化现象较为显著。

栖霞市以农业为主导产业，栖霞苹果享有盛名。栖霞工业化程度不高，规模以上工业企业只有195家，传统水泥行业转型困难，新兴产业无对接能力，地方财政困难，贫困人口数量多，公共服务水平较低。栖霞应依托农业优势，发展特色农产品，拓展以农产品为主的加工业产业链条，重点发展附加值较高的产品加工业。培育新型农业经营主体，发展以农产品为主的规模企业，以此带动农民合作社、家庭农场等"一条龙"农业产业链条。同时大力发展旅游、农村电商等服务业，加快产业转型，增加地方财政收入，提高公共服务能力。该市共有16个镇级单位，包括 3 个街道、12 个建制镇与 1 个开发区。3 个街道已成为县级市辖区，开发区、桃村镇、臧家庄镇、官道镇城镇化水平较高，处于市化阶段，其他建制镇主要处于镇化阶段。

8.2.2.3 西部地区

西部地区包括龙口市、莱州市、招远市与蓬莱市。

龙口市产业结构以制造业为主，第二产业就业人数占比高达 43.74%，南山集团旗下的工业企业是镇域经济地方财政收入重要来源。制造业产业体系完整，加工制造业独树一帜，2017 年上市公司数量已有 8 家，规模以上工业企业数量多、规模大，利润高，对烟台市整体经济发展影响很大。但第三产业发展相对不足，产业结构优化程度不高，镇域经济发展差距较大，北马镇、诸由观镇等发展水平较高，但七甲镇、石良镇、兰高镇等市场化水平较低，对龙口市整体镇域经济发展影响明显。龙口市共有 14 个镇级单位，包括 5 个街道办事处、8 个建制镇与 1 个开发区。作为烟台市经济强县，龙口市整体镇域经济城镇化水平较高，除中心城区外的 5 个街道已成为小城市辖区，其他建制镇除七甲镇、石良镇、兰高镇三个镇发展相对落后、处于镇化阶段之外，其余建制镇与开发区都处于市化阶段，人口、产业集聚效应显著。

莱州市发展较为均衡，传统产业基础较好，重点镇与经济强镇对区域经济发展带动作用明显。2016 年《中国中小城市发展报告》建制镇综合实力前 1000 强中，莱州市的沙河镇与土山镇都位居其中，如果不考虑街道〔街道由于城镇化水平高于乡镇，所以整体综合发展指标都比较高，如第二产业总产值均值街道（开发区）是乡镇的 3.35 倍〕，沙河镇位于建制镇的综合实力首位，土山镇、金城镇、夏邱镇、柞树镇等整体发展水平都比较高。莱州市水陆交通便利、自然资源丰富、传统制造业产业结构较为完备、重视基础设施投资等因素都成为莱州市的发展动力。但传统产业创新能力不足、过于偏重第二产业、第三产业发展不足等是莱州市发展的主要障碍。莱州市目前共有 17 个镇级单位，包括 6 个街道办事处与 11 个建制镇，镇域经济整体发展水平较高。除三山岛街道办事处外，其他街道都已是县级市辖区。驿道镇、郭家店镇城镇化水平较低，处于镇化阶段，其他建制镇都已处于市化阶段。

招远市具有丰富的自然资源，有"中国金都""石头之乡"之称，招远作为县级市在 2017 年全国中小城市综合实力排名中位于 33 位。玲珑镇入选国家级特色小镇，同时金岭镇、辛庄镇、蚕庄镇也是全国千强镇，产业结构偏重于工业化，黄金产业、石材产业等是传统产业，而医药产业、保健品生产基地以及电商物流等新兴产业有助于招远市实现产业转型。招远发展存在的主要问题在于传统产业污染程度高、转型升级难度大，新兴产业发展效度低、投入高，服务业发展不足，镇域经济发展差异大，等等。产业转型、新技术新能源产业开发是招远市经济发展的重要着力点。招远市共有 14 个镇级单位，包括 5 个街道和 9 个建制镇。县级市辖区包括 5 个街道办事处，建制镇城镇化发展水平整体较高，除夏甸镇处于镇化阶段外，其他镇域已向市化发展。

蓬莱市镇域经济发展以海洋装备为主体，同时注重发展医药行业、酒类旅游等产业，技术投入不断增加，公共服务与镇域基础设施发展速度较快，通过发展特色产业与支柱产业，使产业布局更加合理化。如大力发展刘家沟镇、大柳行镇的葡萄种植业，通过打造葡萄酒庄推动葡萄酒行业向专业化、高端化发展。但蓬莱镇域经济发展存在企业转型难度大、新技术承接力不足等问题。蓬莱市在 2018 年已改为蓬莱区成为烟台市的组成部分，以 2017 年进行分析，共有 12 个镇级单位，包括 5 个街道与 7 个建制镇，除村里集镇与小门家店镇发展较为落后、处于镇化阶段外，其他镇域都处于市化阶段。

8.3 政策建议

　　基于本书对烟台市的实证分析可以看出，烟台市镇域城镇化发展存在西部最高、中部最低的局面，西部大多数镇域都已处于"市"化阶段，而中部地区大多处于"镇"化阶段。镇域城镇化发展以促进镇域经济增长、实现城乡一体化发展为最终目标。烟台市镇域城镇化发展的阶段性差异，也导致了镇域经济发展水平的差异化。从本书的研究中可以看出镇域城镇化水平高的镇，同时也是经济强镇，镇域城镇化水平的两极分化也形成了经济发展水平的两极分化。导致烟台市镇域城镇化与经济非均衡发展的原因主要有以下几点：一是产业结构初级化，第一产业占比过高，第三产业发展不足；二是镇区的人口集聚性不高，生产与消费市场能力较弱；三是基础设施投入水平偏差太大，投入高与低的镇相差超过4倍；四是第二、第三产业同质化程度高，但并没有形成集团式发展；五是土地镇化率增长过快，建成区土地利用率低。结合烟台市镇域城镇化与经济发展的非均衡性特征，要实现区域经济协调发展，有针对性地提出以下相应建议：

　　（1）破除镇域经济壁垒，实现产业一体化发展。镇域经济作为微观区域经济，其初始条件对后续经济发展影响很大，即镇域自然禀赋、行政面积、人口、传统产业发展特点等因素在很大程度上影响镇域经济的产业结构及经济发展程度。如招远市金岭镇打造的粉丝小镇与其世代相传的粉丝工艺密切相关；莱州市沙河镇的现代化工业城镇，与其优良的交通与区位相关联；莱州市朱桥镇打造的黄金小镇依赖于其丰富的黄金储备；等等。但大多数镇域经济初始条件差，只能依赖于后发优势寻求经济增长点，打破传统镇域经济发展壁垒，通过镇域经济互相配合、长短互补来实现协同发展是一种有效途径。资源有效配置是实现镇域经济增长的必要条件，需要打破镇域经济的行政界限，在"效率优先，兼顾公平"的社会理念下，通过经济强镇的"极化－涓滴"效应向弱镇进行资本、技术、人力、设备等的输送。同类产业通过迂回生产延长产业链条，增加产品附加值提高专业化分工程度。异类产业，可通过产业互补，寻求最佳组合，实现组团式发展，以此提高镇域经济整体发展水平。

（2）构筑发展平台，释放后发优势。镇域经济差异更多产生于后发优势不足，或者说后发优势未能完全释放。初始条件如果是先天优势，那么后发优势就是后天的比较优势。释放后发优势首先需要构造平台，即构造镇域经济的技术与制度承接平台。可持续发展指标可以判断镇域经济的技术与制度的承接能力，镇域政府忽视可持续发展相关指标的建设，既会导致镇域经济结构失衡与经济增长乏力，也会抑制镇域经济的技术与制度承接能力，必然导致无法释放后发优势，固化强镇与弱镇的既定差异，使区域非均衡发展成为常态。其次，明确镇域经济的比较优势。烟台市西部地区的镇域经济整体发展水平高于其他地区，龙口市、莱州市与招远市镇域经济产业基础良好，镇域新型"镇"化水平与"市"化水平都比较高，镇区人口、产业集聚程度高，镇域财政收入、财政支出水平都要高于其他地区，镇域经济发展进入良性生态圈，良好的产业基础是其后发优势；中部地区是烟台市粮食的主要产区，第一产业占比高于其他地区，食品加工业是主导产业，发挥第一产业天然优势、打造绿色农产品品牌、重视农产品深加工等是其比较优势，比如栖霞的苹果产业、海阳的蔬菜产业、莱阳的花生和畜牧产业等；东部地区优良的地理位置是其比较优势，莱山区、福山区、牟平区等可以有效发挥比较优势承接城市梯度转移产业，长岛的海洋资源、旅游资源等优势明显，充分发挥比较优势，有利于提高镇域经济的城镇化发展水平。

（3）合理定位，政府与市场的最佳契合。建制镇政府虽是末梢政府，但是对于镇域城镇化与经济发展的影响很大。政府与市场通过资源配置方式的不同影响城镇化与经济发展，弱化镇域发展差异，实现强镇与弱镇协同发展，需要政府与市场互相契合才能实现资源的最佳配置。依据梯度转移理论，镇域经济资源禀赋的初始差异会直接影响经济增长速度，在市场经济条件下，经济相对发达的镇域经济会对弱镇的人才、技术甚至资本等创新资源形成"虹吸"效力，强镇的"极化"效应带来了弱镇的"空心"化，放大并固化了强镇与弱镇差异。强镇与弱镇的转移方式包括跳跃式产业转移与生产链、价值链承接的梯度转移两种方式。产业转移是利用强镇的优势带动弱镇的发展，重点在于开发弱镇的比较优势，侧重于劳动力资源与自然优势资源的开发与利用。而强镇的创新极化效应通过辐射性的产业转移既可以提高专业化分工水平，同时也可以实现知识与技术外溢带动弱镇的技术与创新能力的提高。要实现镇域协调发展，先期需要政府运用行政化方式进行创新资源配置，引导人力、技术与资本等资源向镇区"逆流"。比如可以通过财税互补方式进行平衡，实现区县范围内镇域经济之间的平衡发展，在创新资源差异收敛后由市场完成资源的市场化配置。

（4）差异个性化，发展品质化。产业集聚水平与优化能力影响镇域城镇化的发展速度与质量，产业的品质化、个性化发展既是专业化分工结果也是镇域城镇化与经济发展动力。立足于镇域经济的个性化差异，从自然禀赋到人文传承，发掘产业发展的个性化品质，防止镇域经济产业结构同质化与低端化。烟台市镇域经济的产业结构同质性趋势很明显，通过各区县政府工作报告与"十三五"发展规划可以看出，从县域到镇域产业结构高度雷同：传统支柱产业基本都是机械制造、食品加工、黄金和有色金属加工，新兴产业发展方向主要是医药保健、新材料、新能源等方面，服务业都以旅游、电商物流为主，等等。缺乏优势产业的明确定位与发展路径设计，难以形成"一镇一业、一镇一品"的特色化发展，同时由于产业深化程度不足，产业链价值链条延长幅度不高，也难以形成集团化发展。因此定位镇域经济比较优势，尤其是后发优势，明确品质化发展方向仍然是镇域城镇化与经济发展的主要目标。

（5）城乡联结，一体化建设。镇域城镇化发展以实现城乡一体化为最终目标。城乡融合发展，主要体现在空间一体化与经济一体化发展。空间一体化是影响城乡一体化发展的重要因素，城乡一体的空间结构包括合理的镇域空间规划、高效的公共交通体系与城乡一体的基础设施体系。做好合理的镇域空间规划，充分利用镇区产业集聚与资源交易优势，以镇区为镇域发展核心，对周边乡村形成辐射带动作用；公共交通体系是城乡发展的物质载体，是实现劳动力、生产要素自由流动的基本条件，高效率的公共交通体系可以促进镇域专业化分工，加速城乡融合发展；基础设施建设水平的城乡一体化体现了城乡资源共享、服务均等化，是城乡一体化实现的基本表现形式。提高镇域基础设施的政府投入水平，同时鼓励社会资本参与基础设施建设，在推动镇域城镇化发展的同时，有利于城乡一体化的实现。经济一体化主要体现在城乡统一市场体系的培育与城乡生产要素的市场化配置。城乡统一市场体系的培育包括多层次、多元化的市场体系，制定统一的市场交易规则与市场化制度保障，提高城乡交易效率；城乡生产要素的市场化配置是以自由流动为原则，形成劳动力、技术、资本、信息等的市场化配置。

8.4　研究不足与未来展望

8.4.1　研究不足

首先，本书的研究是建立在微观视域下的实证分析，对于烟台市镇域城镇化与经济发展设计了相应的制度化路径。但是烟台市经济发展水平在全国地级市中位列靠前，同时烟台镇域经济发展得益于良好的自然禀赋与产业基础,这些个性化特征,使烟台市镇域城镇化与经济发展路径是否具有可复制性值得思考。其次,对镇域城镇化与经济发展动力机制没有进行深入研究。基于国家宏观上的新型城镇化发展规划以及振兴乡村、城乡融合发展策略对镇域经济发展提供的都是政策性动力,但并没有深入分析镇域经济自身的内生动力机制对其自身发展的影响。最后,本书数据主要是镇域经济统计的原始数据,数据存在问题较多,同时数据统计口径、统计指标等并不统一,而镇域单位行政区域变动频繁等问题,增加了研究的难度,同时也放大了统计分析中的误差。

8.4.2 未来展望

对镇域城镇化与经济发展研究的不足之处也是下一步进行研究与改进的方向,但对于镇域经济发展的研究仍然存在一些理论与实践都需要进一步探讨与分析的问题。

问题一:新型城镇化、乡村振兴、城乡一体化、城乡融合发展等宏观战略呼应了城乡二元结构这一基本国情,镇域城镇化发展目标就是在城乡融合发展背景下实现城乡一体化,对于城乡融合发展,最终确定的目标是"发展"上的融合还是"共享"上的融合?强调城乡融合、城乡一体化发展是否存在降低经济运行效率的风险?这与镇域城镇化发展所追求的目标是否背离?

问题二:镇域经济发展无论是"镇"化还是"市"化都存在发展的阶段性问题,"镇"化与"市"化发展必然应当蕴含某种特定的规律,这个规律是什么?

问题三:镇域经济在经历了"镇"化与"市"化的充分发展后,以实现城乡一体化为最终目标,一体化的实现如何处理城乡关系?是以牺牲城市利益,以城补村、以工补农来实现城乡一体化发展?还是重视与强调城市经济效率,优先发展城市,通过城市的辐射带动作用影响农村的发展？

问题四：在我国当前宏观经济持续下行过程中，重视与发展镇域城镇化发展是否可以真正建构"第二资本池"，既能发挥农村"劳动力蓄水池"作用，也能分散与化解城市发展过程中的内生矛盾？

对于以上问题的深入探讨与分析，必然有益于镇域城镇化与经济发展，这既需要对区域经济理论作进一步思考，也需要在实践中进一步反思，给予镇域经济发展的合理定位，既能体现城市文明对乡村情怀的延展，也能表达绵绵乡愁对城市文明的洗礼。

参 考 文 献

［1］安虎森，肖欢．我国区域经济理论形成与演进［J］．南京社会科学，2015（9）：23－30．

［2］白永秀，任保平．区域经济理论的演化及其发展趋势［J］．经济评论，2007（1）：124－130．

［3］编辑部．"新型城镇化与城乡规划"笔谈［J］．城市规划学刊，2014（3）：1－11．

［4］薄文广．外部性与产业增长——来自中国省级面板数据的研究［J］．中国工业经济，2007（1）：37－44．

［5］蔡昉．中国经济增长如何转向全要素生产率驱动型［J］．中国社会科学，2013（1）：56－71，206．

［6］蔡继明，王成伟，周炳林．我国城市化战略选择与定量分析［J］．当代经济研究，2012（12）：22－27，93．

［7］蔡婧．天津镇域经济发展评价研究［J］．调研世界，2013（10）：36－39．

［8］查建平，李志勇．资源环境约束下的中国经济增长模式及影响因素［J］．山西财经大学学报，2017，39（6）：1－14．

［9］陈丹，张越．乡村振兴战略下城乡融合的逻辑、关键与路径［J］．宏观经济管理，2019（1）：57－64．

［10］陈丽莎．论新型城镇化战略对实现乡村振兴战略的带动作用［J］．云南社会科学，2018（6）：97－102．

［11］陈良文，杨开忠．集聚经济的六类模型：一个研究综述［J］．

经济科学，2006（6）：107-117.

[12] 陈明星，隋昱文，郭莎莎. 中国新型城镇化在"十九大"后发展的新态势 [J]. 地理研究，2019，38（1）：181-192.

[13] 陈文胜. 城镇化进程中乡村变迁的现实逻辑 [J]. 江淮论坛，2019（2）：11-16.

[14] 陈雯. "城乡一体化"内涵的讨论 [J]. 现代经济探讨，2003（5）：16-18.

[15] 陈锡文. 以新型城镇化与新农村建设双轮推进城乡一体化 [J]. 求索，2017（11）：4-12.

[16] 陈勇，邵玲，朱慧超，等. 转型背景下中小城市密集区空间组织模式再思考——以潍坊为例 [J]. 城市规划学刊，2017（S2）：86-91.

[17] 陈振宇. 镇域经济发展的非均衡现象：基于"缪尔达尔-赫希曼"模型视角——以乐清市为例 [J]. 经济研究导刊，2011（7）：163-169.

[18] 丁志伟，张改素，康江江，等. 基于镇域尺度的信阳经济空间格局演变及其影响因素 [J]. 河南大学学报（自然科学版），2016，46（6）：638-647.

[19] 董大全，韩璞庚. 城乡一体化背景下农民的"公民"化 [J]. 甘肃社会科学，2017（6）：166-170.

[20] 方向新. 小城镇发展中的农村人口转化 [J]. 求索，1984（5）：17-22.

[21] 费孝通. 小城镇的发展在中国的社会意义 [J]. 瞭望周刊，1984（32）：8-10.

[22] 冯奎. 找到城镇化、乡村振兴与城乡融合的内在逻辑 [N]. 21世纪经济报道，2019-05-10（4）.

[23] 冯云廷. 从城镇化到城市化：农村城镇化模式的转换 [J]. 中国农村经济，2006（4）：71-74，80.

[24] 傅晨. 城市化概念辨析 [J]. 南方经济, 2005 (4): 29 - 30.

[25] 干春晖, 王强. 改革开放以来中国产业结构变迁: 回顾与展望 [J]. 经济与管理研究, 2018, 39 (8): 3 - 14.

[26] 高波, 孔令池. 中国城乡发展一体化区域差异分析 [J]. 河北学刊, 2017 (1): 101 - 108.

[27] 高铁梅. 计量经济分析方法与建模 [M]. 北京: 清华大学出版社, 2011.

[28] 辜胜阻. 二元城镇化战略及对策 [J]. 人口研究, 1991 (5): 7 - 12.

[29] 辜胜阻, 李永周. 实施千座小城市工程 启动农村市场需求 [J]. 中国农业银行武汉管理干部学院学报, 2000 (1): 2 - 9.

[30] 辜胜阻, 李永周. 我国农村城镇化的战略方向 [J]. 中国农村经济, 2000 (6): 14 - 18.

[31] 辜胜阻, 刘传江, 钟水映. 中国自下而上的城镇化发展研究 [J]. 中国人口科学, 1998 (3): 1 - 10.

[32] 辜胜阻, 杨威. 反思当前城镇化发展中的五种偏向 [J]. 中国人口科学, 2012 (3): 2 - 8, 111.

[33] 谷慎, 马敬彪, 马翰墨. 中国城乡二元结构的转换途径——基于分工动态循环演进的视角 [J]. 审计与经济研究, 2015, 30 (1): 83 - 92.

[34] 国家新型城镇化规划 [N]. 人民日报, 2014 - 03 - 17 (9).

[35] 郝世绵, 胡月英, 钟德仁. 城乡一体化战略驱动的逆城市化流动及政策支持——基于1978～2015年农村政策分析 [J]. 当代经济研究, 2017 (6): 70 - 77.

[36] 贺文华. 新型城镇化与农业现代化协调发展研究——基于城乡一体化的视角 [J]. 山西农业大学学报 (社会科学版), 2017, 16 (8): 38 - 46.

[37] 洪银兴. 城市功能意义的城市化及其产业支持 [J]. 经济学家, 2003, 2 (2): 29-36.

[38] 胡鞍钢. 中国经济增长的现状、短期前景及长期趋势 [J]. 战略与管理, 1999 (3): 27-34.

[39] 胡宝平, 徐之顺. 价值认同与城乡文化和谐共生 [J]. 南京社会科学, 2018 (2): 135-139, 156.

[40] 胡必亮, 潘庆中. 中国新型城镇化: 规划与完善 [J]. 中共中央党校学报, 2014, 18 (6): 89-93.

[41] 胡春林. 基于交易效率地区差异的产业结构转型政策 [J]. 企业经济, 2013 (4): 151-154.

[42] 黄浩. 中国财政收入和经济增长关系的实证研究 [J]. 统计与决策, 2016 (7): 135-137.

[43] 黄蕊, 金晓彤. 我国区域经济非平衡非充分发展的解决路径: 创新资源配置方式的优化与重构 [J]. 经济问题, 2018 (10): 1-7, 46.

[44] 贾瑞芳. 新型城镇化背景下失地农民户籍制度改革的问题与对策研究 [D]. 湘潭: 湘潭大学, 2018.

[45] 蒋冠, 霍强. 中国城镇化与经济增长关系的理论与实证研究 [J]. 工业技术经济, 2014, 33 (3): 33-41.

[46] 蒋志勇. 城市化、城镇化和城乡一体化的演进与发展关系研究——基于新兴古典经济学分工和城市化理论的分析 [J]. 城市发展研究, 2015, 22 (1): 1-3, 8.

[47] 景建军. 中国产业结构与就业结构的协调性研究 [J]. 经济问题, 2016 (1): 60-65.

[48] 柯蓉, 张贺. 长江经济带城乡一体化与城市转型发展 [J]. 浙江社会科学, 2017 (6): 47-58, 158.

[49] 孔凡文, 徐玉梅. 论中国小城镇发展速度与质量 [J]. 农业

经济，2007（10）：11－12.

　　[50] 李国英．乡村振兴战略视角下现代乡村产业体系构建路径 [J]．当代经济管理，2019，41（10）：7.

　　[51] 李建国，李智慧．区域经济协调发展与城乡一体化的中国探索 [J]．当代经济研究，2017（4）：78－85.

　　[52] 李金滟，宋德勇．专业化、多样化与城市集聚经济——基于中国地级单位面板数据的实证研究 [J]．管理世界，2008（2）：25－34.

　　[53] 李井奎．经济学中的劳动分工——一场经济思想史的旅行 [J]．学术月刊，2015（10）：79－87.

　　[54] 李培．中国建制镇规模的时空变化规律研究 [C]//中国城市规划学会．规划50年——2006 中国城市规划年会论文集（上册）[M]．北京：中国建筑工业出版社，2006：6.

　　[55] 李颋．基于新兴古典经济学的分工理论述评 [J]．兰州学刊，2010（3）：66－70.

　　[56] 李文水．全面贯彻落实科学发展观　加快镇域经济发展 [J]．中国集体经济，2008（21）：12－13.

　　[57] 李兴江，张亚伟．基于超边际视角的城乡二元结构与城镇化发展分析 [J]．商业研究，2014，56（5）：1－7.

　　[58] 李焱．寻求镇域经济增长的基本动力——访北京大学经济学教授、博士生导师杨开忠 [J]．投资北京，2007（12）：17－18.

　　[59] 李永强，柏先红，且淑芬．我国建制镇发展现状引发的思考 [J]．中国国情国力，2012（12）：29－30.

　　[60] 厉以宁．论城乡一体化 [J]．中国流通经济，2010，24（11）：7－10.

　　[61] 梁达．以人口城镇化来释放巨大内需潜力 [J]．经济研究信息，2013（1）：3.

　　[62] 林葳．新型城镇化背景下的镇域经济发展探究 [J]．中国集

体经济，2017（27）：5－6.

［63］刘国斌，杨富田. 新型城镇化背景下县城的"亚核心"作用机理研究［J］. 当代经济研究，2017（3）：90－96.

［64］刘倩云. 县财政赤字的成因及对策［J］. 财经界（学术版），2014（21）：19－21.

［65］刘士林. 关于我国城镇化问题的若干思考［J］. 学术界，2013（3）：5－13.

［66］刘文超，白永秀. 分工、交易效率与城乡二元经济转化［J］. 当代经济科学，2011，33（2）：60－66.

［67］刘西忠. 跨区域城市发展的协调与治理机制［J］. 南京社会科学，2014（5）：70－76.

［68］刘歆立，黄真真. 乡村振兴战略背景下的我国城镇化发展路径探析［J］. 现代化农业，2019（1）：54－57.

［69］刘以安. 县域经济发展路径与动力机制研究［D］. 南京：南京航空航天大学，2005.

［70］卢长海. 更新观念发展镇域经济［J］. 农村经济与管理，1994（1）：62－63.

［71］陆大道，陈明星. 关于"国家新型城镇化规划（2014～2020）"编制大背景的几点认识［J］. 地理学报，2015，70（2）：179－185.

［72］吕丹，汪文瑜. 中国城乡一体化与经济发展水平的协调发展研究［J］. 中国软科学，2018（5）：179－192.

［73］罗宏翔. 推进建制镇规模等级结构优化升级［J］. 人口学刊，2003（1）：15－18.

［74］罗来军，罗雨泽，罗涛. 中国双向城乡一体化验证性研究——基于北京市怀柔区的调查数据［J］. 管理世界，2014（11）：60－69，79.

［75］罗兴奇，茹婧. 经济新常态下养老保险的城乡一体化研究——基于江苏省苏州市W区的实证分析［J］. 农村经济，2017（7）：102－108.

［76］马凯．改革：参与和思考［M］．哈尔滨：黑龙江教育出版社，2002．

［77］马凯．转变城镇化发展方式 提高城镇化发展质量走出一条中国特色城镇化道路［J］．国家行政学院学报，2012（5）：9－13．

［78］马林靖，周立群．基于科学发展观的镇域经济发展指数测度研究——以天津地区为例［J］．城市，2009（8）：27－31．

［79］毛泽东．论十大关系［M］．北京：人民出版社，1978：267．

［80］倪鹏飞，蔡书凯，王雨飞．中国城乡一体化进程研究与评估［J］．城市观察，2016（1）：5－19．

［81］倪鹏飞．新型城镇化是经典城市化的回归和升级［J］．江淮论坛，2016，279（5）：10－15．

［82］聂高辉，邱洋冬．中国城镇化影响环境污染的预测与分析［J］．调研世界，2017（10）：10－16．

［83］聂伟，风笑天．城镇化：概念、目标、挑战与路径［J］．学术界，2014（9）：82－92，308．

［84］彭国昌．分离与融合：中国特色社会主义城乡一体化发展趋势与路径选择［J］．湖南社会科学，2014（1）：8－11．

［85］彭红碧，杨峰．新型城镇化道路的科学内涵［J］．理论探索，2010（4）：75－78．

［86］彭宇文，谭凤连，谌岚，等．城镇化对区域经济增长质量的影响［J］．经济地理，2017（8）：86－92．

［87］彭真怀．必须重新认识小城镇的战略地位［J］．中国市场，2010（11）：83－84．

［88］浦善新．中国建制镇的形成发展与展望（二）［J］．村镇建设，1998（1）：33－36．

［89］钱静．坚持可持续发展战略 打造和谐永续发展的生态城镇——关于北京市长沟镇可持续发展问题的分析与思考［J］．北京农业

职业学院学报，2008（2）：10-14.

[90] 钱静，朱启酒．镇域经济发展战略和路径选择 [M]．北京：中国农业出版社，2012：2.

[91] 乔金杰，赵旭强，齐秀辉．城乡发展一体化对农业产业集群影响的门槛效应 [J]．经济问题，2017（3）：86-92.

[92] 冉启秀，周兵．新型工业化和新型城镇化协调发展研究——基于重庆市全国统筹城乡综合配套改革试验区的实证 [J]．重庆工商大学学报（西部论坛），2008（2）：39-45.

[93] 饶会林．试论城市规模效益 [J]．中国社会科学，1989（4）：3-18.

[94] 申端锋，王孝琦．城市化振兴乡村的逻辑缺陷——兼与唐亚林教授等商榷 [J]．探索与争鸣，2018（12）：108-112，151.

[95] 沈东珍．统筹城乡视阈下镇经济发展的对策与思考——以日照市为例 [J]．农民致富之友，2016（6）：47，66.

[96] 史常亮．基于"三性"分析的上市商业银行经营绩效评价 [J]．金融发展研究，2012（12）：12-15，19.

[97] 史枚翎，李光全．都市圈背景下镇域经济形态城市化问题研究 [J]．中共青岛市委党校．青岛行政学院学报，2012（5）：23-27.

[98] 史育龙，申兵，刘保奎，等．对我国城镇化速度及趋势的再认识 [J]．宏观经济研究，2017（8）：105-110，163.

[99] 史志乐．中国经济增长影响因素的实证研究 [J]．统计与决策，2016（13）：113-116.

[100] 亚当·斯密．国民财富的性质和原因的研究：上册 [M]．郭大力，王亚南，译．北京：商务印书馆，2014.

[101] 宋娟．城市化滞后于工业化问题剖析——一个新兴古典经济学的解释 [J]．云南财贸学院学报（社会科学版），2005（3）：50-51.

[102] 宋俊岭．城市的定义和本质 [J]．北京社会科学，1994

（2）：108 – 114.

[103] 孙祁祥，王向楠，韩文龙．城镇化对经济增长作用的再审视——基于经济学文献的分析 ［J］．经济学动态，2013（11）：20 – 28.

[104] 汤鹏主．镇域经济统筹发展的共享式道路 ［J］．理论建设，2015（1）：66 – 70.

[105] 唐道明．新型城镇化待解的几个症结 ［J］．人民论坛，2014（10）：46 – 47.

[106] 滕海峰．镇域经济内涵与发展思路 ［J］．甘肃科技，2013，29（18）：6 – 8，50.

[107] 田静．新型城镇化评价指标体系构建 ［J］．四川建筑，2012，32（4）：47 – 49.

[108] 完世伟．城乡一体化评价指标体系的构建及应用——以河南省为例 ［J］．经济经纬，2008（4）：60 – 63.

[109] 汪晓文，杜欣．中国经济增长方式转变的影响因素及路径选择 ［J］．北京理工大学学报（社会科学版），2018，20（6）：104 – 111.

[110] 王桂新．城市化基本理论与中国城市化的问题及对策 ［J］．人口研究，2013，37（6）：43 – 51.

[111] 王缉慈．创新的空间：企业集群与区域发展 ［M］．北京：北京大学出版社，2001.

[112] 王娟．我国健全城乡发展一体化体制机制：困境制约及策略应对——聚焦供给侧结构性改革背景 ［J］．农村经济，2017（11）：24 – 28.

[113] 王庆丰．我国产业结构与就业结构协调发展研究述评 ［J］．华东经济管理，2010（24）：146 – 149.

[114] 王守智．热问题的冷思考——关于我国城镇化道路的反思与探索 ［J］．东方论坛，2014（1）：36 – 43.

[115] 王颂吉，魏后凯．城乡融合发展视角下的乡村振兴战略：提

出背景与内在逻辑 [J]. 农村经济, 2019 (1): 1-7.

[116] 王喜成. 以乡村振兴战略带动实现城乡融合发展 [J]. 区域经济评论, 2018 (3): 122-123.

[117] 王小鲁, 夏小林. 优化城市规模 推动经济增长 [J]. 经济研究, 1999 (9): 22-29.

[118] 王小鲁. 中国城市化路径与城市规模的经济学分析 [J]. 经济研究, 2010, 45 (10): 20-32.

[119] 王小章. 费孝通小城镇研究之"辩证"——兼谈当下中心镇建设要注意的几个问题 [J]. 探索与争鸣, 2012 (9): 44-48.

[120] 王新娜, 黄涌. 山东省新型城镇化中"新型度"的评价研究 [J]. 商业经济研究, 2016 (19): 138-140.

[121] 王燕飞, 等. 镇域经济竞争力评价及影响因素研究 [J]. 重庆大学学报 (社会科学版), 2015, 21 (6): 51-59.

[122] 魏后凯, 刘楷. 镇域科学发展之路 [M]. 北京: 中国社会科学出版社, 2010.

[123] 魏后凯. 我国镇域经济科学发展研究 [J]. 江海学刊, 2010 (2): 80-86, 238-239.

[124] 魏后凯. 现代区域经济学: 修订版 [M]. 北京: 经济管理出版社, 2011.

[125] 魏敏, 胡振华. 城镇化演进与产业结构演变协调发展研究述评 [J]. 经济问题探索, 2017 (8): 183-189.

[126] 温铁军, 高俊. 重构宏观经济危机"软着陆"的乡土基础 [J]. 探索与争鸣, 2016 (4): 4-9.

[127] 温铁军. 中国的城镇化道路与相关制度问题 [J]. 开放导报, 2000 (5): 21-23.

[128] 吴长剑. 我国基本公共服务城乡一体化的机制重构: 一个三维分析框架 [J]. 学海, 2017 (6): 32-36.

[129] 吴大声, 等. 论小城镇与城乡协调发展 [J]. 社会学研究, 1988 (2): 24-35.

[130] 吴江, 王斌, 申丽娟. 中国新型城镇化进程中的地方政府行为研究 [J]. 中国行政管理, 2009 (3): 88-91.

[131] 吴友仁, 夏宗玕. 关于合理发展中等城市的几点看法 [J]. 城市规划, 1981 (3): 22-34.

[132] 夏建红, 矫卫红. 产业与就业结构演变路径及耦合效应分析: 以山东省为例 [J]. 经济问题, 2018 (10): 65-71.

[133] 夏振坤, 李享章. 城市化与农业劳动力转移的阶段性和层次性 [J]. 农业经济问题, 1988 (1): 19-23.

[134] 肖金成. 中国特色城镇化道路与农民工问题 [J]. 发展研究, 2009 (5): 18-21.

[135] 谢方, 徐志文. "城乡界面" 视角下城乡要素双向合理流动机制研究 [J]. 内蒙古社会科学, 2018, 39 (3): 94-99.

[136] 谢志强. 新型城镇化: 中国城市化道路的新选择 [N]. 社会科学报, 2003-07-03 (4).

[137] 徐双全. 浅谈加快镇域经济发展的对策 [J]. 中共成都市委党校学报 (哲学社会科学版), 2004 (4): 54.

[138] 许经勇. 城乡一体化视野下的小城镇发展战略研究 [J]. 东南学术, 2018 (2): 105-111.

[139] 颜冬. 分工视角下的产业演进和城市扩张 [J]. 中国科技论坛, 2017 (6): 10.

[140] 颜飞, 罗永刚. 区域经济学理论范式演进与应用拓展 [J]. 财经问题研究, 2008 (8): 24-3

[141] 颜雅英. 东部省域城乡经济一体化水平实证研究 [J]. 东南学术, 2018 (2): 112-118.

[142] 晏群. 关于 "中心镇" 的认识 [J]. 小城镇建设, 2008 (1):

33 – 34.

［143］晏群．小城镇概念辨析［J］．规划师，2010，26（8）：118 –
121.

［144］杨保军，陈鹏，吕晓蓓．转型中的城乡规划——从《国家新
型城镇化规划》谈起［J］．城市规划，2014，38（S2）：67 – 76.

［145］杨格，贾根良．报酬递增与经济进步［J］．经济社会体制比
较，1996（2）：52 – 57.

［146］杨俊青，圣明．新兴古典经济学有关二元经济形成与消失理
论简评［J］．经济问题，2005（5）：2 – 4.

［147］杨曼．推进中心镇建设问题的对策思考［J］．黑龙江省社会
主义学院学报，2013（3）：50 – 52.

［148］杨佩卿．新型城镇化视阈下推进新农村建设的路径选择［J］．
当代经济科学，2017（1）：105 – 112.

［149］杨喜，王平．城乡一体化视阈下城乡基本公共服务均等化研
究［J］．长春理工大学学报（社会科学版），2017（1）：22 – 26，67.

［150］杨小凯．经济学—新兴古典与新古典框架［M］．北京：社
会科学文献出版社，2003.

［151］杨小凯，张永生．新兴古典经济学与超边际分析［M］．北
京：社会科学文献出版社，2003.

［152］杨新华．分工演变视域中的农村城镇化动力机制研究［J］．
湘潭大学学报（哲学社会科学版），2015，39（4）：69 – 73.

［153］杨新华．中国农村经济的分工演变及就业增长［M］．北京：
经济科学出版社，2011：49.

［154］姚士谋，张平宇，余成，等．中国新型城镇化理论与实践问
题［J］．地理科学，2014，34（6）：641 – 647.

［155］姚小飞．城乡一体化发展的一般规律与中国特殊国情［J］．
技术经济与管理研究，2016（3）：124 – 128.

[156] 叶裕民. 中国城市化滞后的经济根源及对策思路 [J]. 中国人民大学学报, 1999 (5)：4-9.

[157] 应雄. 城乡一体化趋势前瞻 [J]. 浙江经济, 2002 (13)：48-49.

[158] 于晓明. 对中国城市化道路几个问题的思索 [J]. 城市问题, 1999 (5)：12-16.

[159] 俞宪忠. 专业化分工的经济驱动效应 [J]. 东岳论丛, 2010, 31 (4)：71-75.

[160] 岳文海. 中国新型城镇化发展研究 [D]. 武汉：武汉大学, 2013.

[161] 张成明, 胡岱. 镇（乡）域经济发展的基本思路 [J]. 小城镇建设, 1997 (7)：45-46.

[162] 张洪潮, 王丹. 新型城镇化、产业结构调整与农村劳动力"再就业" [J]. 中国软科学, 2016 (6)：136-142.

[163] 张俊凤, 刘友兆. 城市建成区扩张与经济增长间的关系——以长三角地区为例 [J]. 城市问题, 2013 (2)：11-15.

[164] 张可云. 区域经济政策 [M]. 北京：商务印书馆, 2005.

[165] 张莅黎, 赵果庆, 吴雪萍. 中国城镇化的经济增长与收敛双重效应——基于2000与2010年中国1968个县份空间数据检验 [J]. 中国软科学, 2019 (1)：98-116.

[166] 张明斗. 城乡一体化发展的体制创新策略研究 [J]. 宏观经济研究, 2017 (2)：33-34.

[167] 张涛, 赵磊. 城乡发展一体化：解决"三农"问题的根本路径 [J]. 农村经济, 2017 (10)：30-35.

[168] 张应武. 基于经济增长视角的中国最优城市规模实证研究 [J]. 上海经济研究, 2009 (5)：31-38.

[169] 张占斌. 新型城镇化的战略意义和改革难题 [J]. 国家行政

学院学报，2013（1）：48 – 54.

[170] 张正河，谭向勇. 小城镇难当城市化主角 [J]. 中国软科学，1998（8）：14 – 19.

[171] 张治栋，吴迪，周姝豆. 生产要素流动、区域协调一体化与经济增长 [J]. 工业技术经济，2018，37（11）：58 – 66.

[172] 赵红军. 交易效率、城市化与经济发展——一个城市化经济学分析框架及其在中国的应用 [M]. 上海：人海人民出版社，2005.

[173] 赵红军，尹伯成，孙楚仁. 交易效率、工业化与城市化——一个理解中国经济内生发展的理论模型与经验证据 [J]. 经济学（季刊），2006，5（3）：1041 – 1066.

[174] 赵黎. 应当重视小城镇建设中的有关问题 [J]. 农村经济，1998（8）：8 – 9.

[175] 赵民，方辰昊，陈晨."城乡发展一体化"的内涵与评价指标体系建构——暨若干特大城市实证研究 [J]. 城市规划学刊，2018（2）：11 – 18.

[176] 郑长德. 中国少数民族地区建制镇研究 [J]. 民族学刊，2015，6（1）：27 – 38，103 – 104.

[177] 中共中央关于全面深化改革若干重大问题的决定 [J]. 实践（思想理论版），2013（12）：7 – 17.

[178] 中国乡镇企业统计年鉴（2003）[M]. 北京：中国农业出版社，2003.

[179] 周飞舟. 回归乡土与现实：乡镇企业研究路径的反思 [J]. 社会，2013，33（3）：39 – 50.

[180] 周干峙. 走具有自己特色的城市化道路 [J]. 城市发展研究，2006（4）：13 – 14.

[181] 周少来，孙莹. 乡村的"空心化"问题及其治理——城乡一体化视角下的制度创新 [J]. 理论学刊，2017（2）：111 – 117.

［182］ 周一星. 对城市郊区化要因势利导 ［J］. 城市规划，1999
（4）：13 - 17.

［183］ 周元，孙新章. 中国城镇化道路的反思与对策 ［J］. 中国人
口·资源与环境，2012，22 （4）：56 - 59.

［184］ 朱孔来，李洪泽. 城市化与城镇化的区别和联系 ［J］. 时代
金融，2006 （5）：36.

［185］ 朱启臻. 当前乡村振兴的障碍因素及对策分析 ［J］. 人民论
坛·学术前沿，2018 （3）：19 - 25.

［186］ 祝艳. 加快镇域经济发展的几点思考 ［J］. 理论学习，2006
（10）：37.

［187］ 卓玛草. 新时代乡村振兴与新型城镇化融合发展的理论依据
与实现路径 ［J］. 经济学家，2019 （1）：104 - 112.

［188］ Abderrahman, W A. Groundwater Management for Sustainable
Development of Urban and Rural Areas in Extremely Arid Regions: A Case
Study ［J］. International Journal of Water Resources Development, 2005, 21
（3）：403 - 412.

［189］ Bao C, Fang C L. Water Resources Flows Related to Urbanization
in China: Challenges and Perspectives for Water Management and Urban De-
velopment ［J］. Water Resources Management, 2012, 26 （2）：531 - 552.

［190］ Bei-Bei G E. Status of Urban Scavengers from Countryside and
Their Influence on Development of Urban and Rural Economy ［J］. Research of
Agricultural Modernization, 2010, 31 （2）：152 - 155.

［191］ Bing-Quan L. A Survey and Analysis of the Integrated Develop-
ment of Urban and Rural Sports in Beijing ［J］. Journal of Physical Education,
2012, 19 （6）：28 - 30.

［192］ Black D, Henderson V. A Theory of Urban Growth ［J］. Journal
of Political Economy, 1999, 107 （2）：252 - 284.

［193］ Choy L H T, Lai Y, Lok W. Economic Performance of Industrial Development on Collective Land in the Urbanization Process in China: Empirical Evidence from Shenzhen ［J］. Habitat International, 2013, 40: 184 - 193.

［194］ Chuang-Lin F, De-Li W. Comprehensive Measures and Improvement of Chinese Urbanization Development Quality ［J］. Geographical Research, 2011, 30 (11): 1931 - 1946.

［195］ Chuanglin F, Haiyan L. The Spatial Privation and the Corresponding Controlling Paths in China's Urbanization Process ［J］. Acta Geographica Sinica, 2007, 28 (3): 131 - 146.

［196］ Chunyang H E, Peijun S, Jinggang L I, et al. Restoring Urbanization Process in China in the 1990s by Using Non-radiance-calibrated DMSP/ OLS Nighttime Light Imagery and Statistical Data ［J］. 科学通报（英文版）, 2006, 51 (13).

［197］ Cohen B. Urban Growth in Developing Countries: A Review of Current Trends and A Caution Regarding Existing Forecasts ［J］. World Development, 2003, 32 (1): 23 - 51.

［198］ Dan L. A Research into the Land Acquisition Compensation Mechanism in the Context of Harmonious Development of Urban and Rural Areas ［J］. Economic Survey, 2011, 47 (2): 117 - 125.

［199］ Duntao J. Dissection and Enlightment on the Mode of Integrative Development of Urban and Rural Areas in Shandong Peninsula ［J］. Science Research Management, 2013, 34 (4): 102 - 115.

［200］ Fang C, Lin X. The Eco-environmental Guarantee for China's Urbanization Process ［J］. Journal of Geographical Sciences, 2009, 19 (1): 95 - 106.

［201］ Haig, Murray R. Toward an Understanding of the Metropolis ［J］. The Quarterly Journal of Economics, 1926, 40 (3): 402.

［202］ Henderson J V, Davis J C. Evidence on the Political Economy of the Urbanization Process ［J］. Journal of Urban Economics, 2004, 53 (1): 98 – 125.

［203］ Henderson V. The Urbanization Process and Economic Growth: The So-What Question ［J］. Journal of Economic Growth, 2003, 8 (1): 47 – 71.

［204］ Herold M, Goldstein N C, Clarke K C. The Spatiotemporal form of Urban Growth: Measurement, Analysis and Modeling ［J］. Remote Sensing of Environment, 2003, 86 (3): 286 – 302.

［205］ He S, Jin-Kuang N. Requirements for Middle Professional Education due to Integrated Development of Urban and Rural Areas in Yunnan ［J］. Journal of Yunnan Agricultural University, 2011, 13 (2): 207 – 219.

［206］ He X P, Liu X Y, Lin Y P. China's Electricity Demand Forecast Under Urbanization Process ［J］. Economic Research Journal, 2009, 13 (4): 67 – 72.

［207］ Hong Z, Xide H, Linyong Z, et al. Boosting Coordinate Development of Urban and Rural by Sci-tech Innovation-Taking Sichuan Province as An Example. ［J］. Research of Agricultural Modernization, 2010, 31 (4): 447 – 450.

［208］ Hoover E M. Spatial Price Discrimination ［J］. Review of Economic Studies, 1937, 4 (3): 182 – 191.

［209］ Hui Z, Ziying J. Landscape Structure of Longhua Area in Shenzhen City During Fast Urbanization Process—Structure and Heterogeneity Analysis of Urban Construction Area ［J］. Chinese Journal of Applied Ecology, 2000, 11 (4): 567.

［210］ Jacobs J. The Economy of Cities ［M］. New York, Random House, 1969: 342 – 351.

［211］ Jiang Z, Lin B. China's Energy Demand and Its Characteristics in the Industrialization and Urbanization Process: A Reply ［J］. Energy Policy, 2013, 60: 583 – 585.

［212］ Krugman, Paul. Increasing Returns and Economic Geography ［J］. Journal of Political Economy, 1991, 99 (3): 483 – 499.

［213］ Liu C, Shao W. Research on Dynamic Mechanism for Integrative Development of Urban and Rural Sports Public Service ［J］. Applied Mechanics and Materials, 2014, 556 – 562: 6638 – 6642.

［214］ Makse, Hernán A, Havlin S, et al. Modelling Urban Growth Patterns ［J］. Nature, 1995, 377 (6550): 608 – 612.

［215］ Quigley J M, Wilhelmsson M, Andersson R. Urbanization, Productivity, and Innovation: Evidence from Investment in Higher Education ［J］. Berkeley Program on Housing & Urban Policy Working Paper, 2009, 66 (1): 0 – 15.

［216］ Rae J. Statement of Some New Principles on the Subject of Political Economy ［M］. New York: M. Kelly, 1964: 164 – 357.

［217］ Review B G R W. Interregional and International Tradeby Bertil Ohlin ［J］. Journal of the Royal Statistical Society, 1935, 98 (4): 739 – 740.

［218］ Scitovsky T. Two Concepts of External Economies ［J］. Journal of Political Economy, 1954, 62 (2): 143 – 151.

［219］ Sun C, Ouyang X, Cai H, et al. Household Pathway Selection of Energy Consumption During Urbanization Process in China ［J］. Energy Conversion and Management, 2014, 84: 295 – 304.

［220］ Swyngedouw E, Moulaert F, Rodriguez A. Neoliberal Urbanization in Europe: Large-Scale Urban Development Projects and the New Urban Policy ［J］. Antipode, 2002, 34 (3): 542 – 577.

[221] Toshiaki I. Restoring urbanization process in China in the 1990s by using non-radiance-calibrated DMSP/OLS nighttime light imagery and statistical data [J]. Chinese Science Bulletin, 2006 (13): 88 – 94.

[222] Viner J. Cost Curves and Supply Curves [J]. Zeitschrift Für Nationalökonomie, 1932, 3 (1): 23 – 46.

[223] Xijia H, Qing Z, Xin C. Rural Tourism – An Accelerator to the Coordinated Development of Urban and Rural Areas [J]. Journal of Chemical & Pharmaceutical Research, 2014, 6 (7): 530 – 534.

[224] Yixing Z, Guangzhong C. The Urbanization Process in China in The Past 20 Years [J]. City Planning Review, 1999, 8 (1): 47 – 71.

[225] Yong-Mu J, Zhong-Liang D. Development of Urban and Rural Areas as a Whole in a System of Double Dual Economic Structure [J]. Teaching and Research, 2005 (6): 14 – 18.

[226] Zhang H, Gao Z. Integrated Development of Urban and Rural Industries in the Xi'an Metropolitan Area [J]. 亚洲农业研究: 英文版, 2012 (7): 33 – 36.

[227] Zhengzheng W U, Jinping S, Xiaoxia W, et al. On Urbanization Process and Spatial Expansion in the Urban Fringe of Beijing: A Case Study of Daxing District [J]. Geographical Research, 2008, 25 (5): 105 – 111.

[228] Zlatanova S. 3D GIS for Urban Development [J]. Itc Dissertation, 2000 (2): 76 – 81.

[229] Zuo-Pei J. On Functions of the Government in Planning the Development of Urban and Rural Areas [J]. Study & Exploration, 2004, 47 (3): 107 – 113.

后 记

  本书是在我博士论文的基础上，进一步修改和完善后形成的。这也是自己学术道路上对区域经济发展实践的理论考察。感谢我的导师复旦大学王桂新教授在写作过程中严谨的学术指导，同时感谢烟台大学经济管理学院崔占峰教授对本书整体架构提出的建议，以及我曾经的学生——中国人民大学王剑锋博士对该书第5章实证部分数据处理和分析的贡献。复旦大学博士生于涵参与了本书第6章模型的构建与数据处理，在此表示感谢。非常感谢经济科学出版社李雪编审在本书出版过程中给予的支持和帮助。

  本书对烟台市镇域城镇化与经济发展的研究仅是微观视角的具象化，虽然对烟台市镇域经济发展具有一定的参考价值与指导意义，但仍需要拓展研究的广度与深度。镇域经济是县域经济发展的支点，在全面乡村振兴背景下，对县域经济的研究将是未来拓展的主要方向。由于水平所限，本书还存在很多不足，不当之处敬请批评指正！

夏建红

2024 年 4 月